小さな大世界史

アフリカから出発した人類の長い旅

ジェフリー・ブレイニー［著］
南塚信吾［監訳］

A VERY SHORT HISTORY OF THE WORLD

Geoffrey Blainey

ミネルヴァ書房

A VERY SHORT HISTORY OF THE WORLD
by Geoffrey Blainey

First published by Penguin Group (Australia) 2000 and 2004
Japanese translation rights arranged with Penguin Group (Australia)
through Japan UNI Agency, Inc., Tokyo.

はじめに

本書は、あまり大部ではない世界史を書いてみようという試みである。本書は、人類が最初にアフリカを出て、地球上に広がったときからの歴史を概観しようとしている。したがって当然のことながら、わたしが扱ったいくつかの大きなテーマのなかには、あまりにも簡単に書かれていて、通過する列車の窓から見た一風景に過ぎないかのようになっているものもある。

わたしは最初から、科学技術と技能に注目しようと決めていた。それらが世界を形作るのに大きな役割を演じたからである。わたしは主要な宗教の登場にも大きな注意を払った。宗教も世界を形作る試みだったからである。地理的な要素にも注意した。前の世紀までは、地理的要素が、生じうることや成功しうることを左右しやすかったからである。初めから意図していたわけではないが、ひとびとがなにを食べていたかということや、ひとびとが日常の食を得るためにどんなに苦労して働いたかということにも、ページを割くことになった。本を書き進めていくうちに、わたしは、みながすでに知っているはずのことに、いくつかあらためて気がついた。たとえば、月や星や夜空というものが人間の経験に対して持つ強い力がそうである。第4章「夜のドーム」と最終章の一節は、この点を取り込んだものである。

わたしはまた帝国とそのカバーする領域にも眼を注いできた。ひとつの国境ないしはひとつの国家が支配しうる領域の大きさは、だんだんに大きくなってきている。今では、人類史上初めて、なんらかの種類の世界政府が可能になってきている。もっとも、それが賢明なものであるか、それが広くひとびとに求められているかは、別問題であるが。こういうわけで、世界の縮小ということも、この本にしばしば出てくるテーマのひとつになっている。

もちろん最初からわたしは、この本をあまりに圧縮しすぎて、あまりに多くのことを詰めようとし過ぎることの危険性を自覚していた。クリケットにたとえて言うならば、早いボウリング（訳注：締まった記述）のあいだに緩いボウリングを混ぜて変化を持たせようとした。このペース配分を続けるために、わたしはときどき、主流の話を書く前に、しばらく緩いボウリングを配置してみた。このような楽しいエピソードのなかには、しかるべきスペースを越えて書かれているものもあるかもしれないが、それでもそれらはそれなりの価値と象徴性を持っているのである。そのようなエピソードとしては、黄河の花嫁、ニュージーランドのマオリ族の生活、インドのインディゴが青色に対して与えた影響などがあるだろう。

本書のなかには、ヨーロッパ人についてあまり書かれていないところがある。最初の一〇章ほどには、その昔ギリシア人とローマ人の国があったという以外には、ヨーロッパはほとんど現われない。アフリカ大陸、アジア大陸、小アジア、そしてアメリカ大陸までもが、今から四〇〇年ないし五〇〇年前までの歴史を事実上支配することになっている。その頃になってようやくヨーロッパの文明が支配的な方向に旋回するのである。

わたしが抱えたディレンマのひとつは、最近の一五〇年の歴史にどれだけのスペースを割り当てるかということであった。たしかに、ガリバルディやルーズヴェルトやチャーチルやナーセルのような影響力の大きなリーダーには言及せざるを得ないし、麻酔法の発明のような重大で象徴的な出来事には、少なくともひとつのパラグラフはあてなければならないだろう。しかし、本書では、これらはほんのわずかしか触れられていないか、あるいはまったく触れられていないのである。わたしが二〇世紀に対してややひねくれた扱いをしているのは、どの世紀にせよ、それはそこに生きているひとびとにとって思われるほどには重要ではないのではないか、あるいは実際にはうぬぼれて思っているのではないかと考えるからである。将来紀元二四〇〇年に世界史が書かれるとしたばあい、われわれの二〇世紀の大げさな出来事の多くは、あまり関係のないものとされるか、忘却されているかのいずれかであろう。ちょうどそれは、ローマ時代やアステカ時代の記念碑的な出来事の多くが、いまのわれわれを驚かすことがないのと同じである。そういうわけで、これはわたしの渡ろうとしたタイトロープ（訳注：綱わたりの綱）なのである。

この本は以前にもっと大きな本として出版された。それは多くの人に読んでもらった。なかには、その本も十分に長くはなくて、もっと書いてほしいと求める人もいた。他方、いくらか好意的に、その本は長すぎると言う人もいた。長い本を読んでいる時間がないのだというのだった。この後者の人たちのために、わたしは今回の短い版を出すことにしたのである。長いほうの本の風味と歩調を保持するために、わたしは「緩いボウリング」の部分をたくさん残してみた。しかし、この版の議論も強調点も前のものと同じである。

この本にいろいろと欠点はあるだろうが、それでも、多くのひとびとからいただいた寛大な援助や批判がなかったならば、その欠点はもっと大きなものになっていたであろう。わたしは特に下記の方々にお世話になった。シドニーのジョスリン・チェイ博士、メルボルン・カトリック神学校のオースティン・クーパー神父、イタリアのサルナーノのレイモンド・フラワー氏、メルボルンのバリー・ジョーンズ博士、ピーター・ローレンス氏、律法学者（ラビ）ジョン・レヴィ氏、マルコム・ケネディ博士、ラ・トローブ大学のグレン・マリガン博士、ロッテ・マリガン博士、メルボルンの日本総領事ケイジ＝フミ・ウエノ氏の方々である。ペンギン・ブックのカティ・パーヴィス氏は見事な編集者であった。そのほかわたしがお世話になった方々のお名前は、わたしのもともとの本の後ろにつけた原典注に記してある。

わたしは、図書館はもちろん、多くの博物館やギャラリーを訪れて、たくさんのことを学んだ。特に、ミュンヘンのドイツ博物館、ロンドンの自然史博物館と科学博物館、ニューヨークのアメリカ自然史博物館、それにメルボルン大学とバララット大学とラ・トローブ大学の図書館に感謝したい。

メルボルンにて　ジェフリー・ブレイニー

小さな大世界史——アフリカから出発した人類の長い旅

目次

はじめに

第Ⅰ部　二〇〇万年前から一〇〇〇年まで

第Ⅱ部　一〇〇〇年から一八〇〇年まで

第Ⅲ部　一八〇〇年から今日まで

第Ⅰ部　二〇〇万年前から一〇〇〇年まで

第1章　アフリカから

かれらはアフリカに住んでいた。しかし二〇〇万年前にはまだ、ほんのわずかしかいなかった。かれらは、ほとんど人類に近かった。ただ、今日の世界に住むかれらの子孫よりは、いくらか小柄であった。かれらは直立歩行をしていたが、また木登りもうまかった。

かれらは、主に果実、木の実、種やその他の食用植物を食べていたが、肉も食べるようになっていた。その道具は原始的であった。石器をつくろうとしたが、それを遠くまで運ぶことはなかった。おそらく、棒を使って守ったり攻撃したりすることはできたであろう。あるいは穴に隠れている小さなげっ歯類の動物を見つけた場合には、それを掘り出すこともできたであろう。冬の冷たい風を防ぐために、かれらが灌木や棒切れで風除けをつくったかどうかはわからない。もし、洞窟が見つかったならばそこで生活したであろうことは疑いもないが、そのような常設の住み処があると、移動が大いに制限されて、十分な食べ物を見つけにくくなったはずである。畑で自給ができなかったので、いくらかの種や果物が見つかる場所まで歩かなければならなかった。かれらの食料は、何百年、何千年以上にわたる発見の連鎖の結果であった。決定的な発見は、みかけは安全そうな食用植物が毒を持っているかどうかを見分けたことである。干ばつや飢饉のときに、食べたことのない物を漁ったために、毒によって死んだ者もいたにちがいない。

二〇〇万年前、ホミニドとして知られることになる人類が主に住んでいたのは、今日のケニア、タンザニア、エチオピアと呼ばれる地方であった。もしアフリカを水平に三つの地域に分けるとするならば、人類はその真ん中の熱帯地域にいた。おそらくその大部分は草原であったであろう。事実、一〇〇万～二〇〇万年前に気候の変化が起きて、いくつかの地帯では、森林がひろく草地にとって代わられたために、人類はその親せきであるサルからしだいにわかれて、より多くの時間を地上で暮らすようになったようだ。

かれらはすでに長い歴史を持っていた、ただそれを記録したり記憶したりしなかっただけのことである。今日、われわれはエジプトのピラミッド建設以来の長い期間の話をするが、その期間は人類が経験した長い歴史に比べればほんの一瞬のことでしかないのである。昔の記録が一つだけタンザニアで発見されている。大人二人と子供一人が雨でやわらかくなった火山灰の上を歩いていた記録である。かれらの足跡は、その後太陽によって乾かされ、ゆっくりと土によって覆われていった。あきらかに人類のものであるこの足跡は、少なくとも、三六〇〇万年前の足跡であった。それでさえ、生物の歴史のなかでは若い話なのである。最後の恐竜が絶滅したのは、約六四〇〇万年前であるから。

東アフリカでは、最初の人類は湖畔や、砂の川床や、草の生えた平原に集まって暮らすのを好んだ。かれらの痕跡は、そのような場所で発見されているのである。かれらはもっと涼しい気候にも適応することができ、エチオピアでは、海抜一六〇〇～二〇〇〇メートルの高さの高原に住むのを好んでいた。また高い山の常緑の森にも住んでいた。その適応力は素晴らしいものがあったのだ。

生きのびて繁殖するための厳しい競争のなかで、人類はいつも勝利をおさめていた。かれらが住んでいたアフリカの地帯においては、さまざまな種類の大型の動物のほうがはるかに数が多く、なかには攻撃的な動物もいた。しかし人類は繁殖していった。その人数がその地域の資源に比べてあまりにも多くなったり、長い干ばつのために北へと移動することもあった。有力な証拠によれば、二〇〇万年以前のどこかの時点で、ずっと北へと移動し始めた。北西アフリカからアラビアにかけては世界で最も広大な砂漠があったので、かれらの行く手は一時的に妨げられたかもしれない。だがアフリカと小アジアのあいだの狭い陸路は容易に渡ることができたのだった。

ひとびとは小さな群れをなして移動した。かれらは探索をしていくとともに、定住もしていった。見知らぬところに行くたびに、新たな食べ物に適応したり、野獣、毒蛇、有毒な虫に警戒しなければならなかった。進んでいくひとびとには、一つの利点があった。領域を広げていく人類に対して、他の強力な敵はいなかったという点である。

かれらの移動は大移住というよりも、リレーのレースのようであった。おそらく、五、六人ないし十数人のグループが、短い距離を移動して、そこでいったん定着したのだろう。次のグループがやってきて、追い越していったり、すでに留まっていた者たちを先へ追いやったりした。アジアを横切っての移動は一万年から二〇万年ほどかかったはずである。なぜなら山の斜面を登ったり、沼地を横断したりしなければならなかったからである。冷たい激流の川も渡らねばならなかった。川が乾燥したシーズンごとに渡ったのか、ないしは流れが広くなる前の高いところで川を渡ったのだろうか、かれらは泳ぐことができたのか、その答えはだれも知らない。見知らぬ土地での夜は、どこか安全な場所を選ばねばならなかった。番犬などはいなかっただろうから、夜中にうろつきまわる野獣に対して見張りをたてなければならなかった。

人類史のなかには長い移動はたくさんあったわけだが、これはその最初のものであった。このゆっくりとした長い移動の過程で、熱帯から出発したこれらのひとびとは、その祖先が経験したこともないような極寒の地域に移動したのである。寒い夜に、火で暖まったのかどうかは定かではない。近くに稲妻が落ちたとき、おそらく棒にその火をつけて、火を運んで集めたのだろう。棒がほとんど焼けて火が消えると、別の棒に火をつけた。火は非常に貴重で、一度火を得ると注意深く見張らなければならなかった。しかしながら、不注意で火が消えてしまうことや、大雨で消されることや、焚き付けの木材がなくなることもあったであろう。火を持っているあいだは、かれらは貴重な所有物としてそれを手放さなかったにちがいない。それはちょうど昔のオーストラリア人が火とともに移動したようなものである。

すでに灯いている火を手に入れることはできていたが、火をおこす能力は人類史上遅れてやってきた。結局、人類は、木をこすることによる摩擦と熱で炎をおこすことができるようになった。また、かれらは黄鉄鉱や適当な石の破片を打って火花をつくったりした。どちらの場合も、乾燥した焚き木と、じょじょに焚き付けの煙に息を吐きつける技術が必要とされた。

何千年ものあいだにたくさんのひらめきがあったり、実験が積み重ねられた末に、かれらは火を上手に使えるようになった。これは、人類が成し遂げた偉業のひとつである。火がどんなに上手に使われていたのかということは、二〇世紀までオーストラリアのいくつかの辺鄙《へんぴ》なところに消え残っていた生活のなかに見ることができた。平原の奥地でアボリジニは小さな火をつけて、狼煙《のろし》を送った。それはかしこい通信のやりかたであった。かれらは料理と暖を取ることに火を使い、穴から獲物をいぶし出す際にも火を使った。夜には火が唯一の明かりであった。ただし、儀式の踊りのために満月が明かりを照らしてくれるときは別であった。火は穴を掘る棒を固くし、棒を槍《やり》の形にするためにも使われた。火は火葬にも使われた。儀式的なものとして人間の肌に紋様を焼き付けるためにも用いられた。宿営地を選んで、背の高い草やぶから蛇を追いやるのにも、虫よけにも使われた。狩りをするとき、決められた年にモザイク状に草を燃やすのにも用いられた。そうすれば雨が降ったとき、新しい草がでてくるからである。最終的に火の利用方法が非常に多様になったので、火は最も役立つ道具となり、今日まで人類によって使われることになった。

今日では、人類は武器をもっているから、野獣のひづめやあごでつくったものはみすぼらしく見える。しかしながら、長いあいだ、人類のほうがまさにちっぽけな存在であった。人類の体つきは、周りに生きているほとんどの動物とくらべて、小さくて軽かったからだ。また、人類よりも大きな動物の群れのほうが、はるかに数多く存在した。各地域での人類の数全体は、その他の動物と比べて少なかった。アジアには大きく角が曲がったゾウの一種である巨大なマンモスが、人間よりもはるかに数多く存在した。かれらはそのマンモスが草を食べているのを時折近くで見ていたのである。

野獣に襲われる危険は高かった。一九九六年でさえ、インドのある州において、三三人の子供が狼によって襲われて殺された。アフリカの故地ではヒョウとライオンが人間を脅かしていたにちがいない。明らかに人間の組織力がしだいに増大したということが、自衛を決定的に助けたようである。特に深夜においてはそうであった。敵に対して協働するという力がなかったならば、新しい熱帯地に踏み込んでいった初期の人類は、容易に獣の餌食となってしまったことであろう。場所によっては、十数人以下の先遣隊は、全滅させられたことであろう。

この移動の先遣隊は、一八〇万年前に中国と東南アジアに到着した。人類のこの長旅についてはほとんど知られていないが、次世代には先史学者や考古学者によってもっと発掘されることであろう。もともとは内陸の人間であったので、これらの人類は沿岸に定住するのが遅かったようで、浅い海であっても海を征服するには時間がかかったらしい。

インドネシア諸島の外洋の島で最近おこなわれた発掘によって、八〇万年以前までさかのぼる人間の居住地の遺跡が発見された。その遺跡は、山が多いフローレス島の湖にある古代文明の地層のなかで発見された。そして、人間が小さい船をつくって、遠い海へ行くために櫂で漕ぐことを知っていたことが、疑いの余地もなく明らかになった。帆で移動することはもっと後のことであった。フローレス島に行くには、最も近い島から、東へ向かって勇気をもって海を横切らねばならなかった。海面が一番低いときでも、最も近い島から少なくとも一九キロを小さな舟か筏で横切らなければならなかった。それはおそらくその当時の一番長い航海であっただろう。それは、二〇世紀に初めて人類が月に旅行したのに似ていた。なぜならば、それまでの航海の規模を大きく上回っていたからだ。

あちこちで探索者と開拓者の日常生活を垣間見ることができる。北京の近くには人類の定住跡があって、近年の慎重な発掘によって灰や木炭の地層が発見された。それらの居住地の火は四〇万年前に消えたものであろうが、食料の遺跡を残していた。鹿の焼けた骨やハックベリー（エノキ）の実の殻などであった。

人間の「目覚め」

数百万年のあいだに、人間はしだいに順応性を身につけ、工夫に富むようになった。標準的な人間の脳は大きくなっていった。初期の人類においては約五〇〇立方センチメートルであった脳が、長い移動を成し遂げた「ホモ・エレクトゥス」と呼ばれる人類においては、およそ九〇〇立方センチメートルを占めるようになった。五〇万年から二〇万年前のどこかで、脳はふたたびかなり大きくなっている。この脳の成長というものは、生物学的変化の歴史のなかで特筆すべき出来事のひとつである。

脳の構造もまた同様に変化し続け、「運動性言語野」が鋭くなった。脳が大きくなったのは、手足を使う技術が発展したことと、話し言葉がゆっくりと使われるようになったことに関連しているようである。そのような脳のサイズの大幅な成長は、どんな種族においても、注目に値する出来事である。なぜこのようなことが起こったのかというのは大きな謎である。考えられるひとつの原因としては、肉をより多く食べるようになったことであろう。この時期の人類が、十分な武器か組織力を持っていて、どんな大きさの野獣でも仕留められたとは考えにくい。おそらく肉を食べるようになったのは、動物の群れが近くで草を食べているので、死んでまもない動物の死骸を漁る勇気が増していったからであろう。あるいは、危険ではないけれど捕まえることが容易ではない小動物を狩る技術が高まっていったからであろう。どうやら、時が経過するなかで、肉のなかの脂肪酸が、脳やその機能を向上させたらしい。その利益がひるがえって、人間に動物を狩るよりよい方法を考え出すことを可能にした。ただしこれらはすべて、推測の域を出ないものであるが。

話し言葉は、より多くの単語を取り入れていき、どんどん正確になっていった。また、芸術も現われてきた。芸術や発話による伝達の行為は、ともにシンボルを用いており、それらは耳か目で捉えられるものであった。シンボルの発明能力や認識能力は、脳内のゆったりとした発達のひとつの結果である。おそらく喉頭の発達もまた、音でこれらのシンボルを表現する助けとなったであろう。

最近の半世紀間に心の研究が進んだにもかかわらず、脳と人間の発話行動は十分に研究されてはいない。ある医学の専門家によれば、発話のような複雑な行為において、「脳の各部分の相互作用は、秩序だった機械というより、クレイジーキルト（訳注：寄せ切れでつくった掛け布団）」ではなかったかという。その起源がなにであれ、言語はすべての発明のなかで最も偉大なものなのである。

およそ六万年前に、人間として目覚めの兆候が現れるようになった。先史学者や考古学者は、過去を振り返って、ゆっくりとした変化の連続の証拠をつなぎ合わせて、その後の三万年のあいだに「大飛躍」とか「文化的爆発」といった表現に値するようなものが起きたと考えている。もちろんだれが飛躍させ、爆発させたのかという議論がある。たぶんその変化をもたらしたのは、最初アフリカに現われ、その後アジアやヨーロッパへと移住していった新しい人類であったのだろう。かれらは、ヨーロッパではいずれ消滅することになるネアンデルタール人と共存していた。たしかなことは、多方面にわたって人間の創造性が見られたことである。

目覚めの時に生きていた数百世代のひとびとの発話は残っていないが、いくつかの芸術や工作のなかには、部分的にせよ完全な形にせよ残っているものがある。芸術は、約七万五〇〇〇年前に始まった長い氷河期のヨーロッパにおいて花開いた。あちこちに見られる証拠が示すところによれば、多くの人類はその生命を来世でやりなおすことを期待していた。新たな人生への旅には、アクセサリーやその人の地位を示す指標が求められ、そしてそれらの選ばれた品物は、墓のなかにきれいに並べられたのである。ロシアのスンギールでは、約二万八〇〇〇年前に当時六〇歳ぐらいだった男性が埋葬されており、その体は二〇〇〇点以上の象牙やその他の装飾品できれいに飾られていた。六〇歳代というのは非常に高齢であり、多くの人はもっと若くしてこの世を去っていたはずである。

別の墓には、男性の隣に横たわる若い女の子が埋められていた。かの女はビーズの帽子を被り、そしておそらく外套を羽織っていたようだ。喉元に結ばれた象牙のピンが唯一の手がかりとなっている。その体は五〇〇〇点以上のビーズその他の装飾品に覆われていた。これらの装飾品をつくるために友人や部族全体が長い時間をかけたということや、墓をつくるのにさまざまな配慮がされていたということから、死が生と同様に重要であったということがうかがえる。

このような移動の世界に生きていたひとびとは、何度も何度も激しい不安に襲われたにちがいない。かれらは季節に左右されていた。というのは、穀物や木の実やその他食料を蓄えてはいなかったからである。かれらがなければ第一局面の飢饉に対処することができなかった。かれらの宿営地のほとんども脆《もろ》いものであった。いくつかの地域ではトラやライオン、クマ、ヒョウ、ゾウやその他の、恐ろしくて強くて凶暴な動物と隣り合わせで暮らしていた。死は突然神秘的な形で訪れることが多かった。かれらは安心となぐさめを求め、それで宗教をつくり出すようになり、信心や敬意の対象物を生み出し、同じく周りの世界を描写するものをつくり出した。

狩りの技術は、ゆっくりと向上していった。石の小さな欠片を鋭くして、槍の先や刃、その他突き刺したり切ったりする道具へと変化させ、一年のうちに数十万もつくった。それらはそれまで使っていた多くのものより優れていた。ひとびとは、小動物だけを追うのではなく、より大きなものを仕留めようとした。現在のドイツではゾウが狩られており、フランスではヒョウが狩られて、その皮と肉が活用された。イタリアあたりではイノシシが狙われていた。

武器が改良されるとともに、組織力も向上したようである。武器と人間の協同の技術は、同じく精神的目覚めの一部であった。動物の群れは狩られたり、罠にかけられたり、崖っぷちまで追い詰められたりして、死へと追いやられ、肉のごちそうとなった。当時の人間が、自然との調和のなかで生きていて、必要なく無鉄砲には殺さなかったと考えるのが普通であるが、それに関する決定的な証拠がないため、その表現も慎重に扱われなければならないといわれている。

ヨーロッパやアジアでは、食物の供給がうまくいった場合には、集落や村はより息の長いものとなった。家々は、冷たい風を避けられるよう斜面に建てられることが多かった。小さな丸い穴を掘って、それを石盤でつくった平らな床のスペースにし、木の柱を建てて、馬や他の動物の皮に覆われた屋根をのせていた。大部屋の真ん中にある囲炉裏から、屋根の小さな穴を通って煙がたちのぼった。

世界中で、ひとびとは半放浪的生活を営んでいた。少人数のグループは、そのほとんどが二〇人もいなかったが、それぞれ広大な領域を占拠していた。一年のあいだにかれらはある場所からつぎの場所へ規則的に移動していた。かれらは事実上なにも所有しておらず、季節ごとに手に入るさまざまな食べ物を食べていた。それは、穀物はこちらで熟し、あちらでは根菜が育ち、こちらでは鳥の卵が手に入り、あちらでは木の実が熟している、というような具合であった。人口が少なく、かつ天然資源が豊富な限りは、ひとびとは相対的に豊かな暮らしを送っていたのである。

たまにはいくつかの集団が、潤沢な食料がある場所に毎年集まったのかもしれないが、しかし大きな集まりは非常にまれであっただろう。世界全体でいうと、紀元前二万年に五〇〇人ほどの人間が一つの場所に集まることが可能であったと言われている。ただし、その頃でさえ、集合は一時的なものであった。食料の蓄えもなく、また家畜も飼っていなかったので、長きにわたっては大人数で食べていくことはできなかったのである。

しばしば移動を繰り返すひとびとの集団や部族は、ひどく病気がちな人や歩けない人をうまく扱うことができなかった。双子の赤ん坊でさえ重荷になり、一人は殺されていたであろう。もはや歩くことのできない老人は置き去りにされた。移動社会にはこれ以外の道はなかったのである。

黒いコロンブス——アフリカからの拡散

毎朝、東アジアで最初に日が昇ると、動き出すひとびとが見られた。ある者は火に薪《まき》をくべ、子供らに授乳し、木の実採りや野生の動物を捕まえるために出かけ、衣類にするため動物の皮の内側を削り取り、またある者は道具をつくるために岩を削っていた。同じような風景はおそらく、朝日が西に移動してアジアを横切り、続いてヨーロッパを横切り、やがて大西洋へと行くあいだに、いたるところで目撃されたであろう。人類がますます広い土地を支配するようになったアフリカにおいても、似たような活動が見られたにちがいない。

約一〇万年前には、人類に占拠された地域は広くなったとはいえ、地球上の大部分はいまだ無人のままであった。アメリカの動物たちは、一度も人類の声を聞いたこともなければ、槍を見たこともなかった。当時はひとつの大陸を形成していたオーストラリアやニューギニアでは、人の足跡はまだなかった。遠くの海に点在する島は、人類にとって到達不可能な場所であった。太平洋に浮かぶ、今は居住者もいる多数の島々は、人類にとって未知の場所であり、ハワイ、イースター島、タヒチ、サモア、トンガ、フィジー、大きなニュージーランドの島にもいまだ人は住んでいなかった。インド洋では、大きくて比較的暖かいマダガスカル島にはまだ火はなく、陸地から離れたモーリタニアやレユニオンの火山の島に住む不思議な飛べない鳥ドードー鳥も、人類によって邪魔されない状態であった。大西洋でも、赤道北部のアゾレス諸島やマデイラ諸島には人は住んでいなかった。グリーンランドやアイスランドは氷に覆われていた。西インド諸島の鳥たちも、まったく人に脅かされることはなかった。

人類は、実際には、ひとつの大陸に閉じ込められていた。人の住んでいない土地を全て合わせると、広大な土地となった。人が住むことができるけれどもまだ無人だった地域は、アジア、サハラ砂漠、北アフリカのすべての土地を合わせたのと同じぐらいに広かったのである。

だが、いまや発見の旅が始まっていた。人間は、二度目の長い移動を開始していた。当時はジャワまで含まれた東南アジアの海岸とニューギニア—オーストラリアの海岸のあいだでは、一番近いところをとっても、八つほどの海を渡らなければならなかった。ほとんどは短い裂け目か海峡であり、対岸は出発点から見ることができた。最も広い裂け目は八〇キロメートル程度であった。筏や小さなカヌーに乗って先頭を行くひとびとは、対岸が見える限りは、島から島へ勇気を持って渡っていったのである。しかし風が強すぎる場合には、かれらの脆い舟は水浸しになり、舟に乗っているひとびとはみな、溺れてしまうこともあったであろう。

西はアジア、東はニューギニアとオーストラリアのあいだに位置する、海と島のこのモザイクを横切るには、数千年もかかった。いくつかの場合にはそれは停滞した。たぶん一万年ほども停滞したはずだ。人はある島を発見しそこに住みつき、他のボートや筏船が、偶然にせよ意図的にせよ別の島を発見していった。そしてついに、発見の重要性など知らないままに、人類は、ニューギニアとオーストラリアの岸へとやってきたのである。大陸が発見されたと考えられるはずもなかった。いつ発見者が岸へと渡ったのかは知られていないが、ほぼ確実に五万二〇〇〇年以上前のことであっただろう。

その新たな大陸とは、驚異であり、当惑であり、そしてときに恐怖でもあった。危険な動物は存在しなかったけれども、恐ろしい毒を持ったたくさんの蛇や何種類かのクモがいた。やってきた人たちは、ゆっくりと、すべての河口、山、平地、そして砂漠と大陸を探検していった。タスマニアへ陸路で歩いて行ったかれらは、当時はツンドラであり、今は熱帯雨林となっているところの川沿いの洞窟で料理をしていた。これらのタスマニアの新たな居住者は、地球上の最も南にいる居住者であった。かれらが、熱帯から出発して、やがて北や東へ移動し、そして今や南極の途中まで来たということは、人間の順応能力を証明するものであった。

アフリカから始まり、やがて遠くへと広がっていった、このゆっくりとしたひとびとの移動の後半においては、言語が発達したことが重要である。言語は多様化した。初期の移動の時期、みんなが同じような話し方をしていた地域でさえ、言語は分かれていた。それぞれの集団は、他のものから比較的離れて生活しており、それによってかれらの言語も発達してきたのである。数千の異なった言語があったにちがいないそのときに、ある地理的な出来事が起こった。それは、非常にたくさんのひとびとを永遠に分離させていくことによって、その言語を多様化させることになった。

第2章　海面の上昇

紀元前二万年頃には、人類は事実上ひとつの大きな大陸に閉じ込められていた。ヨーロッパとアフリカ、アジアとアメリカはまだ分離されていなかった。そしてこのひとつの大陸がほとんどすべての人間の活動の舞台であった。オーストラリアとニューギニアは、二番目に居住人口が多い大地を形成していたが、それでも全世界の人口の五パーセントにも満たなかった。もうひとつの面白い側面は、この人口のほとんどが熱帯か温暖な地帯に限られて住んでいたということである。世界の寒い地域は、だいたいにおいて無人の地であった。

この頃の気温はといえば、どの場所でも今日よりも格段に寒かった。オーストラリアのずっと南においてでさえ、氷河は活動していて大きかった。一方の北半球は、ほぼ一年中広大な地域が氷に包まれていた。フィンランドやスウェーデン、そしてアイルランド（訳注：当時はまだ島ではなかったが）のほとんどが、不毛の地であった。中央ヨーロッパの高地では、スイスよりも広大な土地が氷河に覆われていた。西ヨーロッパの現在の海辺のリゾート地にあたるところは、今でこそ夏になると海水浴客で浜辺は混雑しているが、当時は寒々とした場所であり、夏のあいだでも流氷が見られるようなところであった。今の海浜リゾートのほとんどは、海から遠く離れていたのである。

北アメリカは大半が氷の大地であった。現在のカナダに当たるほぼすべての場所が雪でぎっしりと埋めつくされていた。今のアメリカ合衆国の半分の人口が住んでいる広大な地域は、ほぼ氷の下にあった。中央アメリカのいくつかの場所は、二〇世紀には雪が見られない地域となっているが、当時はよく降雪が見られた。南アメリカの西側の高地では、夏でさえ大部分が雪に覆われていた。

世界の居住地域の大部分では、夏の暑さは穏やかで、雨の降り方や蒸発のパターンも、今日のものとは異なっていた。しかしながら、人類全体にとっては、これらの気候は一つの利点をもたらした。つまり、今は海の下にある広大な場所にも、当時は、乾燥した大地が広がっていたのである。

海面が非常に低かったので、人は南イングランドからフランスまで歩いて行くことができたはずで、さらには、かれの進路にいるひとびとが構わなければ、ジャワまで歩き続けることも可能であったはずである。頑強なジャワ人であれば、命の危険は大きいけれども、非常に曲がりくねった北向きの道を通じて北アジアまで歩くことができ、さらに陸続きで未発見のアラスカまで渡ることも可能であった。当時は、ジャワは島ではなく、アジアの一部だったのである。

今は世界中でも往来の激しい港となっている場所は、乾燥した土地であったか、かなり海から離れたところにある川のほとりに位置していた。サンフランシスコやニューヨークやリオデジャネイロが位置する場所へは、当時は船でたどり着けなかったのである。上海やカルカッタ、シンガポールやシドニーあたりには、もう人が住んではいたが、まだ海は見えていなかった。あまりにも遠く離れすぎていたのである。

今は重要な戦略的意義を持つ多くの海峡は、タンカーやばら積み貨物船が昼夜問わず通過しているところであるが、当時はただの草地か森がつながっている所であった。ダーダネルス海峡やボスポラス海峡、ジブラルタル海峡やマラッカ海峡、スンダ海峡やトレス海峡などは、今は活況を呈しているもののかつては存在しなかった海路のほんの数例に過ぎない。

今日のいくつかの海や広い湾は、ほとんど存在していなかったか、あるいはまったく違う形をしていた。黒海は地中海とはつながっていない深い湖であった。バルト海も北海へと流れ込んでいなかった。腕のような形をした今日のペルシア湾は、大地の一部であった。

ところが、紀元前一万五〇〇〇年ぐらいに、ゆっくりではあるが驚くべき変化が始まったのである。夏も冬もほんの少し暖かくなった。氷河も少し後退した。年寄りの記憶が公立図書館のような役割をしていたときには、年寄りは若い衆に向けて、いくつかの春の花の芽吹きが以前よりも早くなったと言っていたにちがいない。

紀元前一万二〇〇〇年から九〇〇〇年にかけて、氷河は急速に溶けていった。居住可能な地球の大部分において、気候の変化は、驚くべきものであったにちがいない。それは、一人の長い人生のあいだにも驚くべきものに見えたであろう。海岸に住むひとびとは、別のある変化に気づいていた——海が上昇していると。海面の上昇は、気候の温暖化がはっきりわかるようになるよりも前から見られたのだった。

海の近くに住む多くの村人が、いつの日か自分たちの家が海にのみこまれてしまうのではないかと恐れた。なかにはその日を目の当たりにする者もいた。だれもがこの奇妙な出来事の原因がわからなかったけれども、かれらなりに解釈していった。だが、地球の両極において莫大な範囲の氷がゆっくりと溶けていることや、その溶けゆく氷が海面を上昇させていることなど、かれらには知る由もなかった。

気候の変化にともない、大きな川の流れにも変化が現れた。アフリカでは、紀元前一万年頃に、ヴィクトリア湖の水がナイル川まで流れ出るようになり、そしてこの時初めてナイル川は世界一長い川となった。東アジアと南アジアでは、大河の流れが加速し、深大な効果をもたらした。アジアの多くの長い川は、中央アジアの高い山々の雪解け水に左右されており、夏の気候が温暖になると、いくつかの川の流れは、その雪解けによって著しく増水したにちがいない。大量の沈泥が、ガンジス川や黄河やその他の川を流れてきたのは、氷のように冷たい水が増した結果でもある。これらの平地は、沈泥で表面を覆われており、やがて文明と呼ばれるものの最初のゆりかごとなるのであった。

少しのあいだ、北アフリカは移住するひとびとにとって魅力的なところとなった。いくつかの乾燥地帯では、紀元前七〇〇〇年頃においては、今の標準的な年の三倍もの降雨量があった。湖や沼がサハラに水玉のように点在していた。ひとびとは、その広大な地域を歩くことができた。そこでは、草原や無数の木々が陰をつくる公園のような土地しか見られなかった。北アフリカの人口は、比較的恵まれた数世紀のあいだに、急速に増加したにちがいない。だが、やがて乾燥がやってきて、紀元前三〇〇〇年を過ぎる頃には、ひとびとはしだいに広がっていく砂漠から逃げるようになったのである。

海面の上昇は、紀元前八〇〇〇年までにはほぼ完了した。全体で、海面は一四〇メートルぐらい上昇した。四〇〇フィートかそれ以上というのが通説である。これは、これまでの過去一〇万年間の人類の歴史のなかで、最も異常な出来事であった。それは、蒸気機関の発明や、細菌の発見や、月面への到達や、もちろん二〇世紀のすべての一連の出来事よりも、はるかに大きな影響をもたらした。上昇する海は、人類の生活の変化や人口の爆発に拍車をかけることになったのだ。

東南アジアでは、海面が上がるにつれ、ほとんどの場所で古い海岸線は確認できなくなった。海岸線はなくなったのである。ニューギニアとオーストラリアを結びつける大陸の海岸線ほど大きく変わったものはなかった。高い山々がある熱帯のニューギニアは、特に影響を受けた。それらの山々では、冬の雪線が、かつては三六〇〇メートルのところまで降りてきていた。しかしながら、気温が上がるにつれ、冬の雪線は後退し、一〇〇〇メートル以上も山の斜面を上がった。高地では、気候は、格段に農業に好都合なもの

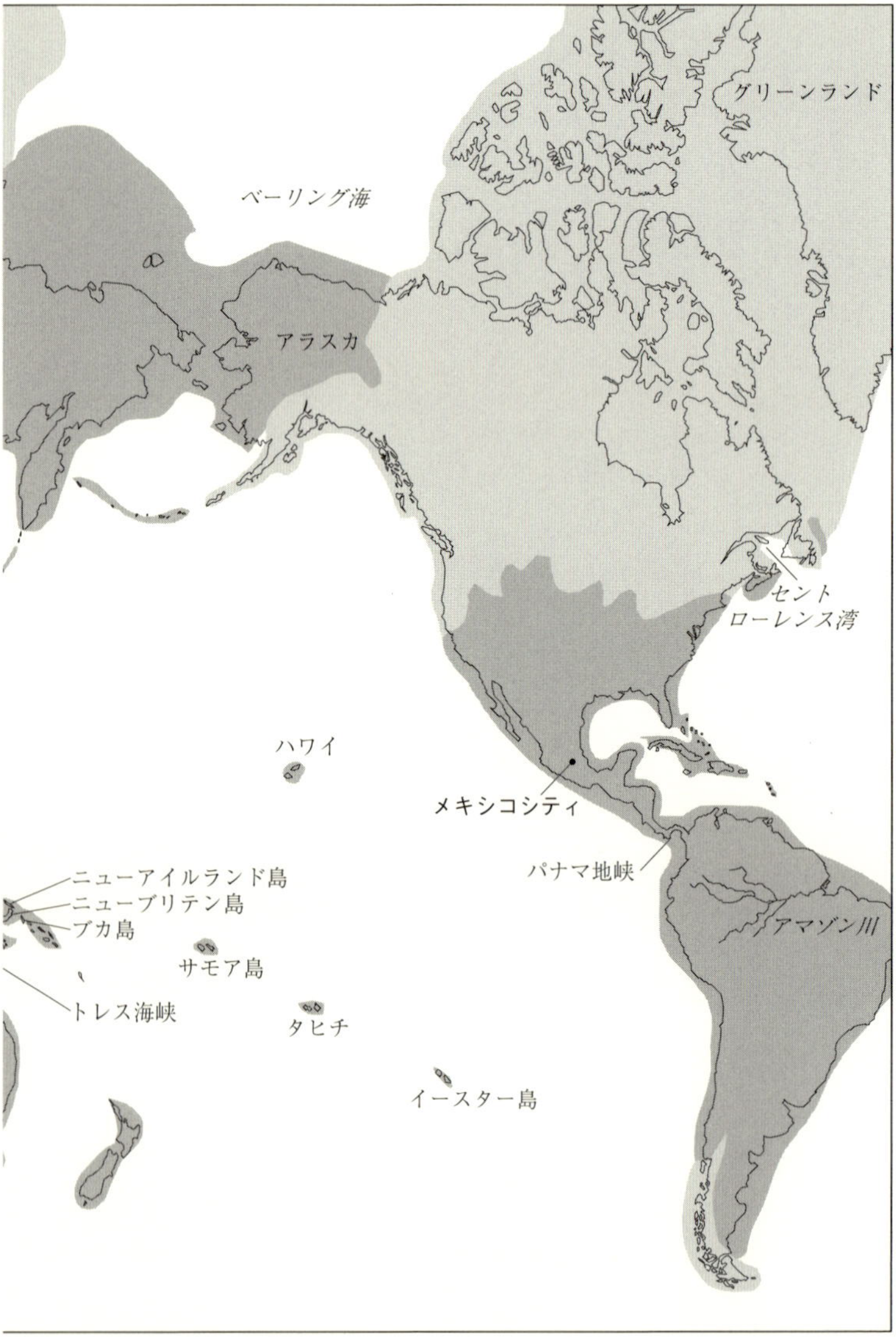
グリーンランド
ベーリング海
アラスカ
セント
ローレンス湾
ハワイ
メキシコシティ
パナマ地峡
ニューアイルランド島
ニューブリテン島
ブカ島
アマゾン川
サモア島
トレス海峡
タヒチ
イースター島

らした地形の変化

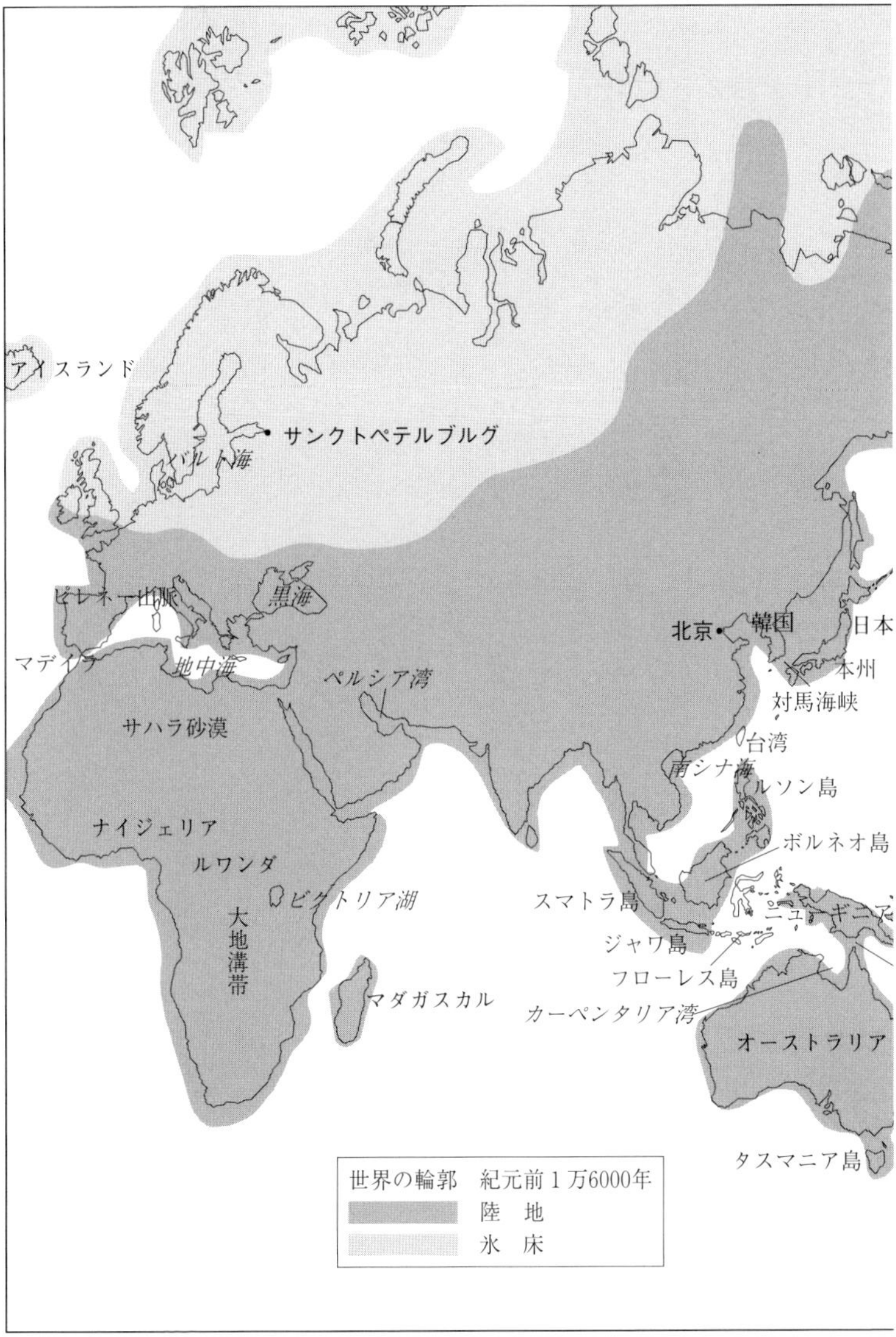

アイスランド
サンクトペテルブルグ
バルト海
ピレネー山脈
黒海
マデイラ
地中海
ペルシア湾
サハラ砂漠
ナイジェリア
ルワンダ
ビクトリア湖
大地溝帯
マダガスカル
北京
韓国
日本
本州
対馬海峡
台湾
南シナ海
ルソン島
ボルネオ島
スマトラ島
ニューギニア
ジャワ島
フローレス島
カーペンタリア湾
オーストラリア
タスマニア島
世界の輪郭　紀元前1万6000年
陸　地
氷　床

海面の上昇がもた

になった。ニューギニアは、海面の上昇で失ったものはなかった。海の下に失われた土地は、冷たい雪や風から脱した土地によって補われたのである。やがて、海面が上昇し続けるにつれ、ニューギニアは、トレス海峡の形成により、とうとうオーストラリアから分かたれた。

オーストラリアは、最も平坦な大陸だったので、海面の上昇を受けて特に形が変わった。乾燥地の七分の一はゆっくりと、海面下に入り、海岸のひとびとはなすすべもなくそれを見守っていたことであろう。この驚くべき出来事が終わる頃には、かつては海洋から五〇〇キロメートルほど遠くに住んでいたオーストラリアの部族も、ついには、嵐の夜に耳慣れない不気味な音を耳にするようになった。それは波のうねりの音であった。

オーストラリア大陸のはるか南では、海が浸食してきて、タスマニアは島となった。分けて入る海峡はしだいに広く、そして荒々しくなっていき、島のひとびとは置き去りにされたのである。それはやがて、人類史のなかで知り得る限り一番長い隔離状態に置かれていった。実際にはタスマニア人の様相は、長い孤立のなかで、多く変わっていった。かれらは、縮毛となり、そしてかれらの祖先であるアボリジニよりも小さくなる傾向にあった。

オーストラリアの本土は、タスマニアとは違って、完全には孤立していなかった。飛び石のような島々がニューギニアへとつながっており、そしてときどき、狭い海によって分けられた両方の住民たちは交易をおこなった。しかし実際には、その狭い海峡は、数千年ものあいだ、よくわからない理由のもとに、深い溝か障壁となっていたのである。ニューギニアの方に現れた生活様式では、広い庭や食物の貯蔵、オーストラリアより高い人口密度や、違った政治的・社会的組織を基礎とした生活様式が現れた。一方で、オーストラリア人は採集や狩猟をおこない、小さな移動集団で暮らしながら、規則的にその土地のものを食べて暮らし続けていた。

もし海面が上昇することなく、オーストラリアとニューギニアが同じ大陸の一部として残り、色々な面でつながっていたのであれば、オーストラリアの後世の歴史は、ニューギニアのものともっと調和していたということはほぼ疑いのないことだろう。紀元一七八八年のイギリスのシドニー上陸によって孤立がついに破られたとき、オーストラリア人にとってのその衝撃と混乱は、激しいものであった。なぜならその生活様式があまりにも違っていたからである。

消え去ったアメリカ大陸

海面が上昇し始めてまもなく、アメリカ大陸が人類によって発見された。おそらく、紀元前二万二〇〇〇年より前のある時に、人類は初めてシベリアとアラスカのあいだの峠（ベーリング地峡）を横断したようだ。二つの大陸は冷たい土の回廊によってつながっていたので、夏になればここを横切るのは難しくなかったはずである。おそらく狩りをする人とその家族は、ただ獲物を追ってその回廊を横切り、向こう側により魅力的な場所を見つけ、そこに留まることを決めたのであろう。実際には、かれらが新大陸の発見者となり、歴史上特別な地位を与えられたわけだが、かれらの意識としては、日常の仕事をおこなっていただけなのである。おそらく、ひとびとの波が何回も押し寄せて、その回廊を横断し、より暖かいメキシコ方面の西海岸へ向けて下っていったのであろう。紀元前二万二〇〇〇年頃のメキシコでのかれらの存在は、かれらが留まった場所に残した黒曜石の貴重な破片によって確かめることができる。

さまざまな大型動物たちが草地をうろうろしていて、そこが狩りをする人たちのパラダイスとなっていた。バイソン、マンモス、マストドン（訳注：マンモスに似た原始ゾウ）、馬、ラクダが見渡すかぎり広がっていて、動物たちは狩りの巧みなひとびとがやって来ていたことを知らなかった。ウサギやシカのような小さな獲物は、何百万匹もつかまえられ、新しい食用植物が有り余るほど育った。冬がくると、新しい定住者は、自分たちが着るはずの毛や皮よりも、もっと多くのものを手に入れていた。

アメリカ大陸の人口は増加した。ひとびとの定住跡がたくさん発掘されたことから、紀元前一万一〇〇〇年より前には、急速に定住が広がっていたことがわかる。人類はパナマ地峡を越え、南アメリカへ入った。そして、ほとんど障害にぶつかることもなく南に下って、氷河がはるか南に見えるところまでやってきた。

その後、予告なしに海面が上昇しはじめたので、アメリカ大陸は世界から切り離されたのである。紀元前一万年頃に、アメリカへの唯一の通路であるアジアからアラスカへの回廊は、海面の上昇によって切り崩された。そして、ベーリング海峡が形作られたのである。しばらくのあいだ、新たな海峡の海は凍っていて、その氷の上を横断できていたはずである。だが気候が暖かくなると、その通路でさえ危険になった。事実上、アメリカとその外の世界とのあいだの接触はすべて途絶えた。たぶん、その後一万年間、接触がない状態が続いたはずである。渡り鳥は二つの大陸を移動したが、ひとびとは孤立したなかで生きていた。結局、アメリカの定住者たちは、自分たちの発祥の地についてなにも知らなかったのである。

アジアから長いあいだ孤立していても、アメリカ大陸のひとびとは停滞してはいなかった。かれらは住むのに適したあらゆる場所へ次々と入っていった。ひとびとはさまざまな生活の様式へとゆっくりと分かれていった。狩猟するイヌイットは氷の張った北部に住み、狩猟採集民はずっと南の寒いところをうろつき回り、狩猟と農耕を結合したさまざまなひとびとが、北アメリカと南アメリカのいろんな場所へと入り込んだ。また、あるひとびとは、北西部のフレーザー川とコロンビア川で、豊富なサケと奴隷労働によって生活していた。紀元前二〇〇〇年までには、アメリカは多様な経済と文化を持つことになった。

二〇世紀の後半になって、アマゾンの熱帯雨林は、それが孤立して近寄れなかったために、人類の介入をほぼ免れてきたのだという考えが持ち出された。西の世界の各地で、自然に対する敬意が高まったので、アマゾンの熱帯雨林がしばしば賞賛の的になったのだ。たしかに、ここには、本来の自然が、今にも冒されそうな輝きを持って残っている。巨大な緑の盆地が、静かな大河によって潤されている。しかしながら、今では、アマゾンでさえ、ヨーロッパやアジアからアメリカが分離されたあとの長いあいだにも、注目すべき人類史があったということが知られている。アメリカ大陸全体のなかで、最初の陶器がつくられたのは、中央や北アメリカだけでなく、アマゾンのくぼ地の熱帯雨林においてであり、紀元前五〇〇〇年のことであった。素晴らしい穀物であるトウモロコシがひとびとによって最初に栽培されたのも、この地域においてのことだという話さえある。不思議なことに、この地域の生物学的な多様性が最も印象的なのは、人の入っていない熱帯雨林ではなくて、アマゾンに最初に入ったひとびとが耕したがその後の新たな植物によってもうわからなくなってしまった地域においてなのである。

アメリカ大陸と同じように、日本もまた長いあいだ孤立した状況に置かれていた。そこでの人類の歴史は、アメリカ大陸の歴史よりもずっと長いものであった。日本には、海面が上昇し始める数万年前から、人が住んでいた。日本は、世界中で人の住んでいる地域の最も寒い場所のひとつであったが、その雪に覆われた山々の下に、広大な森林の広がりが長いあいだみられた。アナグマ、野ウサギ、イノシシと並んで、トラ、ヒョウ、ヒグマ、バイソン、ゾウやその他の大きな動物がいた。ただし、その数は減りつつあった。

海面が上昇し始めると、それによって日本の定住の南方地帯は切り離されて、島となっていった。韓国から日本を分離している対馬海峡が、すぐに形作られた。日本がついに、完全に孤立したとき、人口はまだ少なく、三万人にも満たなかった。ほとんどの人は海岸やそこに近い場所に住んでいたにちがいない。海からは魚が獲れ、低地の谷や平野では、夏には野生の青物が採れた。なかには、季節を最大限に利用するために動き回るひとびともいた。豊作の季節は喜ばれたが、不作の年もあったにちがいない。

日本人が縄文時代とよぶ期間のなかでは、ほとんどの人の平均寿命は実際のところ短かった。だいたい四五歳までが寿命で、七〇歳に達することは奇跡のようなものであった。一九四九年に発掘された横浜人（訳注：小仙塚貝塚のこと）の骨がX線によって研究された結果、かれは子供のときに、ときどき飢えに苦しんでいたということがわかった。多くの移動者の歯のように、かれの歯は腐食していた。そして、片側の下顎臼歯は歯茎のてっぺんとほとんど同じ高さにあった。焼け石の上や砂の上に直火をのせて調理された肉を噛んだので、歯をこすり合わせる回数が増えていったのである。口いっぱいの肉には、しばしば砂がふりかけられていた。

その頃すでに日本人は九州できれいな陶器をつくっていた。紀元前一万五〇〇〇年と推定されるある破片は、おそらく中国のものよりも古く、おそらく全世界にあるどの陶器より古いものであろう。もっと古い陶器が現在でも発見されている。日本は、エジプト、ギリシア、中国文明とは疎遠で何の知識もなかったであろうが、何千年ものあいだに、かれらのデザインはそれらの壺と同じくらい華美になっていたのである。

紀元前五〇〇〇年頃までに、いくつかの日本の小屋や家は、地球のほとんどの地域の基準から測っても素晴らしいものになっていた。穴が掘られ、約四メートル四方の小さな家の壁は、部分的にはその穴のなかに、部分的には地面に出るように建てられた。まっすぐな柱の上に草や葦でふかれた屋根が載せられていた。おたがいに容易に声が届くほどの距離のなかに、四～五軒の家が建っていて、全部で一五人くらいの人が住んでいたようだ。焚き火の場所が家の外にあったので、寒い夜には、ひとびとは体をこすり合わせて出る熱で、暖をとっていたにちがいない。小さな犬が飼われていた。たぶん狩り用か、連れ用として飼っていたのであろう。時折、住居跡の近くに小さな土偶が発掘されている。それは胸や尻が過度に膨らんだものである。たぶん、それらは女性の出産時に、かの女を守る神聖な像であったのかもしれない。

すでにいくつかの場所では、日本のひとびとは食料を蓄えていた。多くの集団が森の近くで一年のうちの一時期をすごした。そこは、たくさんの木の実を集めることができて、そのなかには食べられるものもあったし、蓄えられるものもあった。九月、一〇月、一一月は、木の実を集める期間で、クリの実は最初に落ちる実だった。クリの実はクルミより栄養がないけれども、家のなかの貯蔵用の穴に葉っぱを敷き詰めて貯蔵しておくことはたやすいことだった。その一方、落葉の樫の木から落ちるドングリは、タンニン酸を取り除くために流水でゆっくり洗う必要があった。石で挽いて細かい粉にすると、ドングリは非常においしくなった。ドングリを粉にしたり挽いたりする作業、さらには壺をつくるために粘土をこねる作業は、主に女性の仕事であった。いつもこういうことをしていたので、女性の鎖骨が微妙に長くなるという影響があらわれた。

食料をつくる才が高まったので、日本の人口は紀元前二〇〇〇年には、たぶん二〇万人を超えていたであろう。そしてそこは、世界の最も人口が密集している場所のひとつとなった。しかしながら、現在の基準からすれば、日本は人口まばらな荒野ではあった。

孤立状態のパラドックス

何千年ものあいだ、今日の日本やアメリカ大陸の地に住んでいたひとびとは、その他の世界からほとんどないしは完全に切り離されていた。かれらの経験は珍しいものであった。ヨーロッパとアジアが急速に変わっていくまさにそのときに、かれらはこのように長く孤立していたのだから、かれらはどんどん衰退していったかのように見えるであろう。ところが今日、かつて孤立していた二つの地は、世界の重要な金融大国となっているのだ。

たぶんこのパラドックスにはある理由があるのだろう。地理学上の孤立というのは、すべてのひとびとにとって深刻な問題だった時代があった。しかし、最近の一五〇年のあいだを見れば、地理学上の孤立は良いこともあれば悪いこともあり、ときには資産でさえありえた。縮小していく世界においては、考えや、モノや、ヒトは一万年前には越えられなかった海という障害を容易に越えることができるようになった。しかし、海はいまだに侵入する敵にとっては障害なのである。日本やアメリカにとって、海の壁は不利な状態ではなく大きな力となった。それはかれらを敵の侵入からしっかりと守ったのである。海のために、かれらは、住んでいる場所から離れて戦うという、犠牲の多い争いに巻き込まれるのを躊躇したのである。

ヨーロッパは、最近の一五〇年のあいだに、陸戦や海戦によって、繰り返し衰弱し続けてきた。それは毎回復活してはきたが、その復活の世界的な影響力は、自らの分裂によって低下してきている。それに比べて、同じ時期のあいだに、アメリカでは、陸上ではただ一回の戦争があっただけである。しかも、その戦いは内戦であって、侵入者に対するものではなかった。もしアメリカが一八〇〇年にヨーロッパのなかに位置していたならば、それは究極的な大国に上昇することは決してありえなかったであろう。そして、孤立政策をとって成功することもなかったであろう。同じように、日本の本土は、第二次世界大戦の最後の数か月のあいだに、絶望的な軍事情勢に立たされたにもかかわらず、そのときでさえ攻め込まれなかった。実際、アメリカは日本を侵略することがまったく困難であることを認識していたので、代わりに一九四五年に世界最初の原爆を落とすしかなかった。そのことによって、日本人を恐怖に陥れて降伏させようとしたのである。基本的には、海面の上昇ののち、日本と北アメリカを孤立させたその地理的要因は、不利な状態もあったが、ある状況下においては有利だったのである。

第3章　最初の緑の革命

シリアとパレスチナでは、海が新たに高い水準に達するとすぐに、小さな革命が起こったようである。よく知られた産業革命とは違って、それはとてつもなくゆっくりとしていて、その影響力は何千年も感じられることはなかった。しかし、人間の生活は、後退することのないコースを辿っていた。

紀元前八〇〇〇年までは、ジェリコ村（訳注：現在のパレスチナの町）は革命のよい見本のようなものであった。泥レンガでできた小さな家々が集まっていたこの村では、小さな庭で小麦や大麦を育てていた。これらの穀物は、初めは野生であったが、やがて栽培用として選別された。なぜなら、これらの穀類は他の野生の穀物の粒と比べて大きかったからである。大きな穀類は収穫が簡単で、ザラザラした全粒粉に挽きやすかった。村びとたちは、土地を整備し、実ったら壊れないようなかたい種類の種を選び、自然がつくり出すよりも密集したやり方で、種をまいたにちがいない。石のナイフや鎌で収穫された穀類は、村のなかで蓄えられた。今日、世界のカロリーの半分は、このわずかな種類の穀物からとられている。この穀物の最初のものは中東のこれらの村びとたちが栽培したのである。

初め、ジェリコやそれに似た村のひとびとは、家畜化された動物を所有していなかった。ほとんどの食肉は、ガゼル、その他の野獣、鳥類であった。村びとたちはそれらをこまめに狩りに行ってつかまえたのである。しかし、大麦・小麦、何種類かのえんどう豆類が栽培され始めてから五〇〇〇年以内には、かれらはどうやら村の近くでヤギや羊の小さな群れを飼うようになったようである。ここにもうひとつの食料の蓄えができた。つまり家畜の群れも蓄えであったのである。史料によると、のちに家畜となるような動物は、最初いくつかの地域で飼育されていたようである。羊は現在のトルコとイラクの国境、ヤギはイランの山々、牛はアナトリア高原にいた。特に、羊とヤギは、群れをなしていたので、飼いならすことは比較的容易であった。つまり、一匹を飼いならすことは、多くを飼いならすことと同じであったのである。

最初に羊、ヤギ、牛を家畜化し、群れでそれを養っていたひとびとは、植物を栽培し始めたひとびととは同じではなかったようである。小麦を育てたり、はじめて羊を飼いならすには、少なくとも数十人がしっかりと見張っている必要があり、別々の男ないしは女が見張りを分担していた。いつもはハンターである男たちが動物の飼育担当となり、一方はじめは女たちが穀類を栽培したようである。だが、最初穀物と家畜はバランスよく共存していなかった。初期の穀物栽培者たちは、家畜がまだ芽の出たばかりの作物のそばで生草を食べたり、作物を踏みつけ、食べたりすることを嫌っていた。

小さな農地と菜園でおこなう仕事は、遊牧の生活よりももっと厳しいスケジュールに従わなければならなかった。たとえば、農地の草刈り、土地の掘り返し、種まきなどである。種まきの時期はしっかり押えて、失してはならなかった。新たな生活様式には規律と、一連の義務が求められた。それは採集民や狩猟時代の自由とは対照的であった。

この農耕と牧畜という二つの大発見がなぜ地中海の同じ地域に起こったのかは定かでないが、その地域は、たしかに好都合な場所であった。その農村地帯には、とても大きな粒をつくる二種の野生の穀類があった。そこにはまた羊とヤギがいた。それらは小さな群れでいたので、世界にいるほとんどの大きな動物と比べて飼いならしやすかった。しかしこのような運の良い利点があったとしても、それ自体としては変化を説明するには十分ではない。世界の歴史上、チャンスや運は割合に豊富であるが、それをつかむひとびとはまれだったのである。

この生活の新しい様式の始まりを形作った要因は他にもある。沿岸の土地を水浸しにした海面の上昇は、ひとびとを内陸へ追いやり、その結果としてひとびとの混合、考え方の混合、習慣の混合が起こった。さらに、気候が温暖になってきたので、一定の動物や植物をより多くつくれるようになった。実際穀物はこれまでよりも広い地域に広がったのである。昔から重要な食料源であった大型動物は、その数が減ってきたので、それが野生の動物を飼育する動機となった。

菜園をつくり、動物を飼い始めた最初のひとびとは、長いあいだ、遊牧のひとびとと併存しなければならなかった。相並んで生活することは緊張を生んだ。食べ物がなくなったときには、飢えた遊牧のひとびとは近隣の村を襲撃した。そこには、穀物の蓄えや、動物の群れがいたからである。村びとたちの方では、防備を強化し絶えず見張りを続けた。数が多くよく組織されていた――農作業をするということは組織活動であった――ので、かれらはどのような戦いにおいても、遊牧民に引けを取らなかった。

勝利を収めたのは新しい農業者と家畜飼育者であった。飢饉のときに穀物を手に入れられるということは、遊牧のときにはだれも持っていなかった資産を所有するということであった。干ばつの時期は、穀物倉庫を持ち、羊・ヤギの群れを持っていた村が生き長らえた。

ひとびとは羊を飼っていたかもしれないが、ある意味では、羊が人を飼っていたのである。事実上、人を鎖でつないでいたと言ってもいいだろう。ゆえに、昔からの生活様式、つまり、動物の死体に群がったり、食べ物を捜し回ったり、狩りの成功を喜んだりする生活は、まだ魅力があった。それはまた、特に春には食料を恵んだ。農業が始まったのち数千年は、村びとの多くは湿地、森、平地で狩りをし、食べ物を採集することに頼って生活していた。それに比べ、新しく穀物、ミルク、肉を生産することにはあまり頼っていなかった。

地中海沿岸でのこのような新しい生活様式は、ゆっくりと広がった。紀元前七〇〇〇年までに、ギリシア、セルビア、そしてアドリア海におりていくイタリアの小さな渓谷などにおいて、穀物が育てられ、羊やヤギが所有者のしっかりとした監視のもとに育てられるようになった。紀元前五四〇〇年までには、穴を掘る棒切れを持つ農民が西スコットランドとアルスター（訳注：アイルランドの旧州）に現れた。紀元前三〇〇〇年までには、スカンジナビアで作物の畑や、動物の群れが見られるようになった。

ギリシアで最初の畑が現れてから、バルト海近くまで畑が現れるまでには、少なくとも二〇〇〇年近くかかった。ヨーロッパを渡って、農業や動物の群れがそのようにゆっくり広がったことは、驚くことであるが、ある障害を思い起こさねばならない。大小の森がヨーロッパの八〇パーセントを覆っていたのである。石の斧――鉄の斧はまだ知られていないので――と、無数の小さな火で森を切り開くことは、忍耐や汗水を必要とした。一方、かいばを集めるのは簡単になった。

この間に、牛は北アフリカの多くの場所に広がった。北アフリカは、エジプト、リビアから始まって、アルジェリアにいたるまで広がっていた。アフリカは初めは主に家畜や穀物を輸入したのであるが、やがて荷を運ぶ役畜であるロバと、小さなホロホロ鳥を飼育した。ホロホロ鳥は、やがて古代のエジプトとローマのごちそうとなった。最初に飼育されたネコは、アフリカのネコであった。のちにネコは、ネズミが食べにくる貯蔵穀物を忠実に守ることとなった。キビ、アワを最初に育てたのはアフリカ人であった。それは、通常二次的な穀物とみなされてはいたが。アフリカ人は、モロコシとその豊かな実、ならびに野生の米、サツマイモ、アブラヤシを初めて育てたのでもあった。

どこにおいても土を耕し始めたときは、それはきわめて原始的なやり方でおこなわれた。土を掘る主な道具は、先が尖っている木の棒で、その棒はやがて火で硬くされた。火で硬くなった棒は、人類史上きわめて重要な発明品のひとつであったにちがいない。それは、トラクターより重要であったはずである。その後は、何千年ものあいだ世界のあちこちで、作物を栽培するひとびとを助けた。

種をまくには試行錯誤が必要であった。容易に想像できるのは、次のようなやり方であった。つまり、最初の農夫は、種でいっぱいのかごをもって、耕したばかりの土の上を歩いて、手を大きく動かして、種をばらまいただろうというやり方である。しかし、ほとんどの場所では、そのような種のまき方は知られていなかった。アフリカのいくつかの地域では、女たちが棒や斧によって、あるいはやわらかい土に足先をすばやく差しこむことによって、何千もの穴を掘って、その穴にいくつかのアワの種を落とした。その他の者たちは、口いっぱいに種をいれ、ぱらぱらと落とした。南アフリカのいくらかの地域では、土の掘り起こしがおこなわれる前に、草の生えた土の上に、穀物の種がまかれた。

紀元前三〇〇〇年を過ぎてまもなく、ギリシアではオリーブとブドウを中心とした独特の農業が盛んになった。これまでは、羊やヤギにしか適していなかった急斜面で、ブドウとオリーブの木がつくられ、その結果、村が摂取する毎年のカロリーが四〇パーセントも増大した。オリーブ油は、料理のためだけでなく、ランプをつけたり、体をきれいにするのにも使われた。ワインとオリーブ油は、東地中海世界での飲食物を変化させた。

かつてはすべてのひとびとは、一日の大部分を食物の採集や狩りに費やしていたとすれば、いまや新しい生活の規則ができて、さまざまな専門家が育った。たとえば、レンガをつくる人、家を建てる人、パンを焼く人、ビールの製造者、焼き物師、織物をする人、衣服をつくる人、戦士、はき物をつくる人、仕立て屋、穀物倉を監視する人、灌漑用水を掘る人、そしてもちろん農夫や家畜番もいた。たぶん、ある地域では一〇〇人中九〇人はいぜんとして、食物を育てたり、食べ物やそれに関連した目的のために略奪をしており、残りの一〇人は、さまざまな専門的な仕事に従事したのであろう。新しい専門家は、村に住み、比較的大きな村は町になった。だが、農業の発達以前には、町や都市は存在しえなかった。

ある地域が人を養える力は、土壌や草地、鉱物や魚場をより効率よく利用することによって、三倍にも六倍にも、もっとそれ以上にも増大された。それは遊牧民の技術を越えた一連の成果なのである。これまで少なかった世界の人口は、劇的に増加した。おそらく、穀物の栽培と家畜の群れの維持が初めて試みられたとき、世界にはたった一〇〇〇万人しか住んでいなかっただろう。しかしながら、紀元前二〇〇〇年までには、世界の人口は九〇〇〇万人に達していたようである。キリストがいた時代であるその二〇〇〇年後には、三億人近くが住んでいた。

その頃の人口の増大は、ときどき疫病によって停滞した。遊牧民は疫病というものを知らなかったので、健康の面では恵まれていた。絶えず動いていたので、汚物を残して立ち去った。熱帯気候のなかにあって、ほとんどなにも着ていなかったので、かれらは細菌を殺す日光により多くさらされていた。家畜を所有していなかったので、かれらは病気の標的にはなりにくかった。反対に新しい生活様式のもとでは、ひとびとは町に集まってきたので、感染の危険が増えたのである。

つまり、新たな生活様式は、よりたくさんの食べ物を供給し、それによって世界の人口が増えたのであるが、それはまた人口を定期的に減少させるウイルスをも増やしたのである。新たに飼いならされた家畜を毎日扱うようになったので、ひとびとは家畜の病気にさらされることとなった。ある種の結核は、牛と羊のミルクから発生した。はしかや天然痘は、牛を駆り集め、乳を搾り、その肉を食べたひとびとへ伝染した。ある種のマラリアは、鳥たちから伝染したかもしれない。インフルエンザが豚とアヒルからひとに感染した。

人間の犠牲

新しい政治的組織の形が現れてきた。遊牧社会では、権力は主に年配のひとびとによって共有されていたが、新しい農業秩序では、支配者のうちの少数のエリートや、普通は男性がなる一人の首長が、支配するようになった。その首長は自分の町や農地を守るのだが、その機会を利用して、昔自分を冷遇したり傷を負わせたりした者を敵として報復した。かれは敵を捕まえて捕虜にしたり、奴隷にしたのである。遊牧民はめったに奴隷を使役しなかったが、遊牧をしない社会の指導者は、奴隷や強制労働を用いて、灌漑用水、寺院、要塞、その他のものをつくらせた。牧民の土地は、それまで無税の地域であったが、新しい支配者は、穀類、肉、その他の物の形で税を集めることができた。

新しい支配者は聖職者を任命した。聖職者のほうは、正統性や道徳的な支援を与えた。宗教自体は、人類が昔からなじみのあるものであったが、もっぱらそれに携わる男女の聖職者という存在は新しいものであった。かれらは干ばつが終わるよう雨をもたらすのを助け、豊作のために道を開いたり、戦いで敵を負かすのを助けたり、心配ごとを抱いているひとびとに心の平穏を与えた。紀元前三五〇〇年までに、ヨーロッパと中東の農村や小都市の多くは、壮大な宗教的記念物をつくっていた。

この時期に新しく生まれた宗教というものは、宇宙とその動きに対する驚きと、自然の巨大な力に対する恐怖と希望を反映していた。自然は崇拝されるとともに、なだめられねばならなかった。ある地域の人口が壊滅することがあったとすれば、それは、穀物に被害を与えたりだめにさせた霰《あられ》、家畜を殺した病気、収穫物に打撃を与えた昆虫や菌類の疫病、雨がふらない春におこった疫病、干ばつによる野生の獲物の減少、そして予期せぬ洪水のためであっただろう。土壌が肥沃《ひよく》であるように、毎年の収穫が実りあるようにするために、貢ぎ物が神々に供されたかもしれない。最大の貢ぎ物は人間のいのちであった。このような犠牲は、たくさんの貢ぎ物をささげられるための門を開いたのかもしれない。

ニューギニアとアメリカ大陸の謎

ニューギニアの山岳地方は非常に遠かったので、二〇世紀までヨーロッパ人によってほとんど探索されてこなかった。しかし、別の意味では、そこは遠いところではなくて、緑の革命の中心のひとつであった。すでに紀元前七〇〇〇年に、まだ農業がヨーロッパに伝わっていなかった頃、ニューギニアのひとびとは、さまざまなヤムイモやその他の根菜、日陰を好むタロイモ、サトウキビ、野生のバナナを栽培していた。手で掘られた排水設備によって土壌が改善され、この単純な農業栽培が助けられた。栽培という考えが、東南アジアからニューギニアにやってきたということは、ありそうもないけれどもまったくないわけではない。

ニューギニアでは木は石の斧で切られた。木を切る人は、現代のような長い持ち手の振り回すような斧ではなくて、短くて鋭いトマホークの斧を用いていた。ついには、森と下草が焼かれ、囲いが建てられた。肥料として役立つ新しい灰を使って食用になる根菜が植えられた。雑草取りは大事な仕事で、いつも女性たちがおこなった。数回の収穫ののち、土壌は一時的に疲弊した。そして、少し離れた所で別の森を開墾して新しい畑がつくられた。それはたくさんの人の大量の人力とたいへんな体力と多くの汗を必要とする開拓であった。この移動式の耕作農法は、ときに焼き畑農法とよばれるが、それは広い森を必要とするもので、その森の一部分だけが耕されて、毎年種が植えられるのであった。

アメリカ大陸も、ニューギニアのように、独自の菜園を発展させた。紀元前六〇〇〇年までにはメキシコでウリ、綿、トウガラシのような植物が栽培されていて、その後トウモロコシや豆が現れた。現在のアメリカ合衆国の東海岸では、紀元前二五〇〇年頃に菜園が現れた。そのうちに、農業はアメリカ文明の基礎となった。それをスペイン人がやがて発見するのである。

一般的に、アメリカの農業とその独自の文明が孤立した状態で起こったと広く考えられているのは、海面の上昇によって、北アジアからアメリカへ渡った新しい入植者たちが永く孤立させられたためである。しかし、東アジア、アフリカ、ないしはヨーロッパから、次々と文化的影響が及んだという可能性はまったくなくなったわけではない。おそらく、入植者の新たな波が時折アメリカ大陸に到達したのであろう。

いくつかの証拠によれば、アジアとアメリカが接触を絶やさなかったという理論が支持されている。たとえば、黒い骨と黒ずんだ肉を持つ中国の黒皮病のニワトリが、アメリカにも見られた。それはアメリカでも中国と同じように扱われ、魔術や治療のためにいけにえにされて、食卓には出なかった。このニワトリは、第二期に入植したひとびとの船に乗って中国から到着したのであろうか。さらに、何人かの学者は、アメリカの熱帯地方のマヤ族特有の暦が、おそらく現在のパキスタンにあるタキシアから来たものであろうと主張している。暦につけられた二〇個の名前のうち四個は、ヒンドゥー教の神々から直接とられた名前であるというのである。

たぶん、さまざまな考えや植物や動物は太平洋を越えて、両方向に動いていたのであろう。それにもかかわらず、ある農業地域が、他の場所より早く起こったり、その影響がより大きいことがあった。それに比べて中東は、ちょうど火のようであって、いったん燃え上がると、ますます大きな明かりを放ったのであった。

天日焼きや火焼きでつくられた手製の壺は、新しい生活様式の重要な一部となった。頻繁に移動する遊牧のひとびとは壺を必要としなかったが、一年の大部分を一定の場所で過ごすひとびとは、陶器の発明から大いに利するところがあった。今日の西洋においては、なぜ壺がかつてそれほど重要であったのかを理解するのは難しい。なぜなら、今日壺は装飾以外にほとんど用いられていないからである。だが、壺は照明や料理のために特に重要で、効率的に燃料を使うことができた。ろうそくを立てて使う陶器のランプや火皿があった。蓋や取っ手がついたものもある大きな壺は、室内で水や酒を入れるのに使われていた。素焼の壺は水を冷たい状態に保つため、水入れとして大事に使われた。カメルーンの草原では、他の地域でコーラの実を入れていた大型の壺が、パームワインをつくるために使われた。ナイジェリア人は葬式で陶器の楽器を演奏した。いくつかの地域では女性たちが壺をつくっていた。つまり女性たちは、当時の重要な製造業にあたるものに従事していたのである。

壺をつくる技術を持つ定住社会は、新しい食料や飲料を生み出すことができた。この社会は移住社会に比べて蒸留した酒をつくる可能性がずっと高かった。酒づくりには、飲料を蓄えるための大きな壺が必要であったからである。壺を持つ社会は、イースト菌をつくることができ、次いで、陶器のかまどでパンを焼くのにイースト菌を使うことができた。たき火や焼き石の上で肉を焼くのではなく、壺のなかで肉を蒸した社会では、不思議なことに、塩を必要とした。実際、中東とアジアにおいて、塩は定期的な交易品となったのである。

陶器をつくる人はやがて金属をつくる人になった。陶工とかれらが用いた粘土は、金属細工師とその鉱石のさきがけとなった。高熱のもとで陶器をつくることは、金属の銅を機械的に溶解することにつながりはしなかったが、それへの重要な一歩となった。燃料の最適な使い方や、新鮮な空気をおくりこんで加熱する方法、壺の焼けている側の扱い方、壺の冷やし加減など、これらの問題の答えは、強烈な熱で鉄の鉱石を扱う指針として役に立った。

世界史において記念すべき日のひとつは、ほとんど純粋な金属が初めて抽出された時である。それは、硬くて純粋な銅を豊富に含んでいる硬い岩石のかたまりから、非常に熱い火を使って取りだされたのである。銅を溶かすためにつくられた最も初期の作業場は、ヨルダンのはげ山の目前にある南イスラエルのティムナで発掘されている。紀元前四二〇〇年頃に初めて使われていたかまどは、地面に掘られた小さな穴で、それは楕円形であって、たぶん大人の手ほどの深さに掘られた穴であったようだ。熱があまり逃げないように、地面には火を覆う軽い楔形の石が、ゆるい蓋のように置かれた。それは、家内工業であった。もっとも、そのように言うことさえ、その規模を誇張していることになるのだが。

銅を溶かすことは、ついには青銅のつくり方を発見することにつながった。それは偶然の出来事であったかもしれないが、十分に注意していたからこそ、偶然に生まれた重大なものに気づくことができたのである。青銅は、一〇パーセントの錫《すず》と九〇パーセントの純粋な銅を溶かしてつくられた。そうしてできた合金は銅より硬く、形をつくりやすかった。およそ紀元前三五〇〇年までには、青銅はメソポタミアの都市国家の金属細工人によってつくられるようになっていた。しかし、きわめて重要な成分である錫をかれらがどこで見つけたかは、はっきりしないままである。

奇跡的にも、銅の時代の一人の人間が、最近発掘された。まだ骨に肉がついているかれの身体が、現在のオーストリアとイタリアの国境近辺のアルプスのチロルに、かれが冒険的な旅に出かけてから約五〇〇〇年経って発見された。かれは、今日この山を横切る最も高い道路よりもさらに高い三二〇〇メートルのところで、山の尾根を横切ろうとしていた。季節はおそらく秋であったらしく、かれは暖かい服を着ていた。頭部は、たくさんの毛皮を縫い合わせた帽子で覆われており、肩は、葦《あし》の茎やしっかりした草できちんと編んだマントによって、雪と冷たい風から守られていた。鹿の皮でできたコートは、歩いているときにかれの体を温めていたにちがいないが、コートに袖がついていたのかどうかは定かではない。実際、太ももからくるぶしまでは、皮のゲートルで覆われていたが、くるぶしから足先までは、子牛の皮靴で覆われていた。

かれが短い旅ではなく長い旅に出かけていたことは、持ち歩いていたものによって連想される。それは銅製の刃でできた斧、火打ち石や木の柄でつくられた刃を持つナイフ、一四個の壊れたか使い古された矢が入った矢筒、矢のようなものであった。山では、寒い夜に必要な火をおこすための燃料や火打石を容易に見つけられなかったので、山を歩く人間にとっては、最後の残り火を取っておくことのできる入れ物を持ち歩くことが重要であったが、かれは器用につくられたカバノキの皮の入れ物を持っていた。それがあれば、問題なく自分で火をつけることができた。

かれは雪のなかで死んだ。たぶん、かれの帰宅が長いあいだ延び延びになったとき、友人や家族はかれを捜したであろう。かれの肌に小さなタトゥーが入っていたことや、素晴らしい銅製の斧を持っていたことは、友人に知られていたはずなので、かれだとすぐに分かったはずである。捜索は途絶え、氷がすっぽりかれを覆い、何世紀も過ぎた。西暦一九九一年になって初めて、氷が溶けて、かれの体があらわになったのである。

第4章　夜のドーム

今日、世界の中心となっている光輝く大都市では、夜空の力はほとんどわからない。というのは都市の明かりが空を曇らせているからだ。さらに、世俗的にせよ宗教的にせよ、人間の出来事についての新しい解釈が、星や月や太陽に基づく解釈にほとんど取って代わってしまった。しかし、記録された歴史にせよ、記録されていない歴史にせよ、人間の歴史の大部分のあいだにおいて、夜空は堂々たる輝きと魔術的な力を持っていた。そして、初めて文明が現れたとき、「天体」はますます強力な象徴性を帯びたのである。

雷と流れ星の神秘

遊牧民や農耕集落においては、気象上の出来事が大きな恐怖心を引き起こした。タスマニアでは大嵐に恐れを抱くアボリジニがたくさんいた。一八三一年にある白人の観測者が書いたことによると、夜に激しい雨がきて、大きな雷と激しい稲妻がともなうと、原住民はひどい恐怖心を表したという。次の晩、暗い夜空に稲妻を見ると、かれらは恐怖のために狼狽した。たぶん、雷に打たれるということを考えただけで、恐怖心を高じさせたのであろう。雷によって震える木を神経質そうにみて、雷にさらされた木に触ることを拒んだ。ちょうどそれは、地球の反対にいるドイツ人の農民と同じようであった。

ほとんどの人が夜空の星の下で寝ていた時代においては、夜空はいつもドーム状の屋根であった。子供たちは、夜空にかかる規則正しい星の動きを観察することを教わった。時折、かれらは真っ暗な空に、明かりがすばやく横切るのを見た。そのうちのいくつかは流れ星で、ほんの数秒間しか見ることができなかった。他の明かりは彗星の明るい尾であった。遊牧をして狩りをする人や、採集をするひとびとは、夜空を注意深く観察していた。かれらは観察の結果流れ星が夜の初めよりも朝の初めの方が二倍も多いと学んだようである。珍しいことが起こると、それは夜空が話しかけていると信じられた。

世界中でひとびとは、精神的な活動を彗星や恒星に委ねた。夜、燃えた流星が落ちていく光景を見ることほど刺激的なことはなかった。ほとんどの流星は下降する途中でバラバラになり、海に落ちたのだが、いくつかは地上にぶつかった。隕石はその目的地にたどり着くまでは流星で、たいてい黒い石の破片の形をしていた。その石は、神々の家から落ちてきたように見えたので、見つかった場合には、驚嘆の念をもって扱われた。メキシコにあるチョルラのピラミッドの貴重な石や、シリアのエルメサで崇拝された石は、おそらく隕石であろう。メッカの神聖な建物のなかには聖なる石があり、それは天から落ちて来たと言われた。それはアラビアの部族やムハンマド自身によって崇拝されたのだった。

隕石や流れ星が神々からのメッセージであるという考えは、地球にぶち当たるときの白熱の輝きとその音によって確認されたようである。あるものには、雷鳴のように聞こえた。また、他のものは蒸気時代において列車が通り過ぎる音のように聞こえたのであった。さらにある社会では、落下する星は幸運とみなされ、その他の社会では禍をもたらすとみなされていた。

星の下で生活した遊牧民と、中東の最初の文明社会で雲のない空の下に定着したひとびとは、当然夜空を観察した。新月の夜には、空はかれらの頭上に繰り広げられるすばらしいタペストリーとなった。空は刻々と変化して、その変化の形はよく観察され、語り伝えられた。川の水が干上がってしまう中央オーストラリアの乾燥地帯では、銀河というものを空を横切って流れる大河と見なすアボリジニのグループがいた。多くのひとびとの目には、想像上の力強い生き物が空に見えた。また別の者たちは、銀河が途切れる暗いところを、悪魔の住み処と考えた。

ティグリス・ユーフラテス川に沿って栄えた初期の文明は、星を崇め続けた。そこのひとびとは、天文学の技術を持っていたので、星群や主要惑星の多くの動きを予言することができ、そして翻ってこれらの動きのおかげで人間の出来事を予言することができるのだと信じていた。バビロニア人は、月食が起こるよりずっと前に、月食を予言する仕方を学んでさえいたのである。

星占いの登場と、人間界の出来事に及ぼしうる星と惑星の影響の研究は、今ではつくりごととして片付けられている。しかし、この知的方法には、論理があったので、一時的にせよ、中国と中東の初期の文明においてもその最良の知性を引きつけたのであった。もし太陽が夏と冬を形作り、月が潮の満ち干を決め暦を形作ることができるというならば、なぜこれらの強力な力は人間の運命をも決めないということがあろうか、と考えられた。この疑問は何千年ものあいだ学者の好奇心をそそったのだった。医者もまたそれにとらわれていて、二〇世紀にいたるまで精神的な病におかされているひとびとは、「ルナティック」(正気でない)とよばれていた。その意味はかれらの病気が月(ルナ)によって影響されていたという意味である。

月というものは、大なり小なりいつも圧倒的な影響力を持っていた。日が昇るよりも約五〇分遅く昇り、日が落ちるよりも約五〇分遅く落ちる月は、夜空で最大の物体であった。だからそれは堂々たる動きをしたのである。新月は、日中には目に見えなかった。それは日中には太陽と同じように空を横切っていたからである。それとは対照的に、満月は夜中じゅう見ることができた。生き生きとして力強くて親しみのある月は、ある者にとっては女性であり、ある者にとっては男性であった。月は、生と死のシンボルであり、いつ雨が降るのかを決めるのだと言われた。月は植物の成長にも影響すると信じられていた。何千年ものあいだ、農夫が新月のあいだに植物を植えることが農村の決まりであった。のちになると、インドとイランとギリシアでは、人間が死後に月へ旅すると信じられた。月の満ち欠けは、天文学が現れてから最初の暦をつくることとなった。

私は夢を見た

夜はひとびとが夢を見る時間だった。その夢は、楽しかったり、恐ろしかったり、穏やかであったり、見知ったものであったり、見知らぬものであったりした。夜は、さまざまな部族によって、神秘の王国とみなされていて、人間は寝ているあいだはその王国に入ることを許可された。夢はかれらがその王国を訪ねた証拠なのであった。カナダ北部のハドソン湾近くの先住民のひとびとは、眠りにつくと自分の魂は体から抜け、一時的に別の世界に入ると信じていた。オーストラリア中部ではアランダ族が、人間には二つの魂があると信じていた。つまり実際には、人間が寝ているあいだは、かれの二番目の魂が体から離れているというのである。かれらの理解では、かれら自身の夢が本当に自分自身であり、第二の魂が体の外で引き起こす行動を同時に見ているのであった。夢はほとんど不気味な形をとったテレビのようであった。もし、体を離れた魂に恐ろしい出来事が起こったなら、その恐怖はすぐに眠りのなかで夢を見ている人に伝えられた。

聖職者や予言者が現れる何万年も前には、鮮明な夢は畏怖の念をもって語られたにちがいない。夢の重要さというのは、夜の重要さの反映であった。夢は夜に生じるからである。遊牧社会の簡素なキャンプにおいては、夜の存在と暗闇の深さはほとんど圧倒的な力を持っていた。今日では、都市を照らす莫大な明かりが夜を圧倒しているのだが。

現代になると、夢は静かにその意味を変化させた。夢は、単に将来を見るものとして解釈されるものではなくなった。心理学者のジークムンド・フロイトは、夢というものは未来を垣間見させるものではなく、夢を見た人の過去や性格を反映するものであるとみなした。

人間がいつ月・太陽・星・彗星に意味を読み込んだのかを知ることは、不可能である。しかし、夜と夜空がわずかな場所で一時的にしか記録されていないからといって、それらを無視することは、人類史のなかの決定的で興味深い部分を無視することになるであろう。

隠された記念物

遊牧民は壮大な記念物、ピラミッド、石でできた高い柱、神殿や明かり台といったものをつくらなかった。かれらは重い石の塊を切りだして遠くへ運ぶことはできなかったのだが、ある意味では、かれらは記念物などを必要としなかったのである。記念物というものは重要なことの宣言なのであるが、一万五〇〇〇年前に住んでいたひとびとにとって、空や地上は記念物でいっぱいなのであった。ただし、訓練された目を持つ人にしか見えないものもあったけれども。

ある遊牧社会にとっては、空はかれら自身の祖先によってつくられた記念物なのであった。かれらの土地も同じようにつくられたのだった。あらゆる丘や、岩だらけの尾根や、景色のあらゆる細部は、かれらが初めて地上に現れたときに祖先によってつくられていたのであった。昔のオーストラリア人の目からすると、かれら自身の部族社会において決定的な丘や崖や動物その他のものは、かれらの祖先によって事実上聖なるものとされた記念物なのである。創造という当初の行為は、これらの祖先が残した宗教儀礼や儀式や舞踊によって定期的に更新されるものであった。このようにして、現在のひとびとは、大昔にこの生命ある地上と空の風景をつくりだしたひとびとと、接触を続けているのである。

話を先へ飛ばすことになるのだが、次のことを述べておきたい。つまり、後の宗教もまた大いに夜空の影響を受けていたということである。ユダヤ教の暦は月に基づいていた。というのは、宗教年の始まりは、二つの異なった出来事が同時に起こることによって決められていた。つまり、大麦の穂が現れたときと、新月が初めて現れたときであった。ブッダ（仏陀）は月の満ち欠け上、特別な時に生まれた。一方、明るい導きの星がイエスの生まれた場所を正確に示したと言われている。ヒンドゥー教とジャイナ教の神聖な出来事のひとつに、明かりを祝う行事があった。それは、決められた月の満月の日におこなわれた。キリスト教の暦では、最も神聖なる日は月によって決められている。イスラム教では、暦はいぜんとして月に基礎をおいていて、断食の月であるラマダーンは公式的には新月を肉眼で見たときに始まる。中国文明は月と星を崇拝した。中世に現れた最初の大学でさえ、占星術を重要視した。一二世紀において、これらの大学で占星術の教授になること、あるいは、キリスト教の王や将軍のための顧問として占星術者となることは、本当の権力を握ることであった。その四世紀後に学術の世界から占星術を追い出したのはコペルニクスであった。ただしかれは民衆の世界から追い出したのではなかった。民衆の世界では占星術はいぜんとして力を持っていたままであった。

第5章　渓谷の都市

もしも疲れ知らずの旅人たちが紀元前四〇〇〇年の中東に住んでいて、黒海沿岸からナイル川上流までをずっと旅するという、尋常どころではなくおそらく不可能であろうような偉業をなしとげたとしても、かれらは、そこに息を飲むような記念物を目にすることはなかったであろう。かれらは、町のひとつも見かけなかったであろう。かれらは、学ぶための寺院も、豪華な王宮も発見しなかったであろう。だが、それから一五〇〇年ほど経って、かれらの足跡が別の旅人によって辿られたとしたら、壮大な寺院や王宮が比較的普通に見られたことであろう。ただし、それらはほとんどの場合、その地域の大きな川沿いに集中して存在したことであろう。文明の興隆時には、世界のこの一角にある四つの壮大な川と、他の離れた土地にある数本の大きな川が中心であった。

中東の大きな川は乾いた平野を流れており、その土壌は、氾濫によって毎年豊かになっていた。数千万トンのシルト（沈泥）が流れに沿って運ばれ、枯渇した地面の上に、新たな肥料の層のようにして、薄く広がった。さらに、乾季になると、運河が、乾いた農地を灌漑するための水を川から運んだ。このように洪水の起こる平原では、その当時の世界中のほとんどの場所よりも多くのひとびとが小さな場所で食べていくことができ、どこよりも大きな町が育っていた。陸路の輸送が原始的だった時代は、広い川は最上の幹線道路でもあって、それに沿って舟が、穀物や建設用の石を、王国の遠い別の場所へと安く運んだの

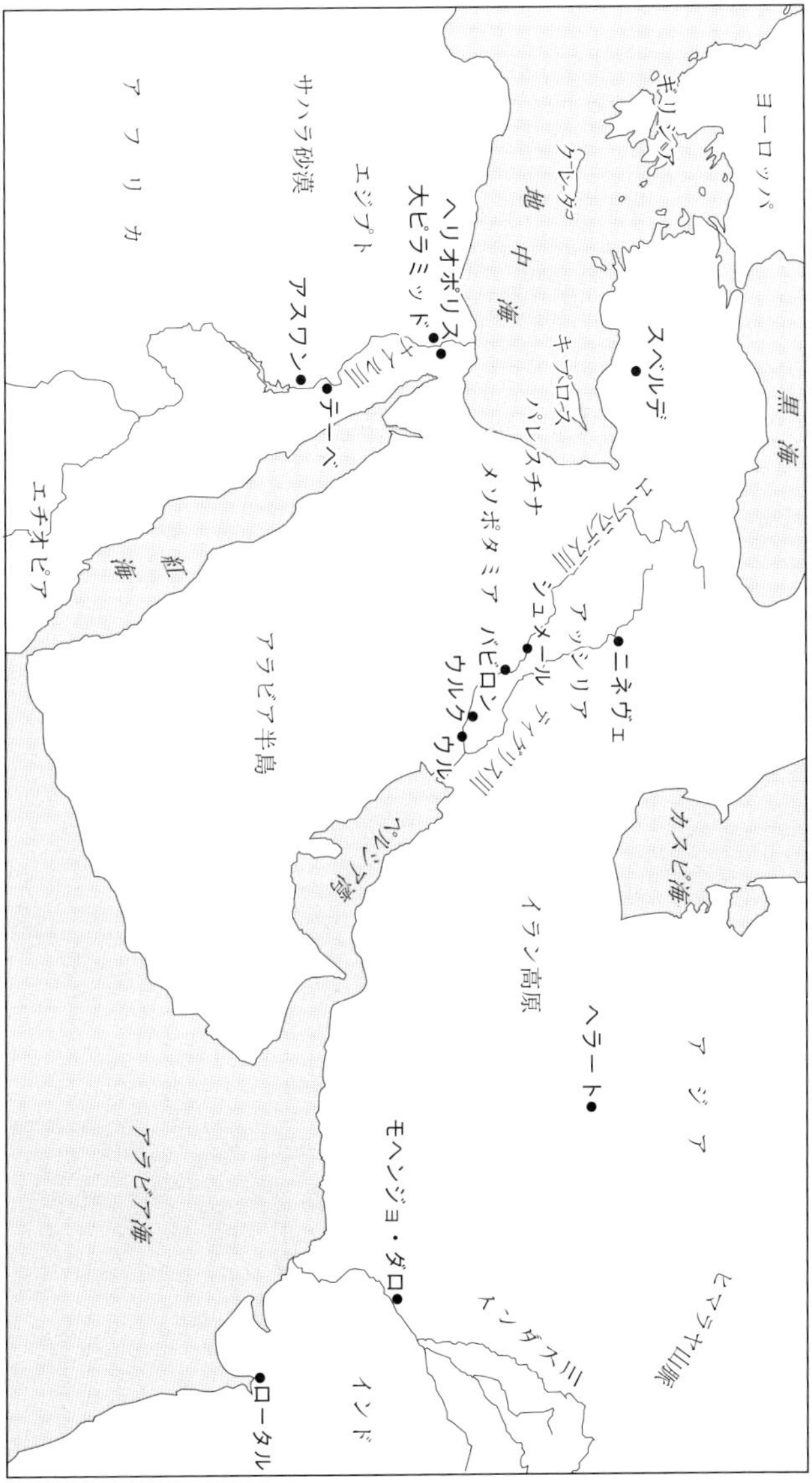
ヨーロッパ
ギリシア
クレタ
地中海
キプロス
パレスチナ
黒海
スベルデ
ニネヴェ
アッシリア
チグリス川
ユーフラテス川
シュメール
バビロン
ウルク
ウル
メソポタミア
ペルシア湾
カスピ海
イラン高原
ヘラート
アジア
ヒマラヤ山脈
インダス川
モヘンジョ・ダロ
インド
ロータル
アラビア海
アラビア半島
紅海
エチオピア
アフリカ
サハラ砂漠
エジプト
ヘリオポリス
大ピラミッド
ナイル川
アスワン
テーベ

4つの大河地域

である。

ピラミッドからの眺め――エジプト

ナイル川の岸は、エジプト文明を育て上げた。その川は縫うようにしながら狭い谷を流れており、エジプト高地のアスワン付近では、幅はたった二キロメートルしかなかった。実は、砂漠の砂が、川のあちこちに流れ出ていたのである。だがはるか下流では、谷は幅三〇キロメートルあるいはそれ以上であり、一方、デルタ地帯では、豊かな低地や河道のモザイクが二〇〇キロメートル以上になっていた。洪水になると、エジプト人の富の主要な源であったデルタ地帯にある田園地方は、低い土手のうえにあった常設の村の端を水がぴちゃぴちゃ洗うほどの広大な湖となった。実際、デルタ地帯の村々は「島」として知られていた。洪水によって運ばれて来た土壌が新たにかぶさったその土地は、洪水がおさまった後には大麦や小麦の収穫がもう一度できる状態になっていた。

川は、いつも素晴らしい資源というわけではなかった。洪水の水位が高すぎたり、速すぎたりした場合には、あらゆる種類の土手や水路は崩れ去った。さらに水は、そう簡単に高台の畑まで辿り着いたわけではなかった。農業がより発展するにつれ、人間やロープでつながれた動物が、水をバケツやかごに入れて、低い場所から高い場所へと運ぶために、使われなければならなかった。

エジプトは、強力な君主が何代も続き、見事な都市、盛んな宗教的・経済的生活、大収穫の年に取れた穀物でいっぱいの貯蔵庫、永遠の暗闇に眠る豪華な宝物を擁する王家の墓などを持っていた。ここには、軍の将校や、官僚、僧侶が住んでおり、かれらは組織や記録に携わる大きな力を誇示していた。人類初期の記述方法であるかれらの象形文字は、川沿いの伝達手段として使用されたのだ。

ここには、素晴らしい設計図を用意する建築家がおり、その計画を巨大な石を使って実行に移す建造者がおり、また、貴重な金属、銅、木材、布地、貴重な石を扱う芸術家がいた。輸送や灌漑のための運河の設計者がおり、運河にはナイル川と紅海を結んだものさえあった。月や星に関する知識を蓄え、一年を三六五日に分けた先駆的な暦を考案する科学者も住んでいた。死後の世界観をまとめあげた有力な僧侶も練り歩いていた。その死後の世界では、王妃が王妃として讃え続けられる一方、一般庶民さえもが来世を味わえるかもしれなかった。王は、人間の体を借りた神であったから、それにふさわしい墓に葬られた。

毎年のナイル川の氾濫は、当たり前のこととは考えられていなかった。いたるところで、砂漠のオアシスにおいてさえも、神聖な支配者を讃える高価な寺院が建てられ、その寺院の祝福なしには、「ナイル川の増水」は訪れないと考えられていた。その見返りとして、大麦や小麦さらには土地といった形の貢物や租税が支払われた。最終的に、寺院は、ナイル川沿いにある全体の耕地の三分の一を所有したのであった。

風に揺られる背の高い葦は、エジプト各所によく見られた景色で、メソポタミアも同様であった、そこでは川が、湿地まであふれかえったり、デルタ地帯にまで広がったりしていた。大勢の労働者が、かやぶき屋根をつくるために葦を集めた。葦のとがった先端は、ペンや尖筆としても使われ、それを用いて湿った粘土板に絵や言葉が刻まれた。最終的に、粘土に取って代わって、川から入手された別の筆記用の素材であるパピルスが使われることとなった。パピルス製造は、ナイル川の湿地で発達していき、ヨブ記の表現を借りれば、「湿地のないところでパピルスは出来るであろうか」というほどであった。早くも紀元前二七〇〇年には、賢明なエジプト人が、パピルスを紙や羊皮紙といった厚手のものへと変えていった。それは葦の筆による刻印に適したものであった。紙は、官僚制の本質といえるほどであるが、エジプト独自の発明であった。

たぶん、エジプト人は、犬や猫をペットとして飼った最初のひとびとであろう。猫は墓石に描かれていた。人は、死んだときには、来世の準備のために、その身体はミイラ化された。かれらは家族によって弔われ、その家族は、眉毛をそり落とすことによって悲しみを表したのだった。早ければ紀元前二〇〇〇年には、グレーハウンドも飼われており、それは特に、野ウサギを狩るスポーツに参加するためであった。

医学においては、エジプト人はおそらく、知られる限りの世界の先頭を行っていたようだ。それは魔術と知識が混ざったものであって、それを信じる者の心で強力に混ざりあったものであった。人体についての知識の多くは、ミイラにするための準備の慣習から生じていた。解剖や外科手術、薬の調合において、エジプト人は成功をおさめ、またかれらは包帯やあて木を初めて使用したようだ。治療の際には、かれらはハーブや野菜と並んで、ネズミや蛇といった生き物の脂肪を使った。その材料は重さや量が慎重に測られていた。ホメロスによるギリシアの古典『オデュッセイア』は、エジプトの医師を最高のものとして言及していたが、そのときまでには、エジプトの医師の技術や能力や虚勢に関する評判は、二〇〇〇年近くの歴史を持っていたのである。

紀元前二六〇〇年には、エジプト人は近代的な様式の酵母パンを初めてつくっていた。形を見ると、そのパンの塊は、ギリシアの時代に食べられていた背丈のあるパンよりは、平たいオムレツに似ていた。火室が下部にあり、オーブンが上部についたパン焼き窯《がま》は、かれらが発明したものであった。

ナイル川の氾濫する平原は、通常、あり余る食料を生み出していた。それは畑で働く者たちだけでなく、都市部に住む一〇分の一の人口も養っており、また君主やかれの世話役や僧侶に献上された。このあり余る食料、つまり少量の富の余剰こそが、一連の王たちに八〇個程度の王家の墓を計画させることを可能にしたのである。

ナイル川沿いの地方は、小高い丘や崖で縁取られていただけだったので、ピラミッドは山がちな地方においてはあり得ないほどに高くそびえて見えた。最初のピラミッドは、紀元前二七〇〇年あたりに建てられた。二〇〇年後には、高さ一四六メートル、つまり近代の五〇階建ての超高層ビルと同等の高さになるような大ピラミッドが設計された。それは約一〇万人の作業者の努力を要したが、それには奴隷のほかに、毎年恒例の氾濫がやってきて仕事ができない農民たちも含まれていた。重い石灰岩や花崗岩のブロックは、石切り場で切られ、車輪つきの乗り物や滑車を使わずに建設地まで運ばれなければならなかった。それは、世界で最も卓越した建造物であった。総人口がかろうじて一〇〇万人に達したばかりの王国によって建てられたということも、また特筆すべきことである。エジプトの人口はその後に増加して、一五〇〇年ほど後の新王国のときには、四〇〇万人に達したのだ。

エジプトは、他のどの河岸の文明よりも長い安定期を享受していた。言語や文化の連続性は並はずれていた。君主制も三〇〇〇年ほど続いていて、有史において最も持続した国家のひとつであった。エジプトの問題は顕著だったが、その良さもまた同様だったのである。

車輪が初めて回った場所——メソポタミア

エジプトに対抗する文明がメソポタミアで花開いた。そこでは、世界で最初に知られた国家が、世俗的あるいは宗教的な官僚制をともなって、紀元前約三七〇〇年に現れた。その国家は、ティグリス川とユーフラテス川という二つの川のあいだの温暖な平野を占めていた。まさにそれは、肥沃な谷の産物だったのである。

トルコの山々の雪解け水で育まれたこの双子の川は、海までの旅路のおよそ三分の二を終えたところで、平野の端に辿りつき、海の近くで最終的に合流した。二つの川は、ときどきコースを変えたりシルトに満たされたりした。しかし、数世紀にわたって、そこでは革製の小さな舟や筏《いかだ》が使われて、それによって需要の大きな材木が木の茂った奥地から運び出されたのだった。双子の川の下流域は、大麦や小麦の栽培に適していた。他のほとんどの地域では、農民が尖った棒や簡単な鍬《くわ》で掘り起こしていたのに対し、ここでは実際に鋤《すき》で地面が耕されていて、少数の使用人で広い範囲を耕すことができていた。大麦の一部は発酵させられ、ビールとなったが、おそらくそれは世界最初のビールであったようだ。

シュメールとして知られているメソポタミアの南部では、川や運河のほとりに見事な都市が現れた。いくつかのシュメール人の都市は、たがいに見える範囲にあった。紀元前三〇〇〇年頃には、現在のアイルランド共和国にも満たないほどの地域において、一八もの都市が繁栄していた。現在のイラクに位置していたウルクは、五万人もの人口を抱えていたと言われ、その全員が近くの農地によって養われていた。それらの都市は、そのまわりの小さな領域つまり国家の首都となることが多かったが、戦争はその国家の数を減らしていった。征服されることは、南メソポタミアのひとびとにとっては、よくある経験だったのである。

これらの都市では、寺院が、三〇〇〇年以上後のヨーロッパのカテドラル（大聖堂）と同じぐらい重要であった。僧侶たちは、儀式やいけにえや祈りの言葉を使って、雨を運ぶ風が正しい方向から吹いてきて、乾いた大地に水を注ぐよう雨乞いをした。僧侶たちは、かれらの願いがあまりに快くかなったとき、洪水が収まるようにも嘆願した。かれらは宇宙は不思議だとも公言していた。

これらのメソポタミアの諸都市が、エジプトより創意に富んでいたものなのか否かは、簡単に答えられる問題ではない。ほぼ確実なことは、頑丈な木製の車輪がここで発明されたということである。頑丈な車輪のついた荷車は、牛に引かれた場合、短い行列を組んだ人びとの運搬能力を上回っていた。のちに考案された軽い車輪は、放射状のスポークがついており、平時の際の輸送を変え、戦での二輪馬車の大規模な使用も可能にした。車輪つきの乗り物は、戦時も平時も、平原に適していたのである。

読み書きの技術は、紀元前三四〇〇年頃にこれらの都市のひとつで出現した。ただ、エジプトもまたこの名誉の競争相手ではあったが。初期の記述は、絵の形をしていた。これらの象形文字は、尖った道具で湿った粘土に描かれ、それはやがて乾燥して固まるようになっていた。果樹園は、桶のなかに二本の木として描かれた。穀物の貯蔵庫は、大麦の穂先によって記号化された。数字の三と一緒に書かれた牛の頭は、三頭の牛を意味していた。記述の目的のひとつは、貯蔵所としても使われていた寺院へと運ばれる食料や織物を記録するためであった。

計算の技術もまた前進した。より進んだ河岸の都市では、二つの異なる数のシステムが考案され、一つは六〇を基礎とし、もう一つは一〇に基づくものだった。一〇のもの、つまり十進法が、最終的には勝ったのだが、六〇進法は、より長続きする勝利を収めた。バビロンの数学者の計算の結果として、六〇という数字は、一時間を構成する六〇分のなかに残ったのである。

これらの双子の川の土地では、敵対し合う都市や帝国が生き残りをかけて戦った。ついには、ペルシア湾付近の帝国たちが、丘に居を構える帝国たちによって取って代わられた。丘の帝国のひとつは、アッシリア帝国であった。その名は、近代国家シリアの名に残っているが、その中心は現在のイラクに位置しており、またその最初の首都であるアッシュールは、曲がりくねったティグリス川の肥沃な平野に立っていた。その長い歴史の流れの後期には、アッシリア人たちは、かれらのライバルであるバビロニアを攻略できるほど活発で、また、エジプトの支配を企てるほど大胆であった。アッシリアは西方世界の最も強力な帝国であって、その支配は、カスピ海とペルシア湾両岸の馬に乗って数日かかる範囲にまで拡大した。
王家のひとびとは狩りに熱中していて、野生地であれ、狩猟園や動物園であれ、それを楽しんでいた。王自身は狩りのために三頭の馬にひかれた二輪馬車に乗り、それぞれの馬は、走行中注意をそらすことのないよう目隠し皮がつけられていた。御者は屋根のないキャビンに立って、一、二人の狩猟者がその脇に立ってすぐ弓を射られるようになっていた。

メソポタミアのライオンは、アフリカのライオンよりも小さく、数え切れないほどいて、狩りのよき標的であった。なぜこの種族のライオンが絶滅にいたったのかは、容易に推測できる。紀元前一一〇〇年から残る焼き板は、一人の王家の狩人が、徒歩の場合で合計一二〇頭のライオンを殺したと記録している。二輪馬車の比較的安全な場所から狩りをしたときは、かれはさらに八〇〇頭のライオンを殺したという。

アッシリアでは、天文学をはじめとする科学や視覚芸術が花を咲かせ、それが技術を進歩させた。ここでは、灌漑の達人たちが、平野を通って大きな都市まで水を運ぶように、また灌漑された土地に緑豊かな絨毯を敷くように、水路を設計していた。素晴らしい宮殿や寺院がかれらの街に建ち並んでいた。戦争の技術においても、かれらは遅れをとっていなかった。

紀元前一五〇〇年に、最初のガラス職人がここで働いていた。数世紀にわたって、かれらは、溶解した液体で平滑な芯の周りを囲い、その後芯を抜き取って形の整ったガラスを残すことで、ガラス容器をつくっていた。大英博物館では、淡緑色の優美なサルゴンの壺（訳注：サルゴンⅡ世の壺）は、いまも独特な輝きを見せている。それがアッシリアでつくられたのか、貿易や支配によってそこに流れ着いたものなのかは知られていない。ガラスは、富者だけのためのものであった。

アッシリア帝国の首都のなかで最も素晴らしいニネヴェにある家や牧草地や果樹園には、山脈からの水路を流れる水が供給されていた。運河が谷を横切らなければならなかったので、水を運搬するための五つの尖ったアーチを持つ橋が設計された。おそらく数千人の戦争捕虜からなるチームが集められたのであろう。かれらは、石灰岩の塊を切り出すことから始め、それを重いブロックへときれいに整えていった。二〇〇万個の石が切られ、長い橋や水路橋の建設用地まで運ばれた。もし紀元前七〇〇年頃のこの橋が鉄道の時代にも残っていたならば、それは、横に並べて三台の列車を走らせることができたであろう。それぐらいの幅だったのである。

二つの大きな川が曲がりくねっていた広大な平野では、二〇〇〇年間のうちにさまざまな都市が誕生した。それらは長方形の粘土板を残しており、そこには王のリストや、世界初の辞書が記録されていた。それらは日干しか窯で焼いた円筒を残していて、その円筒の周りには文字が書かれていて、一行ずつ重ねられていた。その筆跡は素晴らしく整っており、文字が書きやすいように、粘土が乾く前に直線がひかれていた。

これらの小さな手書きのメッセージは、非常に熱心に読まれたにちがいない。たとえばここに、天文学者というか占星学者による文字板があるが、これは、朝日が昇るときに三日月が近づいてくるのは、故郷から遠く離れて戦うかれの兵士たちへの特別な警告であるということを、王に忠告したものであった。あるいはまた、紀元前六六七年に焼成された粘土板には、月食が起こるという予言が書かれている。アッシリア人は、空の動きはひとびとの出来事に深い影響を及ぼすと信じていた。盗賊の活動すらも影響を受けていたほどである。

アッシリアのライバルで、バビロンを首都とする帝国バビロニアも、天文学において負けてはいなかった。その暦は月に基づいていた。太陽の神が昼と昼の出来事を司るのと同様に、月の神は夜を司るのだが、この二つの競い合う神のあいだでは、月のほうが強力なのであった。新月は、広がる夜空をゆっくりかつ堂々と渡りゆく月の神の舟と信じられていた。このときの三日月は、何世紀もあとで、イスラム教という新たな宗教によってよみがえることになった。

暦は月によって決められていた。新月がその月の初めを画した。最終的には、バビロニアの天文学者は、新月が地平線上に現れる時を正確に予想できるようになった。この予測は重要なことであった。というのは、暦の月が正式には深夜ではなく、月の先端が地平線上に覗いたときに始まることになっていたからである。バビロニアの暦においては、一二の太陰月は三五四日に相当しており、したがって一年ごとに一一日と四分の一日が足りなかった。その不足は、三年ごとに一三番目の月を加えることによって解消されていた。

知識の進歩における大きな躍進は、これらの広い渓谷とその高地で生まれ、そこは肥沃な三日月地帯と呼ばれることがある。だがついには、この広い渓谷は衰退することになった。盛衰は、人類史においては普通の過程であるが、ここでは、傷つけられた環境もまたその衰退を早めたのだった。

ユーフラテス川とティグリス川の下流において、いくつかの緑豊かな農地がかなり長く残り続けたのは奇跡である。両川の山がちの後背地では、薪や建材のために次々と木が伐採された。一方では、表土は浸食され、渓谷はシルトでふさがれ、そして川はその岸辺にあふれ出したのだった。

平野のいくつかの場所では、土壌を不断に灌漑したことや、深く網目状に張った根ごと木々を破棄したことによって、地中に眠っていた塩を表土へと這いださせることになった。淡水は、やがて塩っぽくなった。小麦の実は、大麦のそれとは違って土壌の塩分に耐えられなかったから、ある地域では、小麦は希少なものとなったことが認められた。その平野は、オーストラリアからカリフォルニアにかけて無数に広がる不毛の土地にある灌漑地帯に、ゆくゆくは起こりうることの前触れであった。紀元前二〇〇〇年から十数世紀を過ぎた頃には、メソポタミアのいくつかの地域の人口は、ゆっくりと減少していった。

これらの都市国家は、全盛期には強大であったが、周期的な戦争によっても弱体化させられた。かれらは弓や槍や投げ槍によって、戦闘を技芸へと変えた。多くの戦士は、たぶん腕と同じくらい長い投石機も持っており、一〇〇メートル先にいる敵に向けて投石するのに使っていた。自身の防御のために、かれらは耳のてっぺんまでの帽子と、上体を覆う軽い鎧をつけていた。

アッシリア人は、別の武器の使い手にもなった。その強力な武器とは、恐怖である。かれらは、平和的降伏を拒否した都市に入ったときは、他の都市への見せしめとして、大規模にひとびとを殺害し、拷問し、手足を切断していった。戦に負けることは、ほぼすべての初期文明社会にとって苦い経験であったが、アッシリアに敗北を喫することは特に痛ましいものであった。しかしアッシリア人もひと助けをすることがあった。大多数の反乱者や敗北者は遠い地方に飛ばされ、そこでかれらは土地を耕したり、記念碑を建てたり、公共事業に携わったのである。

磨き上げられたインダスの都市

エジプトとメソポタミアが一〇〇〇年にわたって繁栄し続けていた頃、東のそう遠くないところで、別の渓谷の文明が現れた。広大なインダスの渓谷は、雪の多いヒマラヤ山脈から流れ出て、アラビア海まで続く川によって潤されていた。渓谷のほぼ全部が熱帯圏の外に位置していた。インダス川がインドという名を与えたのだが、そのほとんどが今はパキスタン共和国内に位置している。

インダスの谷は、自然の恵みをたっぷりと受けていた。ジャングルはもともとその肥沃な河岸に沿って育っており、それが取り払われた時には、豊かな土壌があらわになった。インダス川は、農業にとって素晴らしい川であった。というのは、毎年起こる氾濫が、ナイル川のそれよりも広範囲で、だいたい六月から九月にかけて低地を水浸しにしたからである。毎年洪水によって、生命のシルトの層が広がった。モンスーンがはるか内陸へと届いたので、気候は今日の基準からすると常に湿潤であったようである。泥水の流出量が膨大であったため、今日でもこの文明のいくつかの場所が一〇メートルのシルトによって覆われている。

農民たちは紀元前六〇〇〇年には、早くもその谷で作業をしていた。その渓谷の文明について見聞きしたひとびとが、現在のイランの方から次から次へとやってきて、農民たちはそういう人たちの侵略を受けた。かれらは独特のインダス文明をつくりだした。それは紀元前二五〇〇年頃に現れ、七世紀以上にわたって繁栄することになった。それはグレートブリテン島の領域のおそらく五倍ぐらいの地域を覆い、聖職者君主に支配され、数々の大きな都市を生み出していった。そのひとつの都市モヘンジョ・ダロは、おそらく四万の人口を抱えていたと思われ、したがって世界最大の都市のひとつであった。都市の一方の端に城塞が立って、長方形の道路が広がったこの都市は、排水がよく、新鮮な水を供給されていた。個人の家でさえも、煉瓦づくりの風呂があったほどである。

芸術に優れていたインダスの都市のひとびとは、かれらの日常生活を絵に残した。よく描かれていた住民たちの多くは、背が高く、体格がよく、大きなドーム状の頭とすごく幅の広い鼻を持っていた。女性はミニスカートのようなものを腰のベルトでとめて纏い、上にはなにも着ていなかった。かの女たちは銅の鏡で自分たちの顔を見たり、象牙の櫛で髪を束ねたり、赤い顔料で唇や目を装飾したりすることを好んでいた。夜には、植物油でつくられた、たいまつやろうそくがかれらの家に明かりを灯した。

数種類の小麦や大麦、フィールドピー（訳注：エンドウ豆の一種）、ゴマや芥子《けし》の種が育てられていた。果物には、ナツメヤシやスイカなどがあった。おそらくサトウキビや綿花は、最初にここで育てられ、やがて中東やゆくゆくはアメリカ大陸にまで広がっていったようだ。この二つの重要な作物がインダス川からやって来たにちがいないということは、その地の重要さを示すものさしであった。

谷沿いで草を食みながら生息していた動物は、豚や羊、ヤギ、ラクダ、ロバやコブ牛であった。その動物のいくらかは、輸送用に使われ、また去勢牛の荷車は、乗客に日陰を提供する天蓋を積んでいた。猫や犬が飼われ、また卵を産む雌鶏もおそらくここで家畜にされていたようだ。陶器は大量生産され、子供用の玩具には頭を振る偽物の牛などもあった。

毎年氾濫するその川は、この文明の動脈であったが、その動脈は詰まることもあったにちがいない。森林は次々に農民たちによって除去されていき、残された木は、泥煉瓦を焼き上げる窯に使う薪として切り倒された。洪水はいくつかの場所を浸食し、他の場所をシルトで埋め尽くした。大きな町は、谷がシルトで埋められるにつれ、水位が高まる洪水を避けるために、土手の上に位置していなければならなかった。モヘンジョ・ダロの都市は、九度再建されており、しばしば洪水が損傷を加えたり、危機に陥らせたりした後に再建されたのであった。

インダスの生命は、権力の中心としては、ナイル川やメソポタミアの川のそれよりも、はるかに短かった。青銅や鉄の製造という新たな技術が到来するだいぶ前の紀元前一八〇〇年までには、インダスの諸都市は衰退し始めていた。気候はより乾燥していった。さらに重要なことに、その渓谷は、インド北西部で数世紀にわたって支配を拡張してきたアーリア人の侵略者による侵入を受けたのである。

人類の歴史において、大きな村をつくったり、植物や動物を育てたりすることは、重要な一歩であった。

初期の渓谷文明は、その次の一歩をふみ出したのである。中東やインダスのシルトの豊かな渓谷に位置しながら、それらの文明はたがいに模倣し合い、またあるときはたがいを刺激し合った。川やシルトの他に明白な地理的利点があった。それは、それぞれの文明社会の側部が砂漠で守られていたことであり、したがって攻撃に対する防御壁を提供されていたことである。もうひとつの資産は渓谷の気候であり、かれらは、長期保存が非常に簡単な穀物を育てることができたのである。穀物が効果的に貯蔵できたということは、世界がこれまでに知っていたものよりはるかに大きな都市が生き残るためにきわめて重要なことであった。そして、アジアにおけるもうひとつの文明が中国の温暖なシルトの谷に現われたということは、雪解け水を持つ大河の人類史に及ぼす影響を示す、もうひとつの証拠であった。

第6章　驚きの海——地中海

今日の世界が台頭するのに地中海ほど大きな影響を及ぼした海域はない。もし地中海自体がなかったり、その特質やそのまれな位置がなかったりしたならば、世界の政治的、経済的、文化的、社会的生活は、別の方向にそれていたことだろう。

海が穏やかである限り、陸よりも荷物や乗客の運搬が安価で速かった時代において、地中海はさまざまな利点を持っていた。それは、西は大西洋から、東はインド洋の二つの入り江、つまり突出した紅海とペルシア湾のほぼ近くまで広がっていた。地中海の長い入り江である黒海は、アジアの内陸へと広がっていた。さらに、二つの短めの入り江が、イタリア半島の脇を通って、雪で覆われたヨーロッパ・アルプスの手前の山々まで延びていた。

この海は、アフリカとヨーロッパとアジアを結びつけていたのだ。海のフリーウェイとして、それぞれ違った物を生産していた多様な地域をつないでいた。その生産物とは、銅や錫、金や銀や鉛、ワインやオリーブ油、穀物、木材、家畜、染料、衣料、武器、香辛料、黒曜石、その他ぜいたく品であった。それはさまざまな考えや信仰にとっても、それをすばやく運んでくれる水路であった。もしアジアやアフリカが、地中海と同様に大きくて中心的な海を所有していたならば、その二つの大陸の歴史は大いに異なっていたであろう。実のところ、地中海は戦略的な湖であり、その最高の特徴は、大海原へと開かれた狭い喉状のジブラルタル海峡を持つということであった。

地中海は、ほぼ陸に囲まれていて、長期にわたって驚くほど穏やかであったにちがいない。あるときにはそれは平坦な鏡となり、夏でも嵐は比較的まれなことであった。ここでは、ガレー船として知られる大きな漕艇が好まれていたのだが、その理由のひとつは、一年のうち数回ほど風のないときがあるためであった。穏やかな天候では、オールは唯一の原動力であった。オールがあると、かりに風が違う方向に吹いていても、帆船による接近が危険すぎるような狭い港へと、ガレー船が入港できたのである。

嵐が発生して、小石の多い浜辺に高波が打ちつけたときには、ガレー船は数分のうちに沈んでしまったにちがいない。すべての船団は消えて、生き残る船乗りはほんのわずかであっただろう。紀元前四八〇年に、ペルシア人がアテネを攻撃したとき、その戦の結果を決定した原因のひとつは、ペルシアの船をギリシアの岩礁にぶつけた大風であった。何世紀ものあいだ、この時々やってくる地中海の嵐によって、名だたるひとびとの運命が影響を受けることになった。

地中海には、激しい潮の満ち干はなかった。その海水位は二四時間のあいだほんの少ししか変わらず、そのため船は、比較的簡単に埠頭や波止場に停泊でき、荷降ろしすることができた。浅瀬にあるほんの少しの港だけが、入出港の前に高潮を待たなければならなかった。ヴェネツィアの町は、道の代わりに運河を持っているが、それは干満の差がわずかなためにできたものであった。

この細長い海とその切れ込んだ湾は、強い軍事力が起これば、それが広大な地域を支配できることを意味していた。順々に言えば、フェニキア人、ギリシア人、カルタゴ人、ローマ人がそれを利用した。ここにはまた、帆という素晴らしい発明品が最初に現われた。帆についての最も早い記録は、紀元前三一〇〇年にエジプトでつくられた花瓶にある装飾である。その帆は四角くて、イーゼルのうえの黒板のようであ

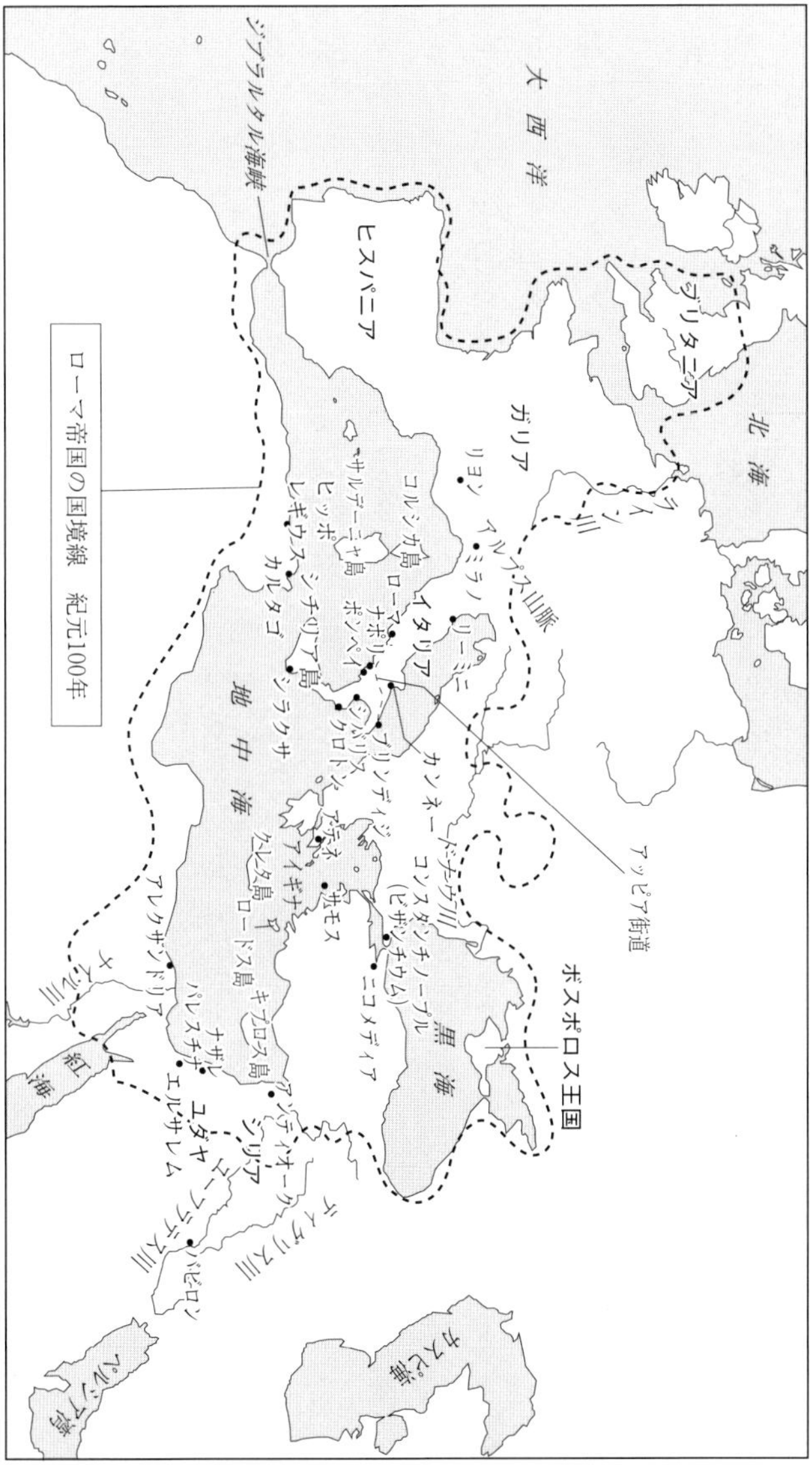
大西洋
ジブラルタル海峡
ヒスパニア
ブリタニア
北海
ガリア
リヨン
ライン川
アルプス山脈
ミラノ
コルシカ島
サルデーニャ島
ヒッポ
レギウス
カルタゴ
ローマ
ナポリ
ポンペイ
イタリア
リーミニ
シチリア島
シラクサ
地中海
クロトン
ブリンディジ
カンネー
アッピア街道
ドナウ川
コンスタンチノープル
（ビザンチウム）
ボスポロス王国
黒海
ニコメディア
アテネ
アイギナ
サモス
クレタ島
ロードス島
キプロス島
アレクサンドリア
ナイル川
紅海
ナザレ
パレスチナ
エルサレム
ユダヤ
シリア
アンティオーク
ユーフラテス川
チグリス川
バビロン
カスピ海
ペルシア湾
ローマ帝国の国境線　紀元100年

地中海

り、そして間違いなく、にぎわっていたナイル川を航行する船に使われていた。初期の帆には皮革がよく使われていたかもしれないが、紀元前二〇〇〇年までには、それらは亜麻の強い繊維で織られたリネンの帆に取って代わられた。亜麻の確かな蓄えがあることは、蒸気船の時代まで、海軍力の源であり続けたのである。

マストへの帆の上げ下げや、より技巧的なロープの使用は、風についての知識の向上とともに、伝わっていった。詩人ホメロスの時代までに、ギリシア人は、風とその主な方角についてよく知るようになっていた。事実、風や星が、実質的に海上の唯一のコンパスだったのである。したがって、闇夜に沖合いにいる船乗りは、湿った冷たい風の吹く方向を知ることによって、ある程度は方位を確認することができたのである。ゼピュロスとして知られているその風の起点は、たいていは西からであった。

ガレー船は帆を乗せていた。都合の良い方角から風が吹いたときには、正方形の帆が揚げられ、風が弱いときは、乗組員がオールを漕いだのである。しだいに、小さなガレー船は大きなガレー船に道を譲り、大きなものが海上の戦闘に特に好まれるようになった。漕ぎ手は、いまや一つではなく二つのデッキに配置された。のちの三段櫂船は、三つのデッキを持っており、たぶん一七〇人の漕ぎ手がいたはずである。上段デッキにいたこれらの漕ぎ手は、水かきが海に届くような非常に長いオールを漕がなければならなかった。

帆とオールが組み合わさると、船は、どちらかひとつだけでは成し得なかったスピードを実現することができた。したがって、軽い追い風があって、漕ぎ手が全員いる場合、ガレー船は四ノットから六ノットへと加速することができた。ときどき、強力な風が船をあと押しして、一〇ノットまで出ると、オールさえも必要なかった。二本のマストに帆を掲げた場合、船は、オールの使用が不可能なほど、急激に傾くことがあった。

アテネでは、海軍のガレー船は自由民の行動に頼っていたが、荷運びのためのガレー船は奴隷に依存していた。無風の日はいつでも、何万もの奴隷が、ギリシアの都市や植民市の船の作業台で作業させられていたにちがいない。かれらの足首には、かれらがオールの脇の位置から逃げられないように足枷がはめられていた。かれらの船が戦いや嵐のあいだに突然沈んだときは、かれらには逃れる望みはほとんどなかった。

地中海、特にその北岸は、権力と創造性の中心となった。その影響力が高まった理由としては、新米船員たちがしだいに航海術に熟練していったことのほかに、もうひとつのゆっくりと進展した出来事があった。それは、安価な鉄の到来である。

鉄製の道具は、長いあいだ高級品であった。初期の鉄は、鉄を大量に含有する岩からとれたものではなく、空からの贈り物であった。長いあいだ、隕石が、唯一そのまま使える鉄であった。天に起源を持っていたため、それはしばしば聖なる儀式に備えて取っておかれたのだった。だがついに、鉄鉱石は、岩から発見されることになった。重くて豊富に鉄を含んだ鉱石塊が、原始的な手法で掘り起こされ、そして、周りを囲む無用な素材から鉄を分離する試みがおこなわれた。それには銅の精錬が参考になった。紀元前一五〇〇年頃、無名だが優れた冶金学者たちが、溶鉱炉の温度を摂氏一五〇〇度――銅の鉱石の精錬に必要な温度よりも四〇〇度高かった――以上に高めることによって、鉄鉱石を精錬する方法を学びとった。そしてすぐに、地球から取れる鉄は、空から落ちてくる鉄よりも安くなった。にもかかわらず、金属鉄はそれでもなおとても高価で、ヨーロッパ人は、土地を耕したり木を切ったりする道具に変えられるこの金属のかけらさえも所有できずにいたのだ。

紀元前一〇〇〇年頃までに、ギリシア中央では、鉄は死者とともに埋められる高価な金属として、青銅に取って代わった。二世紀後、鉄の装具や兵器はエーゲ海沿岸で広く使われるようになった。いぜんとして木のほうが重要であって、作業工具づくりにおいてさえそうであったが、鉄の特別な強さや鋭さは、戦争や農業やいくらかの手工業を変えていった。

アテネのまばゆい光

比較的新しい時代になると、数世紀ごとに活気のある短い期間があり、それは、終わってからしばらくしても、人里離れた海岸に立つ灯台のように目立っていた。これらの時代は、たいてい世界の小さな部分に限定されていた。だが、その光は遠くまで照らしていたかもしれない。ギリシア人は、そういった光を灯していた。それは、昼夜を問わず高台の岬で多くの海を見下ろしながら灯され、それは数世紀にわたって遠くからも見ることができた。

ギリシアの植民者は、各地に広がっていった。今日の黒海では、ロシアのスクーミ港（訳注：黒海東部のグルジアの港）で海岸の遊覧船に乗っている旅行者は、砂漣に埋もれた古代ギリシアの都市の廃墟の上を通過していることを聞かされている。紀元前六世紀までに、ギリシアの植民者は、南フランスからスペインの海岸線を占領した。かれらの都市は、南イタリア、シチリア、北アフリカの海岸、クレタ島やキプロス島にちりばめられていて、現在トルコの海岸である長いベルトにもみられた。これらの都市は小さかったが、そのほとんどが活気にあふれていた。かれらの活気の一部は、たがいの盛んな争いによく現われている。もしかれらが衝突する代わりに協力し合えていたならば、かれらは西洋世界のほとんどを支配していたことであろう。

アテネは、最も目を引くギリシアの都市国家として現われた。その乾いた丘の領域は、アッティカとして知られているが、現在の大ロサンゼルスの都市部よりも大きくはなかった。その総人口はおおよそ三〇万人にも達していなかったにもかかわらず、アテネは、かつてないほどの影響力のある小領域となった。紀元前四八〇年にペルシアの侵略者によって焼かれ略奪されたのち、アテネ人は、反撃に出て敵を打ち負かした。敗北し面目を失った間に、かれらは好機と動機をつかんだ。大胆な夢が実現された。紀元前約四四七年に着工され、一〇年以内に完成したパルテノン神殿は、彫刻家のフィディアスによって彫られ、金と象牙で装飾された女神アテナの気品ある銅像を収蔵していた。

アテネその他いくつかのギリシアの都市共和国は、芸術史を大いに盛り上げた。エジプト人から学んだギリシアの芸術家は、自らの刺激的かつ自信に満ちた知的風土からも多くを得ていた。おそらく最も優れた時期は、紀元前五二〇年から四二〇年のあいだの、優美さとなめらかさが多くの建物や絵画や彫刻に見られたときであろう。

交易の拡大は、物と物の交換よりも扱いやすくて邪魔にならないものを必要とするようになった。紀元前六七〇年に、ギリシアのアイギナ島が、硬貨を鋳造した最初の場所のひとつとなった。それは、銀製で、表面にウミガメの印があったため、見分けのつきやすいものであった。通貨は交易を円滑にした。なぜなら、商人は、望んでいる品物がないときには通貨を受け取ったからである。

小指の爪のように小さいものから、厳かな寺院のように壮大なものにまで、ギリシアの芸術家の技術は発揮された。紀元前六世紀末（訳注：原書には「紀元前」がない）に水晶から彫られた二つの小さなスカラベ（昆虫石）が、カリフォルニアのゲッティ美術館に収められている。ひとつは、若い男に手綱をひかれながら尻尾を振っている馬が描かれたものである。もうひとつは、小さな指輪で、熟したアカフサスグリの色に近い色をしており、脚についた油や泥や汗を曲がった剣で拭っている裸の青年が描かれたものである。

ギリシアのエリートたちは、その豪華な暮らしぶりにおいても、完璧主義者であった。特にシチリアやイタリア南部においてそうであった。ご馳走ははるか彼方からやってきていた。ホヤなどの小さなものも含めた鮮魚が、市場中にどこでも見られ、どこででも匂っていた。鶏が紀元前六〇〇年頃にインドより取りいれられていたが、ギリシアの農家で一般的だった鳥は小さなウズラであった。

奴隷や比較的貧しい市民にとっての主食は、小麦や大麦、豆、地面に落ちるドングリであった。牛肉は非常に稀であった。時には、パンに塗る「バター」や調理用の油として使われていたオリーブ油さえも、平均的な家庭にはおよそ高価すぎるもので、実際には、アテネ付近で育ったオリーブの多くは、つぶされ、搾られて油にされ、大きな陶器の甕《かめ》に入れられて船積みされ、はるか遠くの港へと運ばれていった。また、貧しい者にとって、一杯のワイン――それも常に水で薄められていた――でさえ、日々の楽しみというわけではなかったのである。

クロトンの闘士

ギリシア人は、現代をよく特徴づける活動、すなわち運動競技というものに、夢中になった最初のひとびとである。かれらのオリンピックは、ギリシア世界のネットワーク内の市民のみに開かれていたが、四年ごとに催される重要な行事であった。それは普通、紀元前七七六年に始まったと言われているが、もともとは小さなお祭りであった。走者、投擲手、闘士、二輪馬車の操縦者などとして競争するかどうかにかかわらず、当初ギリシアの競技者は服を着ていた。だが、やがて人の群がる競技場では、ほぼ全員が裸になることを好むようになった。

いくつかの意欲的な都市は、競技者を勧誘し、かれらが勝利したときには気前よく報奨金を払った。やがて一八九六年にオリンピックを復活させたヨーロッパ人によって、アマチュアの心として讃えられることになるその祭りに、プロフェッショナリズムが静かに浸透していった。南イタリアの足もとにあるクロトンという名のギリシアの都市は、なんとしてでも勝つという現代的な欲望をあらわにした。豊かで大きくて、市壁沿いに歩いて回ればおそらく二時間くらいかかったであろうクロトンは、他の都市から競技者を誘致することができた。紀元前五八八年からの一〇〇年間は、クロトンの走者は何度も勝利したのだった。

ミロという運動選手は、六大会連続でオリンピックのレスリング競技で勝利し、クロトンにさらに大きな栄光をもたらした。かれの堂々たる双肩は、生きた牛を抱えて競技場を回れるほどに、頑強であった。かれは一頭の牛をたった一日でたいらげたこともあった。かれが夜風を浴びに街を歩くとき、かれの存在は、市民の誇りを集めたにちがいない。それは、クロトンの町のもう一人の名声不朽の人物である高名な数学者ピタゴラスの存在が集めるよりも、大きな誇りであったにちがいない。

だが、ねたみと敵対心が、ギリシアの諸都市を弱体化させた。国際的なスポーツ競技は国際的な戦争に代わる楽しい代替物になりうると予言されることがあるが、ともにギリシア語を話すライバル都市であったクロトンとシバリスの両都市の経験は、この予言に疑問を投げかけるものである。シバリスは、競技におけるクロトンの優れた能力に嫉妬し、紀元前五一二年に独自のスポーツの祭典を開催した。クロトンは、これを快く思わなかった。そして最終的に、ほかならぬ闘士ミロの指揮する軍隊をシバリスへと派遣したのである。ギリシア人がギリシア人と戦い、寺院の床や草の茂った競技場に血が流された。好色の都市は、事実上破壊されたのである。

ギリシアの都市国家は、大衆政治というスポーツにおいても秀でていた。都市国家は、民主政を実験しながら、おそらく、ほかのどの早期の社会よりも民主政を先に進ませていたようだ。アテネでは、有産家たちが、ほぼ毎週集会を開いて演説をおこない、彼らの上に立ってしばし権力を握っていた者たちへ指示を出していた。だれもが権力の座に長くいることはなかった。五〇〇人で構成され、全員が三〇歳以上であった都市評議会という有力な組織があったが、そのメンバーは常に流動的であった。かれらは、くじ引きによって選ばれ、また、どのメンバーも生涯のうちの二年以上在任することができなかった。評議会の上には、別の集団があって、そのなかの一人がこれまたくじ引きによって選ばれて都市と後背地を公式に統治していた。だが、かれの職務期間は驚くほど短かった。かれは、たった日没から次の日の日没まで統治しただけであった。事実、民会は、その権力を細かい小片に分けて高級官吏に貸し与え、そしてそれらの細かい小片を呼び戻しては、点検していたのである。

しばしば戦争にさらされていた小さな国家は、はたしてこのやり方で効果的に統治されていたのであろうか。たしかに、軍隊の司令官は、部分的に短期任期の規則からは免除されていた。五世紀に、アテネの民主政が最高潮であった頃、軍の司令官は、くじによる選択ではなく、直接に選ばれていた。

しかし、ギリシアの民主制は、危機や戦争の際には脆いものであった。決断を下すのが遅く、また、近代のほとんどの民主制と同じく、必要な税金を課すのに躊躇していた。ギリシアの優れた頭脳の一人であったアリストテレスは、この珍しい統治様式の長所と欠点を見抜いていた。かれは、もし財産の少ない者があまりに多く会議に参加した場合、かれらが支払を求める補助金の要求のために、国は枯渇するかもしれないという危惧を持っていた。かれの意見によれば、「貧者はつねに受け取り、そして常により多くを欲しがる」ものであった。にもかかわらず、かれは、土地を持つすべての者が国を統治する権利と納税の義務を共有すべきであるという考えを支持していた。

アテネでは、公的な決定はひとびとによって直接おこなわれ、今日すべての大衆民主主義においてそうであるように、間接的におこなわれたのではなかった。しかし、アテネの民主政は、市内からピラウス港へと続く道路と同様に、壁に取り囲まれたものであった。公的に市民として分類された者だけが、発言し投票をする資格があった。そして紀元前四五一年以降は、アテネ市民がよそ者の女性と結婚した場合、二人のあいだに生まれてくるどの子供たちも投票権を奪われた。女性や大量の奴隷もまた投票できなかった。有産者だけが投票できたのだが、多くの農民は、あまりにも貧しいか、アテネからあまりにも遠くに住んでいたため、仕事を中断して賑やかな議論に参加することはできなかった。

アテネ人は民主政がいいものと思っていたが、平等がいいものとは思っていなかった。かれらの意見では、人は不平等のもとに生まれており、決して平等にはなりえないのであった。紀元前三三〇年におこなわれた激しい演説のなかで、雄弁家のデモステネスは、ライバルの雄弁家エスキネスに対し、かれの卑しい生まれを非難しながら、以下のような侮蔑的な態度を示したのだった。「君は、少年のとき、みじめで貧しい境遇に育ったのだ。君の父親と一緒に父親の働く学校でこづかいをして、墨をすり、ベンチを洗い、部屋を掃除し、自由民よりも卑しい雑務をしていたのだ」と。それはまるで、卑しい過去は決して許されることがないかのようであった。

物語の語り手にせよ詩人にせよ、予言をする者にせよ人を説得する者にせよ、魅力的に話す能力を持っているということは、一〇〇〇もの読み書きのできない多様な部族からなる社会では、長いあいだにわたって讃えられるべきことであった。ギリシア人は、それを雄弁と呼び、芸術的な形式へと変えたのである。雄弁はまた権力の道具でもあった。なぜなら、時には六〇〇〇人を数えるような、騒々しくてむら気な投票者の集まる青空議会は、一人の魅力的な話し手によって揺り動かされたからである。

地中海の海岸に点在していたギリシアの諸都市の人は、議論の達人であったが、必要にせまられたり必要だと思われたりしたときには、暴力の達人にもなった。アテネ人が雄弁家の甘い語り口に耳を傾けていたとき、シチリアのギリシア人は、おたがいに虐殺し拷問にかけあっていたのである。シラクサの強力な都市国家の支配者であったアガトクレスは、一日で四〇〇〇人を殺害したという。もっとも、ローマ人はその記録を塗り替えるのであるが。

これらの著名なギリシアの港湾都市は、民主政の死滅後も、知的エネルギーに満ちていた。今日、見識のある学者の多くは、アテネのプラトンはすべての哲学者のなかで最も才能がある哲学者であり、アリストテレスは今日政治学と呼ぶ領域において崇敬される学者であると言っている。建築や芸術では、ギリシアの諸都市は、エジプトの恩恵を受けながらも、新たな道を切り開いた。医学では、コス島という小さな島の医師が、西洋世界のなかで最も優れていて、かれの名は「ヒポクラテスの誓い」という近代医学の倫理的宣誓文のなかに生き続けている。物理学、倫理学、言語学、生物学、論理学、数学などでは、ギリシアの思想家や研究者たちが、暗闇のなかに輝く一連の光のように現れた。ギリシア語の言葉に由来する「歴史」も、その分野ではギリシア人が先駆者であった。かれらの活力や才は、難しい抽象的な思考同様に、劇場やスポーツや民主政治にも向けられていたのである。

土木工事は、ギリシア人のもうひとつの強みであった。紀元前六世紀のサモス島では、水を供給するために高い石灰岩の丘を貫いた一キロメートルのトンネルがつくられた。ほぼ同時期に、ギリシアの石工は、鉤《かぎ》型ののみを初めて使うようになった。それは大理石を扱う際にとても便利だったのである。おそらくギリシアの石工たちは、そびえたつ壁へと材料を持ちあげるために、クレーンを使った最初のひとびとであっただろう。もっとも、新しいクレーンよりも奴隷が好まれていたのだったが。

全般的に見れば、ギリシア人は、技術よりも科学に秀でていた。かれらの最も工夫に富んだ兵器でさえ、大規模な肉体労働を必要とした。紀元前三〇四年のロードス包囲戦の際には、攻撃援護のために車輪のついた移動式の塔や投石機がつくられたが、それを戦場まで引きずるためには数千の男が必要だったのである。

その名をアレクサンドリアというエジプトの新しい都市が、アテネの伝統を主として受け継いだ。紀元前三三一年に建設されたその新進の都市は、西洋世界の知的原動力となった。見事な図書館と博物館が建てられた。ユークリッドのような才能のあるギリシアの学者が、思考の追求のためにやって来た。また、紀元前二八五年に人間の脳と眼球の解剖をおこなった解剖学者ヘロフィルスによって医学研究が進められた。そして、四半世紀後には有名な医学の学校が生まれたのである。ユダヤ教徒が大勢、交易のためにこの都市にやって来た。それにともなってユダヤ教の学者もやってきて、『旧約聖書』をヘブライ語からギリシア語に翻訳した。それは、七〇人以上の訳者による仕事だったので、セプトゥアギンタ（訳注：七十人訳聖書）として知られることになった。

もしこの時代にノーベル科学賞や医学賞や文学賞があったならば、アレクサンドリアは、他のどの都市よりも多くの受賞者を生み出したことであろう。にもかかわらず、この発明の才は、文明社会の日々の仕事を変革するものにはならなかった。そこでは、いぜんとして奴隷が全能の機械として使われていたのである。おそらく、アレクサンドリアや他のギリシアの都市は、二〇〇〇年ほど後の産業革命を構成する進歩の多くを実現することができたであろう。しかし当時は産業革命など必要ではなかったのである。

　こうして、強力なヘレニズム文明が、新興のアレクサンドリアをはじめ、ヨーロッパや小アジアにある古くからのギリシア人中心地にできあがった。だが、それは、自惚れをともなっていた。それはしばしば模倣された。二〇〇〇年以上も後の今の世界地図には、ギリシア人には知られていなかった土地も含められているが、それを見るとギリシアを模倣したものやその影響を思わせるものが無数にある。アメリカ合衆国を取って見ると、初期の首都であるフィラデルフィアは、ギリシアの名を取ったものである。ニューヨーク州の北の方には、シラキュース、イサカをはじめ、古代ギリシアを讃えた名を冠した都市が集まっている。オーストラリアでは、一八五〇年代に、メルボルンから出発して新たな金の採鉱場を目指したひとびとは、マセドン山やアレクサンダー山という二つの山を通過したのである。

　アラスカの群島と南極の向かい側の島には、両方とも、アレクサンダーという名前をつけられている。一九世紀には、世界の三大帝国が、ギリシア的な名を持つ君主たちによって統治されていた。その三者とは、イングランドのアレクサンドリア・ヴィクトリア女王、ロシアのアレクサンドル二世、そしてフランスのルイ・フィリップであった。

　だが、たぶん、ヘレニズム文明の最も強力な影響が及んだのは、ローマ帝国であったろう。ローマ人は、特に紀元前二〇〇年以降、ギリシアの多くのものを喜んで模倣した。かれらは、アテネで最初に繁栄し、形作られていた文学、演劇、食生活、政治、視覚芸術、雄弁術、その他の様式や文化の多くを賞賛した。この模倣の過程は、今日の大衆文化においてアメリカ合衆国が世界的に模倣されるのにたとえられる。

　アテネ人は、ほぼ予測不可能なほどに、普及力と説得力を持っていた。だが、静かにローマ人の師となったときには、その政治的全盛期はとうに過ぎていたのである。

第7章　黄河の帝とガンジス川の王

時折、山や湖にさえぎられてはいたが、草原の道は中央ヨーロッパから東アジアまでほぼずっとつながっていた。それは、ドナウ川のほとりから、満州の森林まで走っていた。海岸から海岸までで言うならば、草原の道はアドリア海から黄海までつながっていた。この広い回廊に沿った大地は、貧しい土壌のところもあれば豊かな土壌のところもあった。ここでは、紀元前二〇〇〇年を過ぎると間もなく、ひとびとは重要な征服をおこなった。かれらは、それまでは単に食肉のため狩られていた馬を飼い慣らし始めたのである。

今日の典型的なポニーほど大きくはなかったが、この小さな自生の馬は貴重なものであった。一度訓練すると、馬は忠実で聡明な仲間となった。乗り手を失ったときでも、馬は家路を見つけることができた。馬は人間の子供のためのミルクを与えてくれたので、人間の母親たちは授乳を早い年齢でやめることができた。そのために、妊娠の間隔は短くなり、ステップの人口はより急速に増えていったようである。同時に馬は、肉を提供できて、特に冬の食料の少ないときには役に立った。またその糞は、乾燥させれば、木の少ない草原のステップにおいて燃料として役立ったのである。馬のおかげで、定住のまばらな草原地帯は、やがて、以前よりも多くのひとびとを支えられるようになった。たぶん、多すぎるほどに。

何世紀も後になって、特に紀元前七〇〇年以降、ひとびとは、戦闘で馬を乗りこなす方法を学んだ。かれらは長距離を馬で移動し敵に奇襲をかけたり、必要なときには素早く撤退したりすることができるようになった。紀元前五〇〇年頃になると、あぶみ――実際には、皮ひもにつるされた金属の足のせ――が発明されて、騎手たちは、疾走する馬の上に立って、相手の歩兵に槍を投げつけるために全力を注げるようになった。

ステップの侵略者が、より大勢の敵に立ち向かわねばならないとき、馬は人手の不足を補うことができた。一頭の騎馬は、しばしば敵側の歩兵一〇人に匹敵することもありえたのである。

中国鳥瞰

紀元前一五〇〇年頃の中国は、政治組織や、金属製造の腕前や、書き物において、そしておそらく農業や占星学においても、中東の渓谷に比べて、いくらか遅れをとっていた。しかし、窯で陶器を焼くという技術では、中国や日本は非常に進んでいた。火を基礎にしたこの技術は、冶金術の前進に役立った。青銅の鋳造は中国の特技となり、中国の狩り用の二輪馬車は青銅で装飾されていた。それはまるで戦後の大きなアメリカ車のクロムメッキのようであった。その後、中国人のなかに鉄を鋳造する者が現れ、かれらは紀元前四〇〇年までには、鋤《すき》の刃をつくることを専門にするようになった。この鋤の刃というのは、土壌を掘り返すための強い刃《やいば》である。溶鉱炉に必要な高熱を生み出すには、精巧な二つのシリンダーのふいごから出てくる送風が必要であった。ふいごのなかには、のちには、狭い水路を流れ落ちる水力によって動力を得るものも出てきた。

キリスト教の最初の千年紀が始まる五〇〇年かそれ以上前の時代においては、中国人は、一時的ではあったが、記録の残る過去のひとびとのなかで、最も創意に富んだひとびとであった。冶金術においては、かれらは王者と言ってよかった。灌漑用水の引き方では、新たな方法を考案した。数学や天文学でも新たな知識を模索した。織機を使って、上質な衣服のために絹を織った。運搬や輸送でも腕が立つようになり、手押し車や、牛に引かれた荷車や耕機、それに馬車なども使っていた。

中国内部の大きな国家の支配者たちは、ぜいたくな暮らしをしていて、農民や職人がせっせと働くことで生み出された富を思うがままに消費していた。多くの中国人は、ほんの少しの土地しか所有しないにもかかわらず、支配者の必要に応じて、公共事業にせよ地元での戦いにせよ、かれらの時間を捧げなければならなかった。死に際しても、支配者は農民たちを思うがままにしていた。王が死んだときには、四〇人ぐらいが王とともに墓埋めにされることがあった。はじめ、かれらは、死後も王に仕えることができるようにという信念のもと、数千のひすいや青銅とともに埋められていたが、しかしのちには、慎重に閉ざされた埋葬室の入り方の秘密が他人に知られることなく、また財宝が盗まれることがないようにと、その精巧な墓を建てた作業員たちも埋められることとなった。

中国は一〇〇以上の独立小国家の集まった小宇宙から成り立っていた。しかし、紀元前およそ七〇〇年から四六四年のあいだに、これらのうちのほとんどは姿を消した。大部分は戦争の結果としてであった。そして七つの主要な王国が、中国のほぼ全土を支配することになった。だが戦争が続いた結果、王国の数は二つにまで減って、ついには一つになった。こうして紀元前二二一年までに、中国は統一されたのである（訳注：秦朝）。

新たな中国の官僚制度の訓練に最も強力な影響を与えたのは、孔子《こうし》であった。かれは、地中海のいろいろな国家のなかでは、たぶんアテネで見られたような種類の学者であり、死後よりも現世でのよい生活を重要とみなす見解を持っていた。

孔子は、紀元前五五一年に、中国の中心部にある黄河付近の小さな国（訳注：魯国）に生まれた。かれは、貴族階級のなかの貧しくて冴えない一翼に属していた。最初は馬小屋の管理や穀倉の記録係などのような地方職に就いていた。その仕事は、今で言うならば、意欲的な若者が履歴書を書くときに、履歴に途切れはないということを将来の雇用者たちに説得するために記載するような、小さな仕事であった。最終的に孔子は、当時はさほど重要な職ではなかったが、正教員となった。

かれは、貴族は賢明かつ慈悲深く支配すべきであると信じていた。平等よりもヒエラルキーがいいと信じていた。新しいものよりは古いものを信じる傾向にあり、先祖は現在に多くのことを教えてくれると考えていた。礼節と忠誠、謙虚と親切を讃えた。あるとき、かれがどのような人間かという質問に答えて、自分自身を第三者風に面白おかしく描いたことがある。「かれは、学問を追求すると決めたら食べるのも忘れるほどで、悩みを忘れるほど喜びに満ちており、老齢が近付いていることに気づかないというような種の男である」と。

孔子は七三歳で世を去ったが、教会や施設などはつくらなかった。しかし、かれの考えは生き続け、さまざまな世代によって再解釈されていった。今日影響のある世俗的な思想家をとって見ても、二五〇〇年も続く影響力を持っているものはだれもいないだろう。

万里の長城

中国は、驚くべき言語的・文化的一体性を持っていたが、政治的一体性という点では不安定であった。ヨーロッパに比べて、中国は、戦闘に優れた騎馬兵を育てる草原に近く、また騎馬兵の侵入に悩まされやすかった。このことを象徴するように、ローマ帝国の場合は内陸からの侵略者を防ぐための長城をつくることはなかったが、中国は、早い段階から北西の乾燥した人口まばらな土地に住んでいる敵を見張るために、そのような長城をつくることを計画しなければならなかったのである。

中国の万里の長城は、紀元前二一四年に竣工したが、ある意味では決して完成することはなかった。というのは、しばしば延長されたり拡大されなければならなかったからである。それは、支配者の組織力を反映すると同時に、国家事業のために強制的に徴用された数十万の労働者のスタミナと強靭さを反映していた。労働者たちは、支配者たちが壁を賛美するほどの理由は持ち合わせていなかった。かれらははるか離れた故郷から徴用されて、城壁に使われる煉瓦作業場や石切り場で長時間働かされた。かれらはおそらく二度と家族に会うことはなかったであろう。かれらはすぐに、城壁の近くの地形は起伏が多いことや、ある箇所では、黄河の大きなうねりを避けるために城壁を大きく迂回させなければならないということを知った。合計すると、城壁と湾曲部は、六三〇〇キロメートルにまで延びた（訳注：現在は八八五一キロとも二万一一九六キロとも言われている）。もし同じような城壁がオーストラリアの最も広い部分を東西に横断するように建てられていたとしても、それは中国の万里の長城より長くはなかったであろう。

危険の迫ったときには、長城を守る中国の軍隊は、普段よりも巨大であったにちがいない。侵略者が予期されたときに、大半の塔から昼夜にわたって絶えず見張るには、数万の瞳が必要であったろう。加えて、城壁は、監視ではなく戦闘が主な仕事である大勢の兵士を必要としていた。

長期的に見ると、中国の政治的一体性の促進を助けていた要因がもうひとつあった。ヨーロッパが、邪魔になるような大きな海や長い半島で分かれていたのに対し、中国の海岸線はより整然としていた。多くのヨーロッパの国家が長期間独立していられたのは、それらが島や半島であり、海が防衛していたからである。海はすべての予測不可能性をもって、不慣れな水上を渡ってくる敵に対する防御を提供していた。

たとえば、イギリスやギリシアの歴史を見れば、侵略は嵐によって頻繁に阻止されていた。海峡は陸上の境界よりも強い自然の防御を提供していたのである。

中国の人口は、ヨーロッパの人口に匹敵した。紀元前三〇〇年から紀元三〇〇年までの六世紀のあいだで、ヨーロッパの人口が、中国の人口を上回ったとしても、それはほんの数年のことであったろう。多くの中国人は広大な黄河の流域に住んでいた。当時、それは、中国のナイル川であったが、ナイル川よりも扱いにくいものであった。黄河は、中国の低地にたどり着くまでの数日のあいだに、急に流れ落ちたり、なめらかに進んだり、サラサラ流れたりした。どこに行きたいのか決められないかのように、それは北に流れたかと思うと、やがて八〇〇キロメートルほど南に流れた。それはまるで、東に向かって支那海に流れこむ気がないかのようであった。この川の気まぐれな部分の上を飛んでみると、はるか下に、渓谷のなかを走る茶色い筋が見え、その片方には森林があり、もう片方には乾いた段々畑があり、その二つの川岸をつなぐ橋がひとつもないのがわかる。

かつて、木々は今日よりももっと大量にあった。中国の人口が増えるにつれ、薪や炭をつくるために木々が伐採され、丘陵地帯が大規模に浸食されたのである。シルトに満ちた黄河は、濃い茶色のスープの激流と化した。中国のひとびとは、この川が世界でも有数のシルトの運び屋であり、その点ではアマゾン川やナイル川は劣っていたことなど、知るすべもなかった。

黄河はとても重要であったが、あまりに激しいので人命のいけにえが求められなければならないほどであった。紀元前四〇〇年代には、いけにえを捧げることによって、姿の見えない黄河の主を鎮めることが、毎年の習慣であった。容姿端麗な女の子が、花嫁のような衣装を着せられ、婚姻のベッドに似せてつくられた木製の筏に乗せられた。その婚姻のベッドは、激流の川へと押し出され、すぐに花嫁は視界から消えていったのである。

川をうまく扱うためには、堤防や誘導壁をつくったりつくり直したりしなければならなかったが、それには創意工夫が必要であり、また大量の労働者を徴集しなければならなかった。紀元前一〇九年には、皇帝が、堤防の穴をふさぎ荒れ狂う水から村を救ったすべてのひとびとを讃える楼閣を建てたほどである。一〇年ごとに川底は上昇し、したがって人工の堤防はさらに高くされなければならなかった。多くの場所で、川底はその周りの平野の標高よりもずっと高くなっていた。また、黄河が世紀が異なるごとに山深い山東半島の北側を通ったり南側を通ったりして海へと流れこんでいたということは、黄河の力と流動性を物語るものであった。

ナイル川が狭い平野に閉じ込められていたのに対し、黄河は閉じ込められることを拒否していた。黄河流域は、キリスト生誕以前の五世紀のあいだ、おそらく世界で一番人口の密集した場所であったと思われる。ギリシアの港湾都市とペルシアの帝国の両方が繁栄していた紀元前五〇〇年においてさえ、黄河流域にはいくつもの大都市が栄えていた。その渓谷や平野は中国の拠点であって、人口の過半数を抱えていた。中国中央部の長江や、温暖な南部へのひとびとの移動は、もっと後にはじまったのである。

キビや米の生産がより効率的になるにつれ、そして用水路が掘られるにつれ、農業は大きな都市を支えられるようになった。二、三の都市は、練り土でできた長い壁によって守られていた。ひとつの壁が、基底で幅三六メートルという大きなもので、小さな都市を囲いこめるほど長く延びていた。これらの壁を建設するための土の移動には、約一〇年間で一万二〇〇〇人ほどのひとびとが駆り出されたはずである。そしてこれらのひとびとを養うには、大量の穀物が運びこまれたはずである。黄河に沿ってできたいくつかの都市は、大きな都市になっていて、門を通るすべての旅人の目を驚かせたことと思われる。紀元二五年に創設された新しい首都の洛陽（洛阳）は五〇万人に迫る人口を抱えており、おそらくこれより大きかったのはローマだけであったろう。

中国はローマ帝国に見られたいくつかの特徴を共有していて、たとえば進軍は、ローマにとってと同じく中国にとっても重要であった。中国の街道にそって、数百の公共の休憩所が配置されていて、そこには寝床や洗い場、馬の餌や厩舎があった。馬にまたがった急使が、細い木簡に書かれた機密文書を抱えて街道を往来していた。その木簡は竹の筒に包まれ、施錠され、最大の安全対策が施されていた。道沿いにはしかるべき間隔で烽火が立っていて、緊急時には、それらは単純な煙の信号を次の狼煙へと伝達した。紀元前七四年に皇帝の死の報せが約一三〇〇キロを三〇時間のうちに中継されたとき、その中継の大部分は烽火から上がった煙によっていたのである。

未開の森や湿地が農業用に取り上げられ、人口過剰の安全弁として使われたという点では、中国はむしろ一九世紀の合衆国のようであった。中国南部では、広大な森林地域と木々の散らばった林の地帯と亜熱帯の川の湿地があったので、あまり人口を養えなかった。しかし、北中国から数十万の農民が、土地を求めて南へと移住していった。米は南部において主要作物として育てられていた。それは大量の水を必要としていたからである。ここではまた、茶の木が初めて栽培されていた。それは、一〇〇〇年以上後になると、絹以上にヨーロッパ人の目に留まる商品となるはずであった。

朝鮮と日本は中国の影の下にあり、中国の新しい考えや技術を取り入れていたが、閃光はそちらの方角に向かってひらめいていた。新たな冶金術が到来し、斧の頭や小麦を刈り取るための鎌の尖った先端が、石に代わって鉄になった。新種の陶器がろくろを使ってつくられるようになり、高温で焼成するために窯で焼かれた。紀元前五〇〇年より前に、新たな食物である米が、中国から朝鮮や日本に渡り、日々の食事を変え始めたのである。

インドという島

当時のアジアで、中国の唯一の潜在的ライバルといえば、それはインドであった。ただ実際には、両者は現実のライバルとなるには、あまりにも離れており、おたがいのことを少ししか知らなかった。両者がアジアに存在するという事実は、両者になんの意味も持たなかった。アジアというのはヨーロッパの地理概念であり、長いあいだ、この概念は中国人のうちの教養がある者たちにさえ知られていなかった。かれらは、中国というのはあまりにも重要な存在であって、他のなんらかの地理的単位の一部であるとは考えもしなかったのである。

一方、インドはと言えば、中国とは異なって、実質的にはひとつの島であった。それは東西に二五〇〇キロメートルほど延びたヒマラヤ山脈によって、アジアの大部分から切り離されていた。ただ、インドは北西部からは比較的容易に入ることができた。そこでは、山を越える峠が、人の行き交いの後押しをしていた。そのために、インドは、中国の中心地よりも中東やギリシアの文明世界に近く位置していた。まさに山越え峠の位置のおかげで、地中海世界がインドとの結び付きによって利する可能性が増したのだった。インドの主要な言語はインド・ヨーロッパ語族のそれであり、中国語系ではなかった。インドへの侵略者たちは、ヨーロッパの方向からより多くやって来た。外部との交易もまた、海路にしろ陸路にしろ、その方向に傾いていたのであった。

地球上の熱帯圏と温帯圏にある国のなかで、インドは他のどこよりも広い氷の大地を有している。だが、それはまた非常に大きな乾燥地帯も含んでいる。幸いにも、高い山々から融けた雪や氷が水となって流れてきて、夏には焼けついた平野を潤した。高い山から融けて流れ落ちる水は、雨の不足や不規則性を補うことができた。この雨というのは、ほとんどがインド洋からの南西の季節風とともにやって来るものであった。

ガンジス川は、これらの冠雪した山々の子供であった。それは、通常は一年を通じて流れ、巨大な平原を横切りながら水を運んでいた。紀元前一〇〇〇年の後、ガンジス川流域はインダス川流域に取って代わって、インド亜大陸の人口の密集地となった。流域に沿って都市が増え、それらの都市を養うために農地も増えていかなければならなかった。紀元前四〇〇年までに、インドはおそらく三〇〇〇万もの人口を抱えていたはずである。人口の密集という点では、全世界中で北部中国だけがインドをしのぐことができたのだった。

この当時、おそらく中国とインドだけで世界の人口の三分の一を抱えていたと思われる。シルトが広まった平原と雪解け水の川が、そのような大きな人口を支えることができた秘訣であった。黄河は年間二一億トンのシルトという重い荷物を運んでおり、それは世界のどこの川よりもすぐれて多い量であった。二番目はガンジス川で、およそ一六億トンほどであったろう。これらの川のシルトの半分は、デルタ地帯か河口に堆積した。もちろん、その多くが畑や灌漑に残ることもあったが。これらの泥を含んだ力強いインドや中国の川は、世界に例のないものであった。その莫大な量のシルトがなかったならば、中国やインドの人口ははるかに少なかったであろう。

この頃の中国の特別な才能が技術にあったとすれば、インドのそれは宗教にあった。ヒンドゥー教は、インド・ヨーロッパ系の移民とともに現われたのであるが、高僧つまりブラフマンをほとんど神のように敬っていた。それは変幻自在の宗教で、容易に支流や分派を生み出していった。その信者は、富裕な聖職者から、ぼろを着た孤独な放浪者や、新しいヒンドゥー教を昔からの偶像神と混合してしまう大衆にいたるまで、広く広がっていた。その宗教は決して静態的ではなかった。早い時期には、大事な行事において動物をいけにえにしていたが、やがてはほとんどの生き物を捧げるようになっていった。その宗教は、多数の特殊な神々への信仰から、至高の神ブラフマーへの信仰まで、広い幅があった。

ヒンドゥー教徒は、すべての生物には魂が宿っており、死後にそれは新たな肉体へと乗り移るのだと信じていた。この考えは、人類がさまざまな虫や動物の種に生まれ変わるという考えの基本として、今も見受けられる。したがって、牛やヤギ、小動物や虫は、敬意を持って扱われなければならなかった。ただ、なぜ肉を提供する動物のなかでただひとつ牛だけが、インドにおいて特別に敬意を払われたのかは謎である。

ヒンドゥー教は、ひとつの寺院に大人数を集めるということはしなかった。その木造の寺院は集会場ではなく、信仰の表明であった。その信経は、日々の生活から永遠の生までについての規則であふれていた。それはまた、輪廻転生（訳注：生命の再生）も強調するようになった。この考えは、現状の苦難を祝福する一方で、いくらかの希望も植え付けていた。貧しく生きることと身分が卑しいことへの慰めは、もし善良に生きるならば、その人の命は死に際して魂が高貴なものへと移ることによって報われるかもしれないのであった。その一方で、死者の魂は、地上に戻る際に、下等の動物へと乗り移ることもありうるのであった。

近代において、インドが民主主義になったのは特筆すべきことである。というのも、長く続いたヒンドゥーの文明は、すべての成人が、カーストに関わりなく同等の票を持ち、すべての成人が民主主義の精神の一部である社会的流動性を分かち合えるようにすべきであるという考えに、本来的に対立するように見えたからである。しかし、成功の望みがほとんどないように見えても、よそからの新たな木を古い木に接ぎ木し、その木が生き生きと成長するのを見守るということは、人類の諸制度にとって珍しいことではないのだ。

放蕩息子が仏陀になる

ヒンドゥー教は多様性に寛容であったので、紀元前六世紀には、新たな宗教を生み出した。それは、ジャイナ教と、それより影響力のある仏教であった。ゴータマ・シッダールタ（訳注：釈迦）、つまり仏教の創始者は、キリストといくつかの共通点を持っていた。かれは満月のときに生まれた。そしてかれの到来は、三人の賢者（訳注：キリストは東方の三博士に迎えられた）ではないが、一人の賢者により歓迎された。

ゴータマの父は、ネパールの王子で、インドとの境界付近に住んでいた。そこはガンジス川の源流のひとつの蒸し暑い低地である。ゴータマは三つの宮殿を持っていて、大きくなると、そこで提供される娯楽に興じていた。かれはのちに説き勧めるような義務感の前兆を見せるどころか、四六時中、女性の奏者たちの調べを楽しみ、演奏が終わってもなお楽しませてもらっていた。かれは、歓楽に興じる、言わば放蕩息子であった。いとこと結婚して一人の息子をもうけたのだが、これがゴータマに責任感を植えつけたわけではなかった。

だが、その後、かれの友人たちも驚いたことに、かれは救済の道を歩むようになった。夜のうちに馬に乗って家を出たのち、その人生は永遠に変わったのである。苦行というインドの強い伝統にならって、かれは自らの身体を痛めつけ、ついには、あばらが小屋の梁のように突き出るほどまでやせ細った。多くの痛みに耐え、荒野で時を過ごしたのちに、かれは光を見つけた。こうして、「悟りしもの」すなわち「仏陀」となったのである。

これ以降、仏陀は神聖さを追い求めた。かれは、自己を滅することが本質的であると考えた。その究極の目標は「涅槃」であり、それは実質的に自己を滅しさせてくれる理想の状態であった。静かな自己の消滅という目標を追いかけながら、かれは、言い表せないほどの幸福に恵まれた。ヒンドゥーのカースト観を受け入れなかったため、多くの貧者から賞賛を浴びた。また富める者たちをも魅了した。富者たちは、ガンジス川沿いの都市や町に仏陀の僧院を建てて、自分自身を完全なものにしようと願う者たちのための使用に供した。仏陀は女性のための尼僧院を用意し、かれのおばを最初の尼僧とした。

乾季になると、仏陀は食を乞い、教えを説きながら動きまわった。かれに食を与えた者たちは、かれの神聖さの一部を分けてもらったような気持ちになった。アッシジのフランチェスコがキリストの時代にイタリア中部で野生の狼をなつかせたように、仏陀もまた、その穏やかな態度によって、狂暴な象をなだめることができた。かれの教えは、のちにインドの政治家マハトマ・ガンディーの言葉にまとめられている。「人生は楽しみの束ではなく、義務の束である」と。

この当時、地球上で最も活発であった場所は、インドと地中海東部と中国だった。おたがいに遠く離れていたので、相互の結び付きはほんの少ししかなかった。にもかかわらず、三者はそれぞれ同時に種まきの時期を過ごしていたのである。紀元前四八〇年代に、老年期の仏陀はガンジス川に沿って教えを説いてまわっており、孔子は中国北部で教訓を書き下ろしており、アテネのひとびとは、マラトンの戦いでペルシア勢を打ち破った直後で、自分たちの名声を後世に残すこととなる芸術や民主主義を生み出していたのであった。

仏陀は、紀元前四八六年頃、八〇歳近くでこの世を去った。かれの死は、その地域で広く悼まれたが、かれの教えは、ガンジス川流域を越えて受け入れられはしなかったようである。だが、かれの死から二世紀少し経った後、かれの教えは幸運を手にした。たまたまアショーカ王が、仏陀の生存期においては多くの王国に寸断されていた領域のほぼ全体を初めて統一したのである。

ガンジス川の一都市から支配したこの強大な——おそらく世界で最も強大であったろう——王は、敬虔な仏教徒となり、仏陀の遺灰を祀るための寺院を建てていった。多目的に利用可能な宗教であったヒンドゥー教が支配するなかで、仏教が脇に押し出されていたかもしれない頃、アショーカ王は静かにその宗教的教訓を広めたのである。絶対的権力を持つ王は、すべての伝道師のなかで最も説得力のある人物であった。ただし、短期間においてのことであるが。

当初、よそものを魅了したのはヒンドゥー教だった。それは時とともに自らを刷新していきながら、東南アジアの海岸沿いや島々にまで広がっていった。東南アジアにおいて、ヒンドゥー教の強い影響があった時期は数世紀に及んだが、やがてほぼ全域でヒンドゥーの神々は後退していった。ガンジス川の河口から遠く離れたバリの小さな島だけは、孤独なヒンドゥーの辺境として残ったのである。

世界の宗教の歴史では、中東と並んでインド北部が最も豊かに宗教を生み出した。しかし、興味深いことに、インドの宗教は、西方にはほとんど広がらなかった。その布教の地は東方にあった。仏教は、仏陀自身の生存期間中には、インドが実質的に文化的、商業的な影響を及ぼさなかった場所で、最も多くの信者を集め、成功したのである。

第8章　ローマの台頭

歴史家や伝説作家たちが好んで言っていたことによれば、ローマは七つの丘に建てられたという。しかしながら、ローマの初期に、このすべての丘にひとびとが住んでいたわけではなかった。町はあまりにも小さくて、そのような空間はなかったのである。城壁で囲まれた町を通りぬけるように流れていたテベレ川は、四〇キロメートルも流れないうちに最終的には地中海に注いでいた。激しい雨の後にはときおり険しい山から流れ出る泥で黄色くなったその川は、小さな舟が荷物を積んで河口までを行き来していた。最初は、君主がその町とその近くの小さな領域を支配していたが、紀元前五〇九年には、土地を所有する貴族たちが勝利し、かれらの共和国が五世紀近く続くことになった。

小都市ローマは、いまだ生き残りをかけて戦っていた。紀元前三九〇年には、ローマは七か月のあいだガリア人によって取り囲まれたすえ、最終的に都市に入られて、都市を半壊されてしまった。ローマは、まだイタリア半島の半分すら支配していなかった。紀元前三〇〇年になっても、ミラノはもとより、当時はまだ村にも満たなかったヴェネツィアさえも掌握していなかったのである。まして、地中海西部の島をひとつも支配していなかった。実際にはそれらのすべては、北アフリカの海岸にある強力な都市カルタゴというライバルの勢力範囲にあったのである。

ローマの才能は、将軍や戦士、海将や船乗りを生み出すことにあった。これらの戦士たちは、隣接のサビニ人やエトルリア人やピチェーノ人を征服していきながら、カルタゴを拠点として陸海にまたがる帝国に挑戦し始めた。紀元前二四〇年までには、ローマ人は、かつてはギリシア文明の一部であったシチリアという豊かな島を支配した。翌年には、かれらはカルタゴの島であったサルデーニャを攻略した。しかしその頃、カルタゴの偉大な将軍ハンニバルには、ローマを粉砕する時が来たと見えていた。なぜなら、かれは連戦連勝の軍隊を率いて、スペインからフランスアルプス、そしてイタリアまで進んでいたからである。だが、かれの軍隊は、ついに紀元前二〇七年に敗れた。いまや海を越えて帝国を拡大するのはローマ人になった。ローマ人は簡単に北アフリカのカルタゴの支配地に入り込んだ。これら北アフリカやシチリアの新領土から船がつぎつぎと出て、拡大する都市ローマを支えるために必要な穀物をつんで運ぶことになった。

ギリシア人にとっては海が自然の幹線道路であったが、ローマ人は自らの幹線道路を陸上に築いた。紀元前三一二年に、ローマの技術者は、最初の幹線道路であるアッピア街道の建設を始めた。それはローマから、イタリア半島の内側のかかとにあるタレントゥムの南の港まで続いていた。すぐに、その街道は、かかとの裏側にあるアドリア海のブリンディジ港まで延ばされた。そこには、技術を讃える古代の石柱が今日も見られる。最終的には、丈夫につくられたローマの道路は、北アフリカの海岸沿いの大部分や、地中海の北の海岸の大部分、そしてドナウ川やユーフラテス川といった遠方の川にまで延びた。それらは単なる道ではなかった。それらが残るところでは、いまも「ローマの道」として知られているが、あたかもそれらが独特の種類の道であるかのようである。たしかにそれは実際にそうであった。丘を貫き、湿地に石や土の舗装道路を通していたその道は、英国の小説家トーマス・ハーディによって、真ん中分けの髪の中心線のようなものとして描写された。細くてまっすぐという意味である。

当時のローマの道は、自動車の時代にヨーロッパで建設された高速道路よりも注目すべきものであった。急使たちは、その道を通って行くことができて、中国の場合のように、洪水や雪に妨げられなければ、かれらの馬車は時刻どおりに着くだろうと確信することができた。ローマ帝国の多くの場所において、陸路による伝言は、海路による伝言よりもだいぶ早く届けられた。ローマの道を、馬に乗った兵士や、徒歩の兵士、商人、奴隷、さらには腕に抱えられた赤ん坊が行き交っていたのである。

ローマ人は道や橋の建設にはすぐれた才能を持つ先人たちを持っていて、中でもローマの橋は芸術作品であった。今も交通に堪えるローマ橋を見ると、畏敬の念を覚える。技術者や、石切り人や、橋を建てた石工たちは、長い沈黙を貫いているが、かれらの橋はあらゆる力強さと気品を持ってそびえたっている。リミニにあるローマ橋は、アドリア海の音が聞こえるところにあり、白っぽい石灰岩のブロックでできていて、貝殻や一、二匹の魚の化石が白い石に埋め込まれていた。それは紀元前五年あたりに建てられたもので、五つの円筒と半円のアーチから成り立っており、その下には、今は小さいが、氾濫時には活発であった川が流れていた。今日でも、その橋は、一方通行で、イタリアの車やスクーターが利用していて、歩行者には少し高い側道があって安全な縁を歩けるようになっている。

大理石の都市のなかで

確かにすべての道はローマに通じていて、ローマはほとんど手におえない規模にまで成長していた。中国にも大きな諸都市が存在したが、ローマはおそらく一〇〇万人近くの人口を抱えた世界最初の都市であったはずである。それは、放浪者や行くあてのない貧しい者、仕事と興奮を求める者、そして頂点に登りつめるチャンスを窺う激しい野心に満ちた者たちにとっての目的地であった。ローマの石畳の道は、車輪付きの車やひとびとで賑わっていて、ある者はイタリアの農地から流れ着き、またある者は最近の戦いから捕虜として連れてこられたものであった。成長する都市は、水路に依拠していた。長いアーチ橋が小高い丘から絶えることなく水を運んで、公衆浴場や無数の家庭の壺や甕を満たし、また汚物洗浄に使われた。いくつかの公衆浴場には、巨大な大理石の大広間と、多数の小部屋とたくさんの温水と冷水の風呂があった。それは噂話と楽しみの場所としてどんどん増えていった。ローマの都だけで、約八〇〇の公衆浴場があったくらいである。

石や木材や穀物をローマに運ぶ船の多くが、一〇〇〇年以上後に西洋世界でつくられたどのような船よりも大きかった。それらは少くとも長さ五〇メートル、幅一五メートルほどであって、現在のデザインの基準からするとずんぐりとしてぶかっこうに見えた。船団は、ほぼ今日のばら積み貨物船のようで、建築用の石材を運ぶために特別につくられたものであった。このように大きな船は艪《ろ》ではなく風に頼っていた。その仕事は、荷物を速く運ぶことではなく安く運ぶことであったが、ときには速達船も出ていた。ある貨物船は、イタリアのナポリの港からエジプトのアレクサンドリアの港までを、わずか九日で航海したと報告されている。

もしコロンブスの時代のヨーロッパの船乗りが、砂の移動によって露出されたローマの大きな木造の難破船を目にする機会があったなら、かれらはその大きさに驚いたにちがいない。コロンブスの旗艦サンタマリア号は、長さがわずか三〇メートルほどしかなく、エジプトから穀物や建築用の石材を運んでいたローマ船よりもはるかに小さかった。一八四三年にできた目を見張るような蒸気船グレート・ブリテン号でさえ、煙突一本と六本のマストを持っていたにもかかわらず、その二〇〇〇年も前に航海していた巨大なローマの貨物船に比べて、幅は広くはなく、長さも二倍以下であった。

ローマ人は、次世代のために、日常生活やその楽しみ、苦悩、喜び、心配について詳細に書き残している。だからわれわれは、庶民の食事をだいたい味わうことができる。それは、堅いパン、「新鮮な手押しのチーズと二番なりの緑のいちじく」、そしてもちろん、小さいが人気の魚シラスである。われわれはローマの農場を歩き回ることもできる。それはウェルギリウスの詩に負うところが多い。またいかに農場を経営すべきかということへの助言も聞くことができる。たとえば、満月から数えて七日目は、野生の動物にロープをつけて飼いならすにはよい日だと考えられていた。また夏には、焼けついた草刈り場の干し草を刈るのは、暗くなってからがよいとされていた。これはイタリアではよく守られていたと最近まで記憶されている草刈りの規則であった。

ローマの歴史のほぼすべての段階に危機の時期があった。たとえば、キリスト教暦以前の最後の一世紀には、大きな停滞がやって来た。紀元前八六年には、かつてはとても強力だった貴族の家系の多くのものが、かれらのライバルによって虐殺された。続く一〇年では、奴隷のスパルタクスが反乱を指揮し、地方の数万の奴隷たちをかれの旗の下に魅きつけていった。かれが紀元前七一年にイタリアで最終的に敗北したとき、約六〇〇〇人ものかれの支持者が捕まえられて、アッピア街道で磔《はりつけ》にされた。

だが、暴力の糸には文明の糸が絡み合っていた。奴隷制にさえ、礼儀や思いやりがありえた。紀元二世紀の初期に、ある奴隷の子が死んだ。その奴隷の所有者は、死んだ男の子の頭部の彫刻を大理石のブロックでつくるよう命じ、そして次のような簡単なメッセージをラテン語で添えた。

〝親愛なるマーシャルよ
二年一〇か月と八日を生きた

奴隷の子よ〟

その子供は、無垢な面立ちで、長く気品のある耳と小さな口を持ち、きちんと切りそろえられた髪が額の真ん中に集められており、さらに——右耳のちょうど上に——エジプトの幸運のチャームがついていた。ただ、そのしるしは、その子が当時ローマの植民地であったエジプトに住んでいたということを意味してはいなかった。ローマ帝国はコスモポリタンな帝国で、思想や宗教や流行は、簡単に地中海を越えて、海岸沿いに広まっていたのだ。それは、ちょうど今日、さまざまな考えやものが簡単に流れているようなものであった。現在、この子供の頭は、ロサンゼルスの博物館で見ることができる。

ローマは、少数の家系が権力を分け合う共和国として始まった。だがのちには、イタリアに住んで投票権を与えられた市民からなる選挙民の数が数十万に増え、しまいには一〇〇万人を超えてしまった。もちろん、ローマにとって、ギリシアの民主政を真似てその場で投票する市民の公の集会を開くなどということは無駄であり、そのため無記名投票がローマの代替案であった。数世紀のあいだ、ローマは代議政治の形式をとることになった。だが、実は、今から三〇〇年前のヨーロッパのすべての指導者は代議制を非難していたのである。かれら自身の基準からすれば、それは危険なほど民主的だったからである。ローマの国家の長は投票で選出された。政治家や将軍のいずれもが、長期にわたって権力を維持することはできなかった。意思決定の多くは、代表制の議会によっていた。

遠方にまで広がりさらに拡大を続けるローマの帝国は、統治しやすいものではなかった。どこに新しい税源を見出せばよかっただろうか。市民の軍隊は、もはや兵役の重荷をになうことができず、そのため傭兵はもちろん奴隷さえもが雇われた。なかにはローマよりも、かれらの将軍のほうにより忠実な者も現われた。遠くの辺境で戦う将軍たちでさえ、監視しておくのが容易ではなかった。かれらは首尾よく戦うためにはいくらかの自立性を必要としていたが、もしかれらが勝利を収め過ぎ、ローマの大衆に人気になり過ぎた場合には、それは間接的には、ローマで権力を握る市民の指導者に対する挑戦を意味することとなった。

だが、ローマの絶えざる緊張も、解決策がありそうに見えた。共和国を誇りに思うひとびとにとっては、皇帝など想像もできないものであったが、その想像できないものがいまや熱心に考えられることになった。紀元前二七年（訳注：原著六三年はまちがい）に、アウグストゥスが皇帝となった。ただし、かれは、かれ自身旧帝国の第一の市民に過ぎないのだと主張していたが。実際には軍隊の指揮権を持ち、元老院を掌握した。しだいに、ローマの皇帝は、生きているうちは全能の者となり、死後は神として崇められるようになった。それぞれの皇帝が、その後継者を任命した。

共和制から君主制の移行は、劇的であったが、ローマ帝国に新たな安定性を吹きこんだ。帝国は拡大を続け、またそれまで手にしたものも手放さなかった。市民は、帝国を指導しようとする者たちに賛否の投票をしなかったので、市民権はどんどん拡げてもかまわなかった。その頂点は、紀元二一二年にやってきて、すべての自由民がローマ市民になれるようになり、進化する優れたローマ法体系を享受できるようになり、例の別個の市民的特権――しばしば歳入不足に陥っていた帝国への納税の権利――も引き受けようとするようになったのだった。ローマは信じられないほど成功した帝国で、その政治史や統治の様式は非常によく記録されていたから、一八世紀にロンドンが新たなローマとなったとき、その政治的・文化的指導者たちは、ローマ史に夢中になったのである。

シルクロードに沿って

ローマ文明と中国文明という世界の二大文明のあいだには、広大な地理的溝があった。中国西部と黒海の一番近い港のあいだを結ぶ陸路は、紀元前においても、世界で最長のものであった。それは、山々や高原、石だらけの平野や塩分の多い砂漠、流れの速い小川や渓谷、広大な牧草地を横切っていた。その道は、列になった行進というよりは、リレー競走のようであった。なぜなら、交換される商品が、商人から商人へ、市場から市場へと渡されていったからである。こうして商品は長い列をつくった荷馬車や馬やラクダの背中に乗せられて、大陸をゆっくりと横断したのである。

東洋からの主な貨物は絹であった。ローマやアレクサンドリアの富者は、絹の衣服をひどく欲しがっていて、長きにわたって、中国がその唯一の供給国であった。何百万とある中国の桑の木から得られる葉の上で育てられた小さな蚕は、寿命がわずか四五日しかないが、その短い命のうちに、蚕の一匹一匹が、ほっそりとした繊維の繭を生み出すのだった。その繭は、一本にのばすと九〇〇メートルに達するほどであった。その細い繊維は糸に紡がれ、その糸から絹織物が中国の多くの町で手作りされたのである。

絹は魅惑的な織物だった。軽くて破れることなく伸ばすことができ、チリアンパープル（訳注：古代紫）のような明るい色にも簡単に染色でき、肌触りがよかったため、絹は、着る機会のあったわずかなローマ人のすべてによって賞賛されていた。高価だったので、中国の一般の人たちは着ることができなかったが、地中海に着く頃にはそれははるかに高額になっており、ローマに辿りつくと、高級品とみなされたのである。

蚕が衰え知らずの生きた紡績機であったため、他の国の商人によって捕まえられたことは確かである。蚕はインドにこっそりと持ち出され、そこであまり良質ではない絹織物がつくられた。蚕は、最終的にはシチリアやフランスに辿りついたのだが、紡績技術や職工は中国に留まっていた。中国は最上の絹を製造し続けたのである。

中国の経済生活は非常に進んでいて、しかも多様であったので、西洋から必要なものがほとんどないくらいであった。中国は、レバノンやエジプトでつくられる精細なガラス細工を好んだので、それがアジアの交易ルートを渡って運ばれた。それらは、揺れ動くラクダの背中に掛けるには壊れやすい荷物であった。中国はまた羊毛その他の布や高価な金属もときどき受け入れていた。

シルクロードに沿って西へ渡ったものは絹だけではなかった。西洋で重宝されたものは他にもあった。保存されたルバーブやシナモンの木皮のような評価の高い薬が、中国からやって来た。もっと重要なのは、種子や生きた植物であった。中国は、数世紀にわたって、外界に種や苗をもたらす植物園であった。中国人がおそらく初めて桃や梨の木を栽培したのであろう。そしてそれらは紀元二世紀になってようやくインドに到着したのである。

オレンジが最初に栽培されたのは中国であり、それは果樹園の所有者に富をもたらしていた。オレンジの木は、果実の源として価値があっただけでなく、その木自体も矢を射るための弓をつくる材料としてしばしば選ばれていた。キリスト誕生の直前に、中国のオレンジとレモンが、初めて中東までやって来た。これは、途中インドから紅海までは海路を使っていた。オレンジは、紀元七九年に火山灰に埋もれてしまったポンペイの町に、モザイクで鮮やかに描かれていたのである。

中国人とローマ人はある共通の見解を持っていた。どちらのひとびとも、自らの文明を至上のものと信じていたのである。だが、中国は、ローマと張り合うほどの領土を持っていたとはいえ、中国の皇帝は、ローマの皇帝ほどに、多くの言語や文化やひとびとを支配することはなかった。

キリストの時代、ローマの船は地中海のほぼすべての港を支配していた。ギリシアの海洋都市が繁栄していたところは、シチリアであれエジプトであれ、どこでも皇帝の統制下にあった。ローマの兵士たちの重厚な足音や、ガレー船のオールの秩序だった飛沫の音は、地中海の東西の海岸はもとより、ギリシアの影響力が及ぶことのなかったジブラルタル海峡の先にまで響き渡っていた。ローマの硬貨は、スペインからブルターニュまでの大西洋に面した西岸部、そして北は現在のオランダである海岸沿いの砂丘や塩性湿地まで、流通していたのである。

ローマの支配は、黒海からイングランド北部にまで及んだ。ローマの軍隊は、ライン川を下ってケルンの町にまで駐屯していて、ケルンでは滔々と流れるライン川にローマ橋が架けられていた。同様に、ドナウ川は現在のハンガリーにおいてローマ橋が架けられていた。この橋は、著名な建築家、ダマスカスのアポロドルスによって設計された石の桟橋と半円を描いた木造のアーチからなっていた。

これらの中心から離れた諸都市や港や駐屯都市や属州は、ローマにとって重要なものだった。これらは前哨基地として帝国内部を守っていたのである。それらはまた、食料、兵力、奴隷、原料、また少なくとも財源に寄与していたのだった。だが、時折、それらはローマの支配者にとって悩みの種になった。悩みの種のひとつは、ローマの軍隊よりも長続きすることになるはずの、ひとつの新しい信仰信条であった。

第9章　イスラエルとイエス

現在のイスラエル沿岸は、この時期には砂丘に縁取られ、よそからの船も寄りつきにくかった。船の停泊できる自然港や入り江が不足していたのである。たしかに、エルサレムという都市は、地中海の他の有名な都市といろいろ比較した場合、自然港へのアクセスが容易ではなかった。ヘブライ人——イスラエル人ないしはユダヤ人——は、元来、船よりも家畜の群れを所有していた。かれらは放牧の民であって、海の民ではなかったのである。北のレバノンのほうは、自然港を持っていて、そこは、フェニキア人が貿易をして繁盛していたのである。

ヘブライという言葉は放浪者、ないしは山や川を越えて渡る人を意味した。かれらはおそらくペルシア湾の上部やその近くの砂漠から由来したようであるが、その歴史のほとんどにおいて安定した故国を持たなかった。この放浪の民には、幸運のときもあった。それはかれらの群れとテントが良好な牧草地を占有したときであった。しかしながら、かれらには屈辱や囚われや追放の時もあったのだ。

エジプトで奴隷にされたあと、かれらはついに指導者モーセとともに、神がかれらに約束したと信じている土地、つまり現在のイスラエルへ脱出した。経典に遺されている歴史のひとつによると、かれらは紅海の西外れにおいて追っ手によって捕らわれそうになった。そのとき、突然海が割れ、かれらが進むことを可能にしたのだという。その出来事は奇跡としか思えないが、しかしそうではなかったようである。紅海の初期の名前は、葦《あし》の海ないしは湿地の海であったので、浅い場所がたくさんあった。そのような岸の形なので、異常な干潮が起こってもおかしくはないのである。実際、一九九三年に、海洋学者のチームは、激しい風がおよそ時速七〇キロメートルで一〇時間ほど続けて吹くと、海の水は事実上引いてしまうことを発見した。だから、エジプト人にすぐ後ろから追われたヘブライ人は、そのような異常な日に海を渡ったのだと想像できる。そのあと海面が上昇し、迫って来たエジプト人がおぼれ死んだのである。

紀元前一〇〇〇年頃、ダビデ王のもとにあったヘブライ人は、繁栄の年月を過ごした。ダビデ王がエルサレムを奪ったからである。かれの息子であり王位を継承したソロモン王は、都市の丘の上に壮大な神殿を建てた。他と比べようのないほどに壮麗なその建物のなかで、かれの民は自分たちをこのような約束の地に導いてくれた神に祈りを捧げたのである。

ソロモン王の死後、紀元前九三五年頃に、かれの王国は二つの国に分かれた。イスラエルとユダである。ユダはユダヤ人から名前がつけられた。やがてはこの小さな二つの国は、非常に弱体化して、野心ある敵を追い払うことができなくなった。紀元前五八七年に新バビロニアの兵士たちが、エルサレムの壮大な神殿を荒らして破壊した。ユダ王国の指導者はほぼ一世紀のあいだ国外へ逃れた。祖国へ戻る途中、かれらはつぎつぎと外国の支配を受けながら生活した。それは、ペルシア、アレクサンドロス大王、セレウコス朝である。この時期の大部分において、ユダヤ人の精神的生活が花を咲かせた。預言者は大切にされ、宗教学者は奨励され、死を越えた精神的生き残りという観念が、しっかりと植えつけられたのである。

十戒と一〇〇の律法

ユダヤ教の神は全能であり不滅であった。神の名前はめったに口にされることはなかった。それほどに神をめぐる畏敬と威厳が大きかったのである。その神は、やがて二〇〇〇年後にプロテスタントの宗教改革者によって、「ヤハウェ（エホヴァ）」と呼ばれることになった。ヤハウェは、ユダヤ人がかれの戒律すなわち十戒に従う限りで、ユダヤ人を守るのだった。

十戒の最初に宣言されたことは、世界中に神は唯一人しかいないということであった。代表的な宗教が多数神であったこの当時、ユダヤ教は特別であった。中東の寺院は季節ごと目的ごとにたくさんの神を有していたのであるが、ユダヤ教の信者は、他のいかなる神の前にも頭を下げてはいけないと教えられた。

十戒はユダヤ人がその生活をどのように処すべきかを教えた。根本的な決まりは、隣人を尊敬し、かれらに思いやりを示さなければならないということであった。両親を尊敬することを命令された。人を殺してはならず、不貞を犯してはならなかった。隣人について嘘をついてはならず、隣人の牛やロバを盗むとは考えてさえならなかった。羊ではなく牛やロバが言及されていることに注意しなければならない。荷物を運ぶ動物としてきわめて重要で、価値も高い牛とロバは、畑を耕すためや重い荷物を運んだり引っ張ったりするために広く使われたのである。

ユダヤ人の厳格な習慣は、一週間のうち六日間のみを働き、七日目は安息し礼拝することであった。この七番目の日は、かれらの計算によると、土曜日であった。世界で最初に現れた広範な社会福祉の法律のひとつである安息日のきまりは、家長だけでなく、その男女の使用人にまで適用された。二〇世紀以上も後に世界の社会民主主義の最も進んだ国が、多くの従業員のために、八時間労働制を取り入れた。しかし、社会福祉のそのような最近の試みも、これらイスラエルの子供たちによって宗教上固守された週六日労働制に比べると、意味合いの劣るものであった。

ユダヤ人は、世界中のどのひとびとよりも、自分自身の歴史に取りつかれていた。かれらは自分たちの苦難や試練、勝利や敗北をせっせと記録した。かれらの歴史観に合わせて、公正さや日常生活での道徳的な行動が強調された。かれらはときどき、律法と指針によってほとんど呑みこまれてしまうほどになった。

ユダヤ教の精神的指導者たちは、人間の本性と使命とを探ることによって、影響力を発揮した。それは、約二〇〇〇年後の科学革命や産業革命の時代に、物質世界を支配する仕事に没頭したヨーロッパの精神的指導者たちと同じくらいの影響力であった。しかし、紀元前二〇〇年に世界史が書かれたとすると、ユダヤ人はそこで重要な役割は与えられなかったであろう。その時代まで、かれらはアフリカやアジア、ヨーロッパやアメリカにあった何百もの国や君主、ひとびとや部族のなかで、なんら特別な影響力を及ぼしたわけではなかったのである。

イスラエルは、何世紀ものあいだほとんど勝利のない変転を重ねた後、紀元前二世紀に、ある奇跡を経験した。それは、独立に近い状態を八〇年間も味わったのである。だが、その奇跡は長続きしなかった。拡大を続けるローマ帝国が、紀元前六三年にここに現れたのである。しかしまだ自身の土地に住んでいたユダヤ人の多くは、ローマの支配を用心深く受け取った。かれらには、ヤハウェが現れてかれの寵愛する民を救ってくれるだろうという直観があった。イエスはこういう預言をする者のなかの第一人者であった。

西洋で今日使われているグレゴリオ暦によると、イエスは紀元前六年頃に生まれた。山々に囲まれた村に育ち、大工ないしは建築家として、父の職業を手伝った。技術を持った職業だったので、一家はパレスチナのほとんどの労働者より大分良い収入を得ていた。当時ほとんどの人が読み書きすることができなかったが、かれは恵まれていて、読み書きができたのだった。

イエスは、当時ローマ帝国の占領下にあったイスラエルの、きわめて宗教的で政治的な雰囲気を吸収しながら、『旧約聖書』の教えを身に付けていった。特にバプテスマのヨハネ（洗礼者ヨハネ）の強要的説教に刺激を受けた。ヨハネは都市に存在するすべての外面的安楽を避け、質素なものを食べ、ラクダからつくった上着を着て、安楽を嫌うことを示した放浪の伝道者であった。すべての聴衆へのかれのメッセージは「懺悔」であった。かれの象徴的な儀礼は、罪を深く後悔するひとびとに洗礼や浸礼を施すことであった。イエスはついにヨハネによってヨルダン川の水で洗礼を受けた。

イエスは三〇歳代初めに、それまで仕事で使っていたハンマー、のこぎり、彫刻刀を捨てて村を出た。かれには妻がいなかった。かれは洗礼者ヨハネと同じ天職を引き受けた。村々や地方で、さらにシナゴーグにおいてさえ伝道と説教を始めた。いまや天才と呼んでもおかしくはない才能を使って、議論や説教や説得をすることができた。かれのところに病気の者が運ばれてきた。するとみなが驚いたことに、かれは手で触ったり、静かに自信たっぷりに命令したりして、病人を治したようであった。

そのような風変わりな若者が田舎の村からやって来たとしても、ひとびとは驚かなかった。実際かれは、ナザレ村出身という意味で、単にナザレ人として知られていた。後にかれはギリシア語で「油を注がれた者」という意味であるキリストと呼ばれることになった。今日の表現では、かれは信仰治療師と呼ばれるのがいいのかもしれない。

かれの発言は金の翼に乗って広まった。かれの説教は神秘的なものだったかもしれないが、同時に現実的でもあった。日常生活についての簡単な話を語り、それに道徳的メッセージを付与し、聴衆にかれの新しい考え方を受け入れるように訴えて終わるのだった。実際、かれの説教とたとえ話は、日常生活についての素晴らしい記録を残していた。一日一ペニーでブドウ園で働く労働者の雇用について話し、イチジクの木の実がならないと悩むブドウ園主のことを語り、あるいは、そのついでに新しい季節のワインを瓶に詰めるための賢い方法について議論して、「古い瓶に新しいワインを入れる者はいない」などと言った。

これに村の聴衆たちがみな賛同したことはまちがいない。

かれが説教したり治療をするという知らせがあると、たくさんの聴衆が集まった。かれはすぐれた雄弁家であったにちがいない。群集のなかの最もうしろにいる者へも届く明瞭な声を持っていたようだ。しかし、多忙な一か月を活動しても、かれの声はイスラエルの一部のひとびとに届いたに過ぎなかった。多忙なスケジュールに組み込まない村々において説教するために、他のひとびとの助けが必要となったので、かれは専従の有志者、つまり弟子を集めた。最初のひとびとは近くの湖の漁夫たちであった。すぐにかれの魅力にひきつけられた弟子が一二人になった。だがさらに多くの弟子が必要であった。田舎のことを素朴に引き合いに出しながら、かれはこう語った。「本当のところ収穫物はたくさんあるのに、働く人はあまりにも少ない」のだと。

イエスは社会的弱者、つまり貧しいひとびと、病気のひとびと、嘆き悲しんでいるひとびとに対して、深い思いやりを表わした。たしかに、かれは古いユダヤ教の価値と『旧約聖書』の権威を承認していたようだったが、しかしかれは革命的な傾向をも持っていた。かれは「あとの者が先になる」日が来るであろうことや、身分の低い者が最も力があるであろうことを明言したのだった。これは、エルサレムの世俗的・宗教的権力を握る立場にあるひとびとを不安にさせるニュースであった。

ユダヤ教の主な宗派とシナゴーグは、この預言者をどのように考えていいかわからなかった。なかには、群衆に対して増大するかれの影響力に恐怖を感じる者がいた。またなかには、当然のことながら、かれらの教えが硬直していることや、何百もの古いユダヤ教の決まりや儀式にセメントのように強く固執している点をイエスが問題にしたので、そのために恐れをなした者もいた。イエスが闘いをシナゴーグのなかに持ち込み、かれらの道徳的信任状に挑戦するかもしれないということは、さらなる恐怖であった。だが、イエスは非難におびえなかった。一方、かれはローマの支配者からは、破壊活動分子であるかもしれないとみなされた。

説教者や治療者としてのかれの人生は短かった。かれがまだ三〇代であった西暦三〇年頃に、かれはその敵たちに自分を捕らえるようにしむけた。かれはその年の神聖なるときにかれの弟子たちとともにエルサレムに行くことにした。かれは弟子たちと最後の晩餐を祝った。そのときにかれは、みなの前で自分自身の死を予言したのだった。たくさんの敵の要求によって逮捕されたかれは、ユダヤ教の裁判において神への冒涜の罪で裁かれ、ローマの支配者たちによって死刑を宣告された。その際の手続きは、ローマ市民には適用されない屈辱的なものであった。かれはむちで打たれ、その体は木でできた高い十字に釘で打ちつけられた。そしてその両脇には、二人の普通の罪人がかれのより小さいが良く似た十字架に架けて並べられた。ラテン語とギリシア語とヘブライ語の三言語で書かれた掲示版には、かれの危険な主張とみなされたものが記してあった――「ナザレのイエス、ユダヤの王」と。かれはひどい苦痛のなかでゆっくりと死んでいった。

天では、大事件が起こったことを知ったかのように、その時日食が起こったと言われている。その日の午後、かれは十字架から取り外され、忠誠な友人たちによって埋葬された。だが三日目にその体は墓から姿を消した。そのあとの数日間、かれの弟子たちはあちこちにかれの声や姿を一時的に聞いたり見たりしたと信じた。かれらは一片の疑いもなく、かれが神の子であって、いまやかれは神のもとに帰ったのだと確信した。

昇天ということ以上に、かれの全生涯を重要に思わせるものはなかった。かれは天において審判の日まで待機するのだと言われた。それはかれが悪人を罰し善人に報いるため地上にふたたび現われる日なのであった。

第10章　キリスト以降

キリストのメッセージが生き続けるとするならば、それはユダヤのひとびとの助けをまってはじめて可能なのであった。かれらはちりぢりになったひとびとであって、そのほとんどがその故地から遠く離れて住んでいたが、キリストのメッセージを広げるネットワークを提供することになったのである。

今日「キリスト以前」（紀元前）と呼ばれる時代の終わり頃、ユダヤ人のほとんどはその祖先の地に目を向けてはいなかった。ユダヤ人の家族の多くは、捕虜として放浪していて、それぞれの新しい地の一部に同化していた。そうでないものは、商人や兵士として遠くの港へ行って、そこに何世代ものあいだ生活していた。紀元四八年にローマが行った人口調査によると、広大なローマ帝国のなかに七〇〇万人のユダヤ人が住んでいたという。おそらく帝国の人口の九パーセントがユダヤ人であったと思われる。このようなユダヤ人の比率は、第二次世界大戦前夜のヨーロッパにおけるユダヤ人の比率よりも高い数値であった。さらに五〇〇万人のユダヤ人が、帝国の外にある小アジアやアフリカに住んでいた。パレスチナの政治状況が悪化し、脱出しようとするユダヤ人が増えるにつれ、バビロンの町が元気のよいユダヤ神学者たちの拠点になった。

ユダヤのシナゴーグはシシリー島から黒海、南アラビア、エチオピアにいたるまでのあらゆるところに見られた。ローマのシナゴーグだけでほぼ五万人のユダヤ人を世話していた。ローマから離れた居住地の多くでは、シナゴーグには図書館があり、またおそらく宿泊施設もあったので、そこが社会生活の中心になっていた。これらの遠地のシナゴーグは信者の気前よさを示すものでもあって、信者の多くは年収の一〇分の一を寄進していた。

ユダヤ教は当初はユダヤのひとびとが対象であったが、かなり前からそれ以外に広く受け入れられていた。多くの異邦人つまり非ユダヤ教徒がシナゴーグにやってきて、その倫理規範と世界観を受け入れてきていた。もっとも、かれらは外科的には小さくても儀礼的には大きな意味を持つ割礼を必ずしも受け入れたわけではないが。ローマ帝国の東の部分にあるシナゴーグでは、紀元前一世紀には、ヘブライ語はすたれていて、信徒はギリシア語でお祈りをし、経典はギリシア語で朗読されていた。

当初、地中海沿岸と小アジアの内陸に連なるシナゴーグは、キリストの教えが広がるためのフォーラムの役割を果たした。最初の有名な改宗者が聖パウロであった。かれはキリストと話をしたこともなければ、キリストの説教を聞いたこともなかった。そして初めはキリストの崇拝者に反対していた。それが本流であるユダヤ教にとって危険であると考えたからである。しかしながら、パウロの態度は、ダマスカスへの道での神秘的な経験によって、変化した。かれはキリスト教の熱烈な伝道者になるのである。そしてキリストの死後、約一四年して、黎明期の教会の再編を始めた。かれは並はずれた資質を持っていた。シナゴーグにいると気が安らいだ。というのは、両親はユダヤ人であり、かれ自身も以前はラビの教育も受けていたからである。かれはまたローマの市民権を持っていた。そのおかげで公的なひとびとと付き合うことができた。そしてかれは文化人の言語であるギリシア語を話すことができた。

初めキリスト教に改宗したひとびとの多くはユダヤ教徒であったが、他のひとびとも同じようにキリスト教に引きつけられた。まもなく、シナゴーグに関係のないひとびとが、キリストのメッセージを聞いて、個人の家や公的な集会場に集まり始めた。だれがキリスト教徒になれるのかという問題は、新たな集会の内部でしだいに議論されることになった。ユダヤ系キリスト教徒の多くは、外部から来た人に反対した。それは、外部者がキリスト教をかれら自身の宗教の一分派に過ぎないと考えていたからである。この問題が初めて激しく議論されたのは、現在のトルコの南にあるアンティオキア市においてであった。

キリストの死後一〇年ないしは二〇年して、アンティオキアにおいて、だれがキリスト教会の完全なメンバーになることを許されるべきかという問題が議論され、ユダヤ教徒よりも国際主義者に有利な形で決着がつけられた。つまり、悔い改めた者はすべてキリスト教徒になりうるとされたのである。この結果、シナゴーグと新たなキリスト教会とのあいだに深い亀裂が入ることは避けられなくなった。ユダヤ教徒であれ、キリスト教徒であれ、それぞれが新しい信者を得ようと競争した。キリスト教会の多くはもっぱらユダヤ人から成っていたが、新しい教会はだんだんにあらゆる人種や出自のひとびとを引きつけていった。聖パウロはこのことをまったく歓迎すべき要素であると強調して、ガリア人にあてた強い調子の手紙でこう語った。「ユダヤ人もギリシア人もなく、奴隷も自由人もなく、男も女もない。なぜなら、あなたがたはみな、イエス・キリストにあって、一つだからです」(『新約聖書』「ガラテア人への手紙」第三章)。

キリストの架刑から一世紀のあいだ、かれの信者たちは村や農村よりもむしろ都市に多かった。おそらくキリスト教徒の多くは女性であっただろう。この困難な時代にキリスト教会を固守したひとびとは勇敢な人たちでなければならなかった。ローマの皇帝は時折キリスト教徒につらく当たり、皇帝ネロ・クローディウスなどは紀元四六年に起きた有名なローマの火災をかれらのせいにしたほどであった。そして最大の見世物のように、多くのキリスト教徒が大勢の見物人の前で、野獣に突き殺されたのだった。

初期のキリスト教徒は、シナゴーグの規則にどの程度従うべきかという問題について内部で争っていたので、食についてのユダヤ教の厳格な規則を放棄してよいものかどうか確信を持つことができなかった。当初キリスト教に改宗したひとびとは、豚や、貝、その他の食に対するユダヤ教的な禁制を明らかに守っていた。パウロ自身は、ユダヤ教徒であったが、食についてはもう少し柔軟であった。パウロは、いくつかの食は生来的に不浄であるという議論に対して、「それ自身不浄なものはなにもない」と断言したのだった。パウロは、多くのユダヤ教徒からは、信仰への裏切者と見られた。だから、かれはかれらに苦しめられ、迫害されたのである。

結局のところ、初期のキリスト教徒たちの大部分は、弟子たちの前でのキリストの最後の晩餐がきわめて重大な出来事であるということを知っていたので、食に対してはポジティヴな態度を取った。ワインが最後の晩餐のなかにあったので、ワインは、サクラメントないしは聖餐として知られる特別の儀式において、高い地位を与えられた。そして、ともに食事をするということが、初期のキリスト教の礼拝において象徴的な慣習となった。

かつてキリストを知っていた人たちが教会の最初の指導者になった。もちろんかれらはユダヤ教徒であった。昔は漁師であったペテロは、キリストの死後は長老格の弟子となった。そして、ローマでの最初の教会を指導したと言われている。最後は現地生まれのイタリア人が先頭に立つことになって、ネロのキリスト教迫害後まもなく、現地トスカーナの生まれといわれるリヌスが、ローマの司教、つまり教皇となった。

ローマ自体においても、またローマ帝国の遠方の都市においても、時にはユダヤ教徒が混じった群集が、キリスト教徒に対して暴動を起こした。犠牲者が増えていった。ローマ帝国内のどのような都市や大きな町においても、キリスト教徒が住民の多数を占めることはまれであったから、かれらは他人から与えられる寛容に依存して生活することになった。もしかれらがもう少し独断的でなかったら、もっと寛容に扱われていたことであろう。かれらは、しだいに自らを神格化したがったローマ皇帝に対して、時どき十分な忠誠を誓わないことがあったのである。

紀元三〇〇年までに、キリスト教は、何百人もの靴屋のつくる靴のように、多様な形をとるようになった。拡大するキリスト教会は地方ごとに信仰や儀礼を異にするようになった。小アジアの信徒団からイタリアへ移って来た商人とその妻がいたとしたら、二人は新しい牧師のおこなう儀礼や神学の説き方に目を丸くしたことであろう。

日曜日・塩・経典——キリスト教の形態

今日のキリスト教の諸形態、儀式、聖日などはゆっくりとできてきた。最初、日曜日はかならずしも主の日ではなかった。ユダヤ人たちは土曜日を自分たちの日として祝っていて、当初キリスト教徒たちも土曜日を週の真ん中の日として祝う傾向があった。はじめて日曜日に名誉ある地位を与えたのは、聖パウロであって、これをキリストの復活の日としたのである。そしてコンスタンティヌス帝がキリスト教徒になり、ローマ帝国をかれの信仰に従わせようとしたとき、三二一年に法律を出して、日曜日を都市における礼拝の日と布告したのであった。ただし、農村部ではそうではなかった。そこでは、どういう日であれ、牛や羊の搾乳をしなければならず、収穫物は運び込まれなければならず、土地を耕さなければならなかったからである。

まもなく、イースター（復活祭）がキリスト教の暦において特別な時となった。だが、その正確な日付は、選択が難しかった。当初キリスト教世界の中心部であった小アジアの沿岸部では、初めはイースターの日は日曜日にはあたっていなかった。神学者たちは長年にわたって、イースターをいつにするのが理想的なのかという議論をした。かれらの議論は三八七年に激しくなった。その年、ガリア地方では、イースター・サンデーが三月一八日に祝われた。イタリアでは、それはちょうど一か月後に祝われた。そして、アレクサンドリアでは、それはさらに遅くて、四月二五日に祝われたのである。また、七世紀には、イングランドのある地方では、他の地方でイースターが祝われるまさにその日にパーム・サンデー（棕櫚《しゅろ》の聖日）が祝われていた。キリスト教世界の一体性はあぶなっかしいことが多々あったのである。

キリスト教の暦のなかの特別な日とされるものの多くは、後になって決まったのである。当初、地中海沿岸の教会は、何世紀ものあいだ、キリストの生誕を祝うことはなかった。結局のところ、キリスト教徒は、北半球で昼が最も短い日を祝うために、長いあいだ民衆が別置きにしていた民衆的祝祭日を、賢くも占領してしまったのである。そこで、ローマではこうなった。従来、一二月一七日が農神祭として知られる前キリスト教的お祭り騒ぎの日であった。だが、この歓楽の日はキリスト教によってついに否定され、一二月二五日に移された。ところがこの日は、キリストの誕生日と宣言されたのだった。ローマはこのようにして現在のクリスマスの日を祝うことを確定したのだが、エルサレムのキリスト教徒はこの日ではなく、一月六日に固執したのだった。

キリストの誕生日と同じように、キリストの母であるマリアのための特別な日も、キリスト教の暦のなかに位置づけられるのは遅かった。四三一年に開かれたエフェソス公会議が、マリアに名誉ある役割を与え、それ以降、かの女自身の日である三月二五日が、しだいにレディ・デイ（訳注：お告げの祝日）として知られるようになった。マリア崇拝が進むにつれて、かの女自身の母であるアンナないしはハンナについても、副次的崇拝が発展し、ついには、イタリアのナポリ市では「聖アンナの受胎」と呼ばれる日が、祝われることになった。マリアは、数百年のあいだ、西方教会よりもむしろ東方教会において、大きな崇拝を集めることになった。

キリスト教は、新たなものを始めた一方他から借用もしたのであって、特に、ローマのひとびととの日常生活からその儀礼のいくつかをじょじょに採用したのだった。たとえば、ローマでは子供が誕生して八日目になると、その小さな唇にほんの少しの塩を載せる習慣があった。それは子供に害をなすかもしれない悪魔を塩が追い払ってくれると信じられていたからである。初期のキリスト教会は、このローマの慣習をまねて、新たな信徒に洗礼を施すとき、少量の塩に祝福を与えて、それを授洗者に授けていたのだった。これはキリストの教えにそったことでもあった。というのは、キリストは、貧しいひとびとがどんなに塩を節約して使っているかを知っていて、塩を貴重なもの、希少なもののシンボルとして選んだからである。キリストは山へ入るとき、弟子たちに「汝らは地の塩である」と言ったのだった。

大勢のキリスト教徒が集まる場所の多くでは、かれらは仲間同士で派手な討論を戦わせた。かれらが議論をしたのは、かれらがローマ帝国のいろいろな地方からやってきていたからである。またかれらが議論をしたのは、キリストがときどき比喩的に語っていて、言いたいことを十分に明確にせず、そのため、間接的にかれのメッセージを聞いた人に分かりにくかったからである。かれらが議論したのは、キリストの死後、かれらが依拠したのが、キリストの教えを書き遺し、同じ訓戒や奇蹟について相互に違った説明をしたひとびとだったからである。そして、時には、かれらはキリストの言葉に自分たち自身が読み込みたいものを読んだためにも、議論することがあった。それにもかかわらず、団結の糸は間違いなく存在した。旅をするひとびとは、普通、故郷から遠く離れたところにきても、そこの教会に入ると、少なくとも精神的には、故郷に帰った気分になるのだった。

少なくとも四世紀のあいだ、キリスト教というのは、溶鉱炉からさまざまな鋳型に注ぎ込まれた熱い金属液のようなものであった。ときには、溶鉱炉が爆発しそうになり、ときには火が消えそうになった。ときどき溶鉱炉が改造され、何回もそれが拡大された。鋳型は何回も変更された。だから、もし初期のキリスト信者たちが生き返って来たとしても、かれらがつくり上げるのに助力した信仰や儀礼の多くは、まったく変わってしまっていたことであろう。かれらはまた、もうひとつの事実にも戸惑ったことであろう。つまり、かれらの眼にはものすごく差し迫って見え、かれらが深い信仰を持つようになった緊急の動機である世界の終末が、まだ先の未来にあるという事実である。

この間に、ローマは広大な帝国の中心ではなくなっていた。帝国の軍隊と有名な将軍の輩出によって、権力の中心としてのローマの古い諸制度は乗り越えられつつあった。さらに、ローマはあまりにも帝国の西部に位置しすぎていた。帝国の実際の富と人口の重心は地中海の東の端にあったのである。それゆえ、二八五年には、帝国は行政的な都合から二分割された。ミラノから支配される西帝国と、ニコメディア市から支配される東の中心的帝国である。ニコメディアというのは、現在のイスタンブル市から一〇〇キロメートル東にあり、マルマラ海に面した都市であり、まもなく壮大な建築物が立ち並ぶことになる。

歴史においては、多くの決定的な出来事は、事件の下に横たわる諸勢力や運動や諸要素によって形作られるものである。だが、時には、たった一人の人間が世界の方向をほとんど変えてしまうこともある。一人の少年がこのニコメディアの町の最も盛んな時期に、ここに住んでいた。その頃、ここには大勢の石工たちがほとんどひしめき合っていたものである。その少年が、実に偉大な事件を形作ることになった。コンスタンティヌスは、軍の将校の息子であった。父は順調に出世して、帝国の西半分の皇帝になった。このコンスタンティヌス皇帝が三〇六年にイングランドのヨークでの戦いで戦死したとき、ほとんど二〇代になったかならないかのその息子が、軍によってその父の後継者として迎えられた。このコンスタンティヌスは、優れた将軍となった。多くの人が驚いたことに、かれはキリスト教に非常に強い共感を懐いていた。その後六年して、かれはフランスにおいてキリスト教に改宗した。こののち、かれは戦役には必ず移動式の礼拝堂を持ち歩いた。それは召使たちが手早くテントのなかに設置できるもので、一瞬のうちにかれやその同志たちのために礼拝式を執りおこなうことを可能にするものであった。

コンスタンティヌスは、キリスト教は本来的に自分の味方にふさわしいと信じていた。キリスト教は国家を乗っ取ろうとはしない。長いあいだ地味な役割を演ずることに慣れてきていたからである。国際的な考えをするから、ユダヤ教の場合にときどき見られるような熱烈な民族的傾向を示すこともない。それは多人種的な帝国にぴったり適合する。キリスト教は、すべてのひとびとを平等に扱うから、ギリシア人、ユダヤ人、ペルシア人、スラヴ人、ドイツ人、イベリア人、ローマ人、エジプト人その他多くのひとびとからなる帝国によく適しているように見えた。その唯一の欠点は、必ずしも皇帝と皇帝の神性に敬意を払わないことである。しかし、いったんコンスタンティヌスが皇帝になれば、その欠点も自動的に消え去るであろう、と考えられた。

キリスト教の歴史において、キリストの架刑以降に起きたいろいろな出来事をとってみても、若きコンスタンティヌス帝の身にこの三一二年に起きた心の変化ほど重要なものはなかった。かれはキリスト教徒に市民的寛容を与えたのである。かれらから奪われていた繁栄を復活させた。帝は母とともに壮大な教会を建築しはじめた。そのなかには遠くエルサレムに建てられたものもあった。

この時期まで、キリスト教徒は、広大なローマ帝国の人口で見て、おそらく一二人に一人を超えることはなかったであろう。しかし、いまや、突然皇帝に並ぶ特権的な地位を与えられたので、キリスト教徒の数は急に増加した。帝国のなかで、日曜日にキリスト教会に行く人の数が、土曜日にシナゴーグに行く人の数を初めて超えたのだった。かつてはキリスト教徒をあざ笑っていた都市住民も、この新たな宗教的雰囲気のなかでは、キリスト教会に行っているほうが、世俗の利益や昇進を得られるのではないかと考えるようになった。

これに対して、シナゴーグのほうは、かつてはローマの支配層からひいきにされることもあったのに、いまや軽蔑されるようになった。一世紀もしないうちに、ユダヤ人は改宗しない限り、キリスト教徒と結婚する権利を失ってしまった。かれらは軍役に就く権利もなくした。ユダヤ教に改宗するものもいなくなった。あちこちで群衆がシナゴーグを破壊した。キリスト教の名親であったユダヤ教は、事実上、違法なものと宣言された。以前は、いくらかの都市のなかにはキリスト教徒に危害を加え、ローマの権力をキリスト教徒に向けさせるユダヤ人もいた。だがいまや、靴で蹴るほうは逆になり、しかももっと頻繁に、もっと荒々しく蹴られるようになったのだった。

コンスタンティヌスは正統なキリスト教徒であったとはとても言えない。かれは自分自身の息子を殺すように計らったのだから。しかし、かれは神が自分の側にいるという信念を棄てることはなかった。かれの目からすれば、たったひとつの宗教しかなかった。そして、それに帰依しないものは帝国への脅威であった。こうしてかれはますます信仰熱を燃やしたのである。

コンスタンティヌスは三三七年に死んだ。そして、かれが計画した出来立てのコンスタンチノープル市に埋葬された。都市ローマの盛期ははっきりと過ぎていて、この東方の新しい都市が優勢になっていた。

東にせよ西にせよ、どちらの帝国も完全な支配力を持ってはいなかった。ステップ地方からやってくる戦士たちがしだいに勝利をおさめるようになった。三七〇年に、おそらくはトルコ語系であったと思われるフン族が、まずウクライナのドン川に到来した。その後一八年してかれらは地中海に近いところにキャンプを張った。ローマは、絶えず変化する「バルバロイ」の攻撃には慣れていて、長年かれらに対して勝利を収めてきていた。だが、今回は、かれらを追い返すことができなかった。これまで以上に遠い内陸からやって来た敵は、なんなくイタリアに入り、ローマにまで接近して来た。そしてローマは四一〇年と四五五年に半壊されてしまった。長いあいだ移住者のメッカであったローマから、ひとびとが逃げ出した。こうしてローマは着実に衰退していった。

たしかにローマの文明は強力であった。だが、どの程度強力であったのだろうか。それはギリシアから多くのものを継承しただけであり、ギリシアほど想像力に富んではいなかった。ローマ人はギリシア人よりも戦争の技術に長けていた。また、文明の最初の重要な要素である法律と秩序を強要する点でも、成功を収めていた。ローマは広大な自由貿易圏ないしは共同市場を打ち立て、そして人類の戦争史から見ると、長い時期にわたって、その領域に相対的な平和を維持した。ローマ人は今日なおローマ法と言われているものを形作った。それは、ヨーロッパと南アメリカの大部分のひとびとによって採用される法体系となったのである。ローマ人は、それまでの時代において最も技術に優れていて、都市に安全な水を供給する感動的な水道橋をつくり、何世紀にもわたって残る街道を建設したのだった。

ローマ人は、素晴らしい文学も残した。かれらはラテン語を伝え、それは二〇〇〇年頃までヨーロッパで広く使われる言語となった。二〇世紀の初めにおいてもラテン語は世界中の主なキリスト教宗派において、お祈りと典礼の言語であった。さらにラテン語は、ロマンス語を通じていまなお生きており、人に感動を与えているが、それは、ローマ人のまったく知らなかった中米や南米において支配的なのである。東欧においても、ルーマニア語はラテン語を基礎にした文法を用いている。だが、なによりも、ローマ史の最後の局面はキリスト教に公的な祝福を与えた。ここにこそ、世界中のどの大宗教にもない強力な発射台があったのである。

ローマ帝国は結局のところなぜ衰退したのか。これは歴史のなかの魅力的な問題のひとつであり、いくつもの答えの余地がある。それは、ローマ自体における鉛毒説や農村部での土壌疲弊から、キリスト教の台頭にいたるまで、さまざまである。フン族やその他の侵略者たちはもちろん重要であったが、かれらが勝利したのは、相手が弱かったせいでもあった。帝国はだいたいにおいて内部から衰退していたのである。だが、だれが見てもこれよりも重要な問題——そして同じほどつかまえにくい問題——は、なぜ帝国がこんなに長く続いたのかということである。台頭し衰退するのは、人間の諸組織の普通のパターンである。頂点に止まるよりも、上昇するほうが容易なのである。

ローマは紀元前二〇〇年までには地中海沿岸の最も強力な国家になりつつあったわけで、それが五世紀以上後もなお西洋の支配的文明であり続けるということは、驚くべきことであった。その支配の期間の長さは、それを現代の時間に置き換えてみればもっとよくわかる。それは、コロンブスの盛期にヨーロッパ全体を支配し、ブッシュやカストロの支配期になお栄えているような国に相当するのである。

ライバル——カトリックと正教

昔のビザンツ帝国の諸都市のなかから、コンスタンチノープルが新たに台頭してきた。キリスト以前八世紀にギリシアの植民者によってつくられたこの古い町は、ときには敵によって占領され、ときには掠奪されてきた。しかし、それは常に再建されてきたのだった。それは両岸を海に洗われる素晴らしい三角地に立地していた。重要な通商路と黒海への唯一の出入り口を押さえているため、その地位は象徴的であるとともに戦略的でもあった。というのは、それはヨーロッパのまさに端にあるとともに、ちょっと船で漕げばアジアにいたる場所にあったからである。

この新しい都市の生活と建築の空間を広げるために、旧来の壁からいくらか離れたところに外側の壁が築かれた。しかし、のちにはこの壁の外辺部はさらに外へと押し広げられた。それほどこの都市の成長は速かったのである。厚い壁が必要であった。六〇〇年から一一〇〇年にいたる時期に九回もこの都市は包囲されることになるからである。そのあいだに、コンスタンチノープルは西洋世界の驚異となるのであった。当時これより大きな都市を有していたのは、中国だけであった。

コンスタンチノープルは、キリスト教会に突出した立地を与えるように意図された最初の都市であった。まもなく多数の教会ができた。この都市にやってくるひとびとは、特に、世界で最も高貴な建物のひとつであるハギア・ソフィアつまり「神の知恵」においてお祈りすることを望んだ。そのドームは五五九年の地震ののち再建された。だがこの教会は、ほぼ一〇〇〇年後にはミナレットを持つモスクに改築されることになった。

この新しい都市で、主教ないしは総主教が叙任され、まもなくその総主教の宗教上のステイタスはローマの教皇に匹敵するようになった。コンスタンチノープルがローマ皇帝の宮殿を持っていたので、そのことが総主教の地位を高めたのである。言語においても、西方教会と東方教会とは違っていた。東方教会の言語はギリシア語であり、西方教会ではラテン語であった。ローマとコンスタンチノープルは、海が荒れていたり風向きが悪いときには航海するのに一か月もかかったので、いつも接触があるわけではなかった。さらに、いまやコンスタンチノープルは五〇万人以上の人口を有していたが、侵入してくるバルバロイに翻弄されていたローマは、しだいに衰えて、その一〇分の一ほどの人口でしかなかった。

数世紀のあいだに、西方教会と東方教会、つまりカトリックと正教は、その組織だけではなく神学においても別々の道を歩んだ。そして、カトリックは、そのライバルとは違って、煉獄を信じた。それは、天国にいたる中間の場所で、死罪に値する者が、功徳を得るとともに罰をも受けるとされるところである。一方、正教の教会の場合、俗人と聖職者のあいだの区別はカトリック教会の場合ほど厳しくはなく、さらに既婚者も聖職者に任じられることができた。正教の場合、集会において俗人が説教をすることもできたが、カトリックはそのような特権は認めていなかった。こういう意味では、正教会はやがて北ヨーロッパに登場するプロテスタントによく似ていた。

こうして、キリスト教は、じょじょにその一体性を失った。だが、長い目で見れば、この多様性はむしろその力のひとつであった。キリスト教は順応力があった。理解が容易で、さまざまな文化に順応したので、キリスト教は何億のひとびとに希望を――ときには恐怖を――与えた。だが、その新たなライバルであるイスラム教も同じような資質を示すことになるのであった。

第11章　新月旗――イスラム教の登場

イスラム教は謎に満ちていることが多い。西洋はイスラム教の起源を神秘性のなかに曇らせてしまう。西洋では、イスラム教は、ラクダと遊牧民の地から出てきたものであるから、テント以上に大きなものは見たことがないような単純なひとびとの観念を映しているのだと考えられている。だが、実際にはイスラム教は砂漠から出たというよりも、むしろ壁に囲まれた都市から出たものである。それはまた、牛飼いや羊飼いから出たというよりも、外部の世界と一週間ごとに接触のあった商人から出たものである。それは、内陸の風の強い赤砂と乾燥して人里離れたところから出たものというよりも、むしろでこぼこした痩せた山の陰にあってしかも海に近い都市から、あるいは、灌漑されたオアシス群の真ん中にある都市から出たものである。アラビアの都市のなかには繁栄した港もあり、アラブ人のなかには海洋船を操縦するものもたくさんいた。かれらは、ラクダの隊商を誘導するのと同じように楽々と船を動かし、インドや東アフリカと船で通商し、小アジアとは陸上で通商したのであった。

イスラム教の誕生の地となったメッカは、紅海から六〇キロメートルちょっとのところにあった。それは長距離交易に依存していた。というのは、それが、アラビア半島南西の肥沃な地域から砂漠を経て地中海にいたる陸上ルートの上にあったからである。荷物を運ぶラクダ隊によって維持されていたこのルートは、遠くはなれたインドとイタリアを結ぶ陸上通商路のひとつにおける、重要な一拠点であった。アラビア半島南部の交易品には、ミルラ（没薬《もつやく》）と乳香という高価なものがあった。それらは、香や、香水や、防腐保存液や、ユダヤ教の聖職者が使う塗油に用いられるものであった。幼いイエスに贈られた没薬や乳香という高価な贈り物が、実際に、イスラム教誕生の地メッカを通るこの砂漠の通商ルートを経て運ばれたとしても、それはおかしくはないのである。この陸路は、イスラム教が樹立される前には、たぶんペルシアとビザンツ帝国の長い戦争のあいだに使われる安全な振り替えルートとして、繁栄していたのである。

イスラム教の創始者であるムハンマドは、五七〇年（訳注：頃）にメッカに生まれたが、若くして両親を亡くした。砂漠の船乗りであったアラブ人は、遠くの都市において取引をするラクダのキャラヴァンに付けて子供や若者を見習いとして送り出すことがあったが、ムハンマドもそういうキャラヴァンに入って出かけた。夜になるとこのみなしごは、輝く夜の空にあるたくさんの星を見分けることを覚え、砂漠の端に月が昇る時刻を知るすべを学んだ。この新しい月こそかれの信仰のシンボルとなるのである。

ムハンマドはとても聡明で、かれの雇い人である一人の豊かな未亡人に強い印象を与えた。二人は結婚した。かの女が四〇歳、かれが二五歳であった。かの女はかれとのあいだに二人の男子と四人の女子をもうけたが、二人の男子は幼くして亡くなった。よく考えてみるとおかしなことではあるが、女性の服従を説く点でユニークな宗教の創始者が、これほど一人の女性の恩恵を受けていたのである。ムハンマドは敵に攻撃されていた時期、かの女の財政的支援なしにはおそらく新しい宗教を開始することはできなかったであろう。

ムハンマドは、商人としてまた案内人として遠くの都市まで旅行した。そこでかれは自分の外の世界についての観念を多く養った。かれはユダヤ教やキリスト教からいろいろな観念を吸収した。もちろんそれは深く学んだというよりも、多くは浅い学び方であったが。六一〇年にかれは強烈な宗教的覚醒を経験した。そしてそのとき、神は一人しかいないというメッセージを受け取った。これはかれの周囲の部族的宗教によっては受け入れられない考えであった。

ムハンマドは、自分が神の精神によって満たされていると感じた。かれは自分の考えを熱情をもって説いた。実際かれの話は非常に説得力があった。かれは同時に敵もつくった。特にメッカの聖なる黒石を偶像化する多神教の巡礼者たちを批判したとき、かれは確実に敵をつくったのだった。メッカは巡礼の都市であるとともに通商の都市でもあって、その経済生活は宗教的ツーリズムと通商に依存していた。巡礼にやって来た人の多くは、そこに数日滞在して取引をしたのである。ムハンマドが偶像崇拝と黒石崇拝を批判するということは、今日で言えば、ヴェネツィアの市長が旅行者にむかって来るなというのと同じであった。

ムハンマドはメッカではあまり見込みがないことを悟った。そこで、六二二年、周到な計画ののち、沿岸の山脈と乾燥した川床を越えて、メディナへ逃れた。メディナはメッカの北四〇〇キロメートル弱にある町で、ナツメヤシの大きなオアシスと灌漑穀物畑の真ん中にあった。ここがかれの本拠地となった。かれがここに到着した六二二年九月二四日は、新しいイスラム暦の始まりの日になった。かれはメディナで聖俗の支配者となった。初期のキリスト教徒は、何世代もマイノリティであって政治権力を持っていなかったのに対し、イスラム教は、その選ばれた都市や地域において支配的な宗教となり、さらにはすべての権力の所有者になったのである。

聖　戦

ムハンマドは直ちにメッカの支配的商人たちに対して宣戦した。かれらの豊かな品々を積んだラクダ隊がメディナの近くを通って遠方の都市へ行き来するのを襲撃するために、かれは軍隊を繰り出した。六二六年にかれは一〇〇〇頭のラクダからなると言われるキャラヴァンを攻撃する計画を立てた。メッカはこの計画を知って、より優勢な軍勢を振り当てたが、驚くべき敗北を喫した。メディナよりも大きくて豊かな都市であったメッカは、メディナを打ち負かしたはずなのである。しかし、ムハンマドは優れた戦略家で、かれの多くの軍隊が熱狂的であったうえ、かれはキリスト教徒を含む遊牧部族と同盟を結んで、その軍事力を強化したのであった。そして、六三〇年にかれはメッカをいとも簡単に占領してしまったのだった。

ムハンマドの信条は迅速かつ正確に具体化された。その規則は単純であった。信者はメッカに向かって日に五回お祈りをしなければならなかった。礼拝堂で祈禱を呼びかける最初の人は黒人でなければならなかった。聖日は金曜日であった。これは土曜日に礼拝するユダヤ教徒や、日曜日に礼拝するキリスト教徒と、イスラム教徒が違うところであった。信心深いイスラム教徒は一生のうちに一度はメッカに巡礼すべきであった。信者は貧しいものに快く与えるべきであった。かれらは太陰月（訳注：ラマダーン月）には日の出から日没まで断食しなければならなかった。断食という規則はいまでは厳しいものに見えるが、当時はほとんどのキリスト教徒もイースターまでの季節のうち四〇日間を断食していたのである。これ以外のイスラムの規則は、信者を道徳的危険から守るのであった。そのなかでは女性のほうが男性よりもよりしっかりと守られていた。婦人は公衆の前では、顔が見られないようにヴェールをかぶった。他方、豊かな男性は四人の妻を娶《めと》ることができた。ムハンマド自身、晩年にはマリアという内妻と同衾していた。

イスラム教は、たぶん世界の五大宗教のどれよりも強く、それに先立つ古代宗教の要素を保持していたと言えるだろう。それは、宇宙と星に対する脅威の念を保持していた。実際、イスラム教においては他の

どの大宗教よりも月が明確な役割を演じていた。三日月はしばしばイスラム教のシンボルとなり、いまで

も多くのイスラム国家の旗にはそれが登場している。イスラムの暦は太陽よりもむしろ月に基づいていた。

だからラマダーンの祝祭はどんどん移動し、太陽暦上の同じ月の内に長く留まることはない。たぶん月は

砂漠のなかやその近くに住んでいたひとびとの空想の世界で特別の地位を占めていたのでもあろう。夜に

なると、月はほとんど雲に覆われることはなく、通常の夜には、月は夜の空における中心的な見もので

あった。

　ムハンマドの説教は『コーラン（クルアーン）』というひとつの本にまとめられた。それはアラビア語で

書かれていた。詩的でしばしば霊感的で、単純明快であったコーランは、新しい宗教の聖書となった。そ

れはユダヤ教の『旧約聖書』よりもずっと短く、キリスト教の『新約聖書』よりも少しだけ短く、全部で

七万八〇〇〇語ほどのものであった。それは、真の信者は天の至福によって待ち受けられるのだというこ

とを、鮮やかに描いていた。

　ムハンマドが六三〇年にメッカを占領したとき、かれはまだ長いあいだ分裂していたアラビアを統一し

始めたばかりであった。かれはその二年後に死去し、メディナに葬られた。かれの墓の上にモスクが建て

られ、そこはメッカに次ぐ第二の巡礼地となった。

　ムハンマドは、まわりの国々においてはまだ救世主とはみなされていなかった。だが、かれの軍隊は本

国をはるかに離れたところでも勝利を重ね始めた。初期の勝利は反響が大きかった。外国の敵も、国内の

敵と同じように簡単に屈し始めた。ダマスカス市は六三五年に、エルサレムは翌年に占領された。キリス

ト教徒の多くは、エルサレムが新たな好戦的宗教に奪われても、それは一時的だろうと考えていた。しか

し、キリスト教徒にとってのこの聖地は、この後の一三〇〇年のうちの一一〇〇年間ほどにわたって、イ

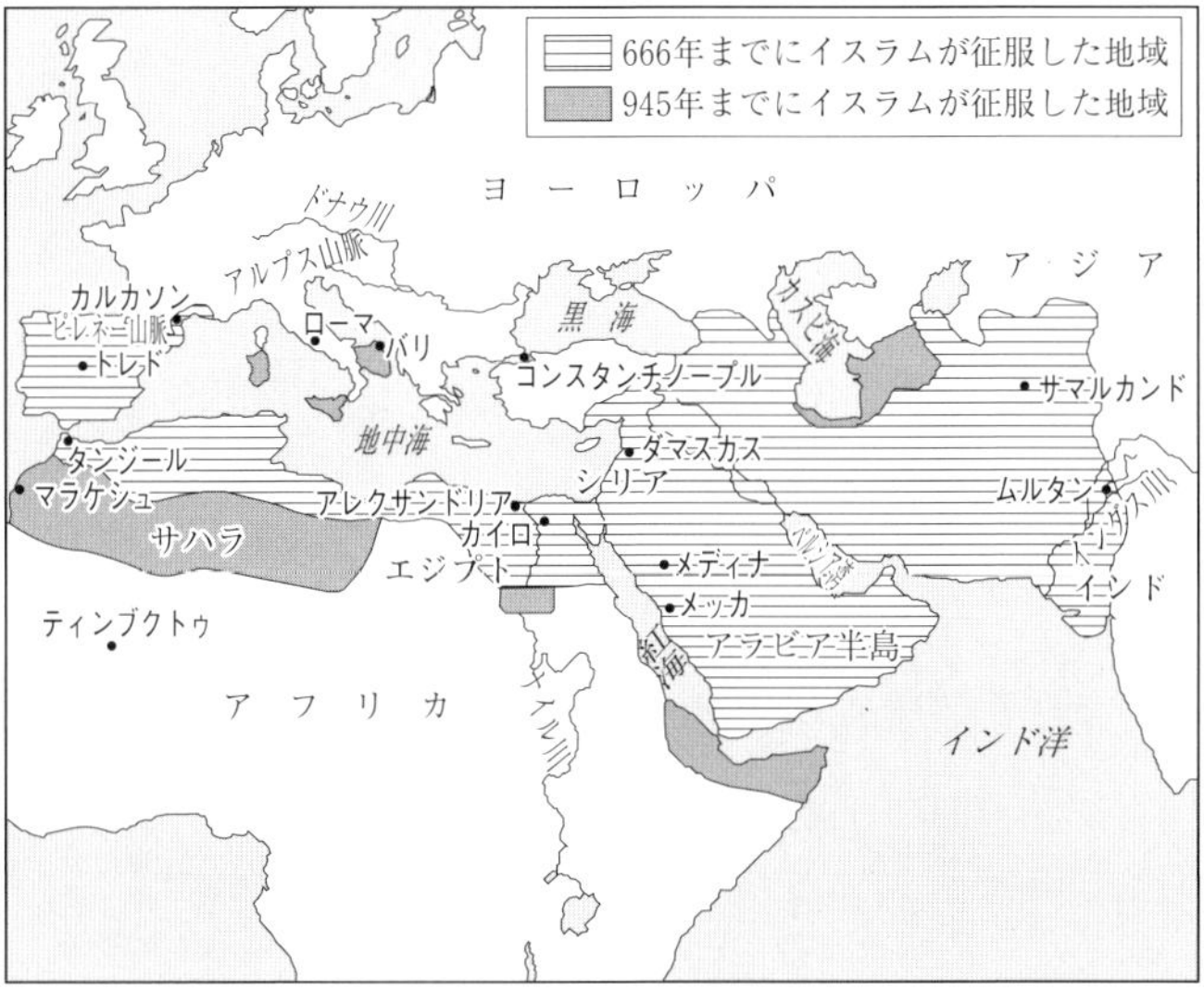

イスラムの征服

スラム教徒に占領されることになった。

ムハンマドの死後二〇年もしないうちに、かれの宗教と軍隊は、東はアフガニスタンの端から、西はトリポリまでを支配することになった。約五〇〇〇キロメートルにわたる距離である。大きな祈りの声は、地中海、黒海、カスピ海、ペルシア湾、紅海の沿岸で聞かれることになった。イスラム教の矛先はあらゆる方向を探り続けた。それは間もなく大西洋への出口であるジブラルタル海峡に達した。東のほうでは、インド洋にそそぐインダス川の河口に達した。現在のパキスタンにあるムルタンの町々や中央アジアのサマルカンドは七一二年に占領された。そして翌年には、ずっと西のほうで、スペインのセビーリャがイスラム教徒によって落とされた。

九世紀には、地中海の大きな島はほとんどすべてイスラムの要塞になった。シチリアやサルデーニャ、マルタやクレタなどでさえそうであった。しばらくのあいだはフランスの南岸やイタリアの南端もイスラム化した。アフリカではサハラ砂漠深くまでイスラムは進攻した。さらに中国の西部国境もイスラムが掌握したようだ。一〇世紀の末には、イスラムのメッセージはインド内部にも浸透し、ついには北西部やガンジス渓谷の地平線にもモスクがあちこちに見られるようになった。ただし、南部ではまれであった。イスラム教がインドネシアの島々やマレー半島に広がるのは遅かった。一二〇〇年には、最終的にどうなるかということ、つまり、インドネシアが世界で最もイスラム教人口の多い国になるということは、だれも予言はできなかった。

ほとんど連続して勝利が続くなかで、イスラム教世界の中心が、破滅的な打撃を受けた。九三〇年にメッカに信者ではない連中が侵入し、黒い聖石をバーレーンに持ち去ってしまったのである。石はそこに数世紀のあいだ捕囚されることになった。

イスラム教世界は、ローマ帝国のパターンに倣った中央集権的な帝国ではなかった。しかし、その信者はどこにおいても同じ神を崇拝し、同じ書を崇敬した。さらに、アラビア語が統一的な言語であった。ちょうどローマ帝国の大部分においてラテン語ないしはギリシア語がそうであったのと同じである。当時のコミュニケーションや軍事力を考えると、イスラム教の帝国はひとつの中心的都市から支配するにはあまりにも広大であった。しかし、それがつくられたということはとてつもない事業で、その背景から考えると、二〇世紀前半の共産主義の驚異的広がりでさえ、小さなものに見えるほどである。

アフリカへの進出

イスラム教は、アフリカに浸透することによって、ローマ帝国の外辺を越えて広がることになった。それは、預言者自身がまだ生きているあいだに、たちまち紅海を渡ってアラビアの対岸に広がった。同時にそれはヌビアのキリスト教王国にいたり、それを支配こそしなかったが、そこに浸透した。ヌビアはナイル川の両岸を領土にしていたから、これは重要であった。すでに八世紀には東アフリカの諸港では、小さなモスクからの祈りの声が響いていた。サハラ砂漠の、乾燥した地域が長く伸びて大西洋にいたるところでは、八世紀に最初のイスラム教徒の商人がやってきていた。コーランは、アフリカでは、主に説得と実例によって広がった。諸港や内陸の商業都市の大部分では、その最初の改宗者は住民のごく一部でしかなかった。

ラクダの群れを持ち、キャンプを移動させている砂漠の民は、肥沃な土地の農民よりも強く新しい宗教に共感した。砂漠の遊牧民は、この宗教がたんに自分たちの生活に新しい意味を与えてくれるだけでなく、かれらの放浪生活のやりかたにぴったりと合致することがわかった。イスラム教においては、ある集団は必ずしも恒久的なモスクを持って、金曜日の礼拝をする必要はなかった。また、葬儀に際して聖職者を招く必要もなかった。放浪する民にとって、聖職者も教会も必要としない宗教はきわめて実用的であった。

新しい宗教と新しい生活様式の伝播は、見知らぬ言語によってなされた。アラビア語がイスラム教の唯一の礼拝語であった。改宗者はコーランの重要な節を暗記した。それを熱心に繰り返すあいだにそれをできるだけ理解するのだった。この宗教は食べ物に新しいタブーをもってきた。豚の丸焼きを記念の食物と認めていたアフリカの村々も、まもなくこの喜びを放棄した。そしてまた、自家製のビールを楽しみにしていた村々も、それを永遠にやめてしまった。イスラム教とともに、多数の商業的接触が訪れた。イスラム商人、はるかに離れたモンバサや広東やティンブクトゥにおいて、野外の市場で商売をしたのである。

イスラム教はすべてのひとびとの親族関係を賛美した。しかしその考えは奴隷には完全には及ばなかった。イスラムの商人は女性や男性の奴隷を、販売する地点までの長い旅行に同伴した。ただし、かれらは同じイスラム教徒の人間を奴隷にすることはなかった。数世紀後にアメリカ大陸へ搬送された奴隷の多くは、イスラム教が長いあいだ影響力を持っていた土地から来たひとびとであったが、熱心なイスラム教徒である者は比較的少なかったのである。そういうわけで、イスラム教はアメリカ大陸のプランテーションではしっかりと根づくことはなく、キリスト教が広がる余地が残ったのである。

第12章　野生の雁が山を越える——三大宗教の拡大

中国は、宗教を輸出するよりも、むしろそれを大いに輸入した国であった。新しい宗教がつぎつぎとシルクロードを経てアジアを横切った。それは、絹とは逆の方向であった。世界史のなかで、あるひとつの道が同じ方向へつぎつぎと新しい宗教の伝道者たちの長い行列を運んだという例はまれである。まずは、シリアの修道士や伝道者たちが、ネストリウス派として知られるキリスト教の一派を東方へ運んだ。シルクロードの終着である中国の都市西安には、六三五年にネストリウス派のキリスト教の宣教師が中国に着いたことを記録したきれいな石版が存在する。

ユダヤ商人もこの草原の道を旅して、中国の都市開封にかれら自身のシナゴーグを建てた。それは一一六三年においても栄えていたというから、西部中国のキリスト教会が消滅したはるか後のことであった。それはその後の五〇〇年のあいだに四回も改築された。その頃までには、もともと少数であったユダヤ教徒は、『旧約聖書』にあのように生き生きと描かれていた故地からは、人的つながりをすべて失っていたにちがいない。

そして、イスラム教がシルクロードをキャラヴァンや軍隊とともにやって来た。七〇〇年代初めまでには、シルクロードの半分はイスラム教徒の支配下に入っていた。この頃、タシケントの城壁都市でさえ、イスラム教徒の要塞になっていた。イスラム教徒のなかにはキャラヴァンに加わって、中国西部にまで来ている者がいて、かれらは、キリスト教徒やユダヤ教徒や雑多なペルシア系宗派よりも上手に、改宗者を獲得していた。

これらの宗教よりも中国に深く浸透したのは、インドから出た仏教であった。少数の者は、ガンジス川とイラワジ川の渓谷を遡って、高い山を越え、歩いて中国国境にいたった。ほかには、ひょっとしたら海路で中国へ行った者もいたかもしれない。だが、多くは北インドを徒歩で進み、ヒンドゥー・クシ山脈を標高四〇〇〇メートルのところの峠で越えて、バクトリアにいたり、そこでシルクロードに合流したのだった。

当初、仏教は劇的に広がりはしなかった。仏教は長らくインドとスリランカに限られていた。だが、仏陀の死後数世紀が過ぎて、インドの北西部において仏教が再生した。それは大乗仏教として知られる仏教の派で、国外で広げやすく、仏教に伝道的アピールを与えるものであった。それは、仏陀に帰依することによって救済が得られるとして、庶民の期待をふくらませた。

仏教は、若いキリスト教が小アジアに広がり始める時期まで、東アジアを越えることはなかった。実際、最初にキリスト教徒がインドにやって来たのは、最初に仏教徒が中国の河港に行ったのとほぼ同じ頃だったのではなかろうか。紀元六五年までには、仏教は中国においてわずかな足場を確保しただけであった。仏教は、当時支配的であった儒教とあまりにもその態度が違っていたし、人間が死後に他の肉体に化身することを信ずるという点でもあまりに革命的であったので、仏教と儒教とは共存がありえないように見えた。しかし、仏教は原則として儒教や道教と並んで静かに座っているだけであった。その後三世紀のあいだ、何百万人の中国人は、仏教によって教えられる戒律も、儒教や民衆的な道教によって教えられる戒律もともに快く受け入れていた。まるで仏教は中国の宗教的スーパーマーケットにおいて、新たに追加された一部門でしかないようであった。

インドにおける初期の仏教は、山を動かそうとは望まず、だいたいにおいて山の存在を受け入れていた。だが、中国に来た新たな仏教宗派は、もっと積極的であった。中国の仏僧はその新しいお寺において奴隷を使っていた。奴隷は森林を伐採したり、新たに土地を開拓するのに使われた。実際、奴隷制はインドと同様中国においても認められた制度であった。また、僧侶たちが村人たちに読み書きの初歩を教えようとしたり、質屋や銀行として活動しようとしたので、多くの地域で社会的・経済的生活が変化した。

仏教は経済的エネルギーを生みだしただけではなく、瞑想と神秘主義をも鼓舞した。中国人の自然詩人が登場した。宋代の謝霊運は貴族出身の道楽者で官吏であったが、四二二年に事実上追放されて、南京から五〇〇キロほどの田舎にある自分の荘園に隠棲した。そこは川によって周囲をほとんど囲まれた荘園であった。仏教徒であったかれは、いまや神学の諸問題を熟考する時間がたっぷりできた。かれはまた、特別の靴をはいて岩壁を登ることによって、田舎の精神をいっぱい吸い込み始めた。憂鬱と歓喜のあいだを行ったり来たりしながら、かれは自分の気分を詩に綴った。かれの詩がイギリスでワーズワースや自然詩人が有名になるより一四〇〇年も早く中国で尊ばれていたということは、多くの中国人がすでに自然を一種の神秘的寺院とみなしていたことのしるしであった。仏教はそういう気分に容易に合致したのである。

信心深い仏教徒は大きな記念碑を建てた。羅山の、危険な早瀬の反対側の静かなさざ波の立つ川沿いに、巨大な仏陀像がある。それは赤い岩壁に彫られたもので、高さ七一メートル、つまり二〇階のビルの高さもあるものであった。この像が彫り始められたのは六八五年であるが、おそらく当時の世界で知られているかぎり最大のものにしようという意図があったようである。秋のかすみの日に川から見ると、それは川船を導く巨大な水先案内人の顔に似ている。

いまでも西安の西に高い八角形の塔がある。それは大雁塔と呼ばれることもある。中国の初期の詩においては、野生の雁の移動は吉兆の兆しとみなされていた。ヨーロッパから西安に初めて旅行する人は、心のなかで、この塔をローマ帝国以来残る堂々たる凱旋柱と比べるにちがいない。だが、高さにおいて、また装飾において、大雁塔はそれよりも印象的なのである。

中国においては、仏教の塔の最大のものは、後に西ヨーロッパでゴシック様式の大聖堂が見せびらかしたような、あの飛翔的特性を示すものであった。大雁塔をつくった人たちは、まるでひとつの傘を精巧に広げ、その上により小さな傘を広げて置き、そうして一階ずつ塔を高くして、ついには一一ないしは一三階の高さにしたかのようである。実際には、塔のなかには、上から下へとつくられたものもある。木製の枠が初めにつくられたのである。高い建物を支えるために使われた結合梁は、中国の創案であった。稲田で一日を過ごしたのちに家に帰る信者にとって、先細の形をした塔は、励ましを与える光景であったにちがいない。

仏教は、他の外来宗教よりも深く中国に浸透し、約八〇〇年のあいだ途切れることなく、中国人に最も影響力のある教師となった。仏陀はいつも好まれたわけではなかったが、かれの影響は持続したのである。二〇世紀初めの中国最後の皇帝は、チベット系仏教の信者であった。

前進する仏教

仏教は、宗教となってからの一〇〇〇年のあいだに、同じ期間にキリスト教が広がったよりももっと遠くまで、その誕生の地から広がった。仏教は紀元三〇〇年以前に下ビルマに達し、四〇〇年以前にはジャワと朝鮮に達した。六〇〇年代までに、スマトラの王様の一人が仏教徒となり、中国との通商のセンターであったパレンバンの町は、中国とインドの両方から来る仏教徒の影響を強く受けるようになった。日本は、まだ統一国家となっていなかったが、まるで吸い取り紙のようにさまざまな中国の影響を吸収した。そこには、建築や絵画や詩や法律や宗教が含まれていた。だが、日本はしかるべきときにそれらを修正する点においてもすばやかった。仏教は、イスラム教がアジアのはるか向こう側でダイナミックに発展しているまさにそのときに、日本でダイナミックな発展をした。七世紀の末までに、日本は仏教の国になっていたのである。

中国の都市に似せてつくられた新しい首都である奈良は、実際には仏教に捧げられた都市であった。聖武天皇は七三七年に国が天然痘に襲われたときには、すでに仏教に共鳴していた。日本にとって天然痘は、ペストがヨーロッパにもたらした以上の荒廃をもたらした。天皇は慰めと導きを如来に求めて、壮大な銅像、つまり今もなお残る奈良の大仏の建造を命じたのである。

天皇は各地にお寺と尼寺を建てるよう命じた。国の隅々にまでお寺が広がった。七四九年には、聖武天皇は位を娘に譲って、みずから僧侶になった。土着の神社は仏教に屈することを容易に認めなかったが、八〇〇年までには仏教と神道とは盟友となり、神社はその建築のなかに仏教のお経の声を響かせたほどであった。

東アジアでは、仏教は他の外来宗教と同じく、王家の承認に依存していた。中国や日本や朝鮮では、この承認はときどき撤回されたり回復されたりした。中国では、仏教徒は長らくひいきにされていたにもかかわらず、九世紀にはしばしば迫害された。一世紀後、新たに日本の帝都となった京都では、その碁盤目状の通りに仏教の寺を造ることが認められなかった。しかし後にこれは認められることになった。朝鮮では、仏教は一四世紀に繁栄した。だが、一三九三年に流れが変わって、お寺の巨大な敷地は分配された。

それにもかかわらず、仏教徒は逆境においても粘り強く、折につけてまた為政者のお気に入りになるのだった。

東アジアでは、仏教徒はあちこちに巨大なお寺をつくった。なかには七〇〇〇人もの僧侶を擁するものがあった。またほとんどすべてのお寺が施しを分配したり、旅の人に宿を提供したりするサービスをおこなっていた。仏陀に鼓舞されてつくられた記念碑的建築物は、八〇〇年代初めにジャワの南岸に地味な石でつくられたボロブドゥール寺院や、一一〇〇年代初めにカンボジアのアンコールに建てられた寺院であった。仏陀は宗教的献身を鼓舞したが、かれ自身はおそらく宗教的献身には無縁であったはずである。また、遺物が非常に尊敬される財産となったのも、本意ではなかったはずである。ビルマでは、その首都はシュエダゴン寺院の黄金のドームによって支配されている。そして信者は階段を上って頂上のテラスにいたり、仏陀の遺物の最も聖なるものである八本の頭髪の房に近づくのである。

何世紀ものあいだ、仏教はインドから飛び立った野生の雁の群れのようであって、東アジアのほとんどすべての地に降り立って、繁殖し、増加したのだった。しかし、仏教の支配が確立したように見えたときに、イスラム教が襲撃してきて成功を収めたのである。イスラム教は、マレー半島に深く入り込み、インドネシア諸島のほとんどを支配した。インドネシア諸島にイスラム教が入ったことを示す最初のしるしは、東ジャワにある一〇八二年頃に彫られた石碑である。イスラム教はフィリピンの南部をも襲った。仏教やイスラム教が、その出生地からずっと離れた東アジアにおいて、ともに成功を収めたということは、ヨーロッパ人が外の世界へ行く海路を発見する以前に、世界がかなり縮小しつつあったことを示すものである。

勝利した三宗教

さまざまな地域とひとびとを改宗させる力を持っていたこの三つの改革的な世界宗教は、人類史の特別な局面に生まれたものであった。仏陀とキリストとムハンマドはほぼ一〇〇〇年あまりのあいだに登場していた。その最も早い宗教である仏教はキリスト以前約五世紀に現れ、最もあとの宗教であるイスラム教はキリスト後七世紀目に現れていた。それ以降、世界的な宗教はどのようなものも広く成功してはいないのだ。

これら三つの世界宗教は、神はもっぱら恐怖のシンボルであるという信仰から、愛は神によって与えられるという信仰への移行を反映するものであった。それらは高度な人間性意識を体現していた。これらの宗教のどれも、なんらかの人種に独占されそうにはなかった。広く認められているように、ユダヤ教もある程度は世界宗教であって、広く普及した二つの宗教の生みの親であったが、ほとんどの時代を通じて、それが積極的に改宗者を求めるということはなかった。

当初は都市間を移動して通商する商人たちのほうが、農村の住民よりも、新しい宗教を歓迎した。これらの宗教は信用ということを強調した。それは、異国の商人が契約と口約束が守られるような信用という風潮を必要としていた、そういう時であった。初期の仏教徒は商人であることが多かった。ムハンマド自身も商人であった。キリスト教が当初ユダヤ人によって生誕地から遠くまで拡げられた際、ユダヤ人の多くは異国の商人であった。キリストは貨幣商人をエルサレムの教会から追い出したが、その理由は、かれらが卑しい職業に従事しているからではなく、かれらがまずい場所にいたからであった。農夫と羊飼いのあいだの日常的なディレンマについてキリストが同情的な比喩を述べているもののうちには、かれが商業活動に敵対的ではなかったのではないかと思われるものが多くある。大工として、あるいは大工の息子として、かれは商業的世界を知っていたのである。

三つの世界宗教が新しい土地で最終的に成功を収めた理由は、大部分が、その献身的で無欲なひとびとのおかげであった。こういうひとびとは、大義のためにその命を捧げたり、命を失うことをいとわなかったのである。ある宗教が新しい土地に普及するかどうかは、支配者がそれを受け入れるのに熱心であるかいなかにもかかっていた。世界宗教は、社会的凝集力を欠くひとびとを統治しようとしている皇帝に対して、特に訴えかける力があった。数世紀にわたって忠実な説法をしながら苦労していた仏教とキリスト教は、その後成功するにあたっては、二人の強力な皇帝の改宗に負うところが大きかった。それは、インドのアショーカ王とローマのコンスタンティヌス帝であった。大きな領地を持つ君主は、その臣民を単純でときには過酷な日常生活に満足させてくれる宗教を、歓迎する傾向があったのである。

九〇〇年までに、世界宗教は、知られている限りの世界の大部分に、棲み分けをしながら浸透していった。アメリカ大陸、南アメリカ、ニューギニア、オーストラリアと非常に離れた島々だけが、その範囲外にあった。三つの宗教のうちで、最も若い宗教がたぶん最も活発であったようだ。アラブの商人の援助を得て、イスラム教は東南アジアの広大な地域を開拓した。他方、三つのうちで最も古い宗教である仏教は、最も多数のひとびとに影響を与えていた。その力は、人口の多い中国、朝鮮、日本、インドシナに及んでいたからである。それはその出生地インドでは影響力をなくしていたが、新しい地域をまだ開拓していたのであった。

キリスト教は、いまや三つのなかでは最も活気のないものになっていた。北東アフリカ、小アジアの諸地域を保持していたが、本来のアジアにおいてはほとんど改宗者がいなかった。ヨーロッパでは、アイルランドからギリシアまでをほとんど支配していた。しかし、地中海沿岸ではイスラム教に地位を譲り、寒い北部には浸透できないでいた。スウェーデンとデンマークも改宗することができないでいた。他にもロシアでは伝道者はほとんど前へ進めていなかった。

大きな宗教はみな強力な世俗の支配者の支援に依存していた。しかし、ヨーロッパのキリスト教支配者たちはローマ帝国の時ほどには強力ではなかった。大きな宗教は、拡大の機会を得るために、信者のなかの商人にも依存していた。かれらは故郷から遠く離れて通商をするなかで、伝道の言葉を伝え、伝道の道を準備したのであった。しかし、九〇〇年には、ヨーロッパのキリスト教商人は、一方でイスラム教徒によって、他方では、測り知れない大西洋に阻止された。

もし、九〇〇年の時点で、すでに知られている世界について広い知識を持っている賢明な観察者がいくらかいたとして、三つの宗教のうちでどれに将来性があるかと尋ねられたとするならば、キリスト教を挙げる人はいなかったのではないだろうか。それは主にヨーロッパの停滞的な文明に結びつけられていたのである。しかしながら、ほとんど奇蹟的にも、六世紀後にはこの見通しは変わってしまうことになる。

第13章　ポリネシアに向けて

世界はまだ数百の小さな世界に分けられていて、それぞれがほとんど自己充足的であった。ヨーロッパと中国はそれぞれが大きな世界を形成していて、相互間に交通もおこなわれていたが、アフリカ、アメリカ、オーストラリアは多数の小さな孤立世界から成っていた。そこでは、小さな集団が、ほんの一〇〇〇キロしか離れていないひとびとと、ほとんどあるいはまったく接触がないというのが普通であった。地球のいくつかの部分では、その程度の隔たりが、実際には大きな隔たりなのであり、特にそれが海上の隔たりの場合はそうであった。

ときどき、その隔たりは飛び越えられることがあった。そして、そのように飛び越えられることによって、人類にとって決定的な帰結がもたらされることがあった。人類史全体のなかで、大洋を越えたそうした大跳躍をして無住の広大な土地に人が住み着いた例は、三度だけあった。ひとつは、五万年以上前に見られた、アジアからニューギニアとオーストラリアへの移住であった。二番目は、二万年以上前のアジアからアラスカへの移住で、その結果アメリカ大陸全体がゆっくりと人の住むところとなっていった。三番目は、きわめて最近のことであるが、ポリネシア人が、太平洋やインド洋にある長いリボン状につながる無住の島々に移住したケースである。この三番目のものがキリスト教の時代に起きたということは、この移住がいかに最近のことであったかということを示している。もっとも、移住したひとびと自身はキリストの名前も聞いたことはなかったはずであるが。

ポリネシア人が海を越えて新しい土地へ航海したのは、人類の歴史のなかでも最も目覚ましい移動のひとつであった。その航海のなかには、一四九二年にクリストファー・コロンブスが大西洋を横断したときの航海よりももっと勇気のいるものもあった。実際、ポリネシア人の航海とコロンブスの航海とのあいだには奇妙な類似性があるのだ。前者は中国を離れて新しい土地を求めたのであり、後者はヨーロッパを出て中国を求めたのである。

島々へのゆっくりとした人の移動は、中国南部の熱帯性で樹木の茂った地方から始まった。冒険心に富んだひとびとが海峡を渡って草ぼうぼうの台湾島に渡ったのは、たぶん紀元前四〇〇〇年頃のことであったろう。そのような危険な航海を試みるには、多くの船乗りが命を落としたことであろう。上陸すると、おそらく農夫としてあるいは漁師として、その生活の道を打ち立てたことであろう。かれらは独自の石器をつくりだした。当時中国において広く使われていたような陶器のつくり方を知っていたことだろう。そしておそらく豚や鶏や犬も飼っていたようだ。かれらが航海術に長けていたことは疑問の余地がない。何世紀も後にかれらが太平洋の真ん中に近づくようになるまでには、かれらが好んで使った船は、舷外浮材の付いたカヌーであった。真ん中に船体を置き、丸太を船体に平行に据えてロープで船体にしっかりと固定した構造を持っていて、この舷外浮材は荒海においても船を安定させていた。

かれらの航海は、ゆっくりと、間歇《かんけつ》的に、島から島へと、東へ進んだ。その後の数千年のあいだに、この海の旅人たちはフィリピン諸島に辿りつき、その一部を切り開いて園芸用地にした。さらに航海は進んで、後の子孫は、ボルネオ、スラウェシ（旧セレベス）、チモールや、スマトラ、ジャワにいたった。これらはみな、紀元前二〇〇〇年までに人が住む島になった。ひとびとの多くはまったく新しい島に住み着いたが、なかにはすでに長いあいだ人が住んでいた島もあった。そういうところでは、原住のひとびとは戦いで敗れるか、新しい病気でその数を減らして、ついには住みにくい山のなかに追いやられるか、侵入して来たひとびとにただ吸収されるかのどれかであった。

そのように絶えずひとびとが外へ向かった動きを説明するのに、ともすれば単純な説明をしがちになる。人口の過剰に対して反応したのではないか、あるいは、火山や地震や台風などの自然災害によって、ときどき新しい拠点を求めざるを得なくなったのではないかと。だが、どのような単純な説明も十分ではない。これらの中国系のひとびとはさまざまな要素によって追い動かされたのであり、ちょうど、ヨーロッパからの最初の入植者がたくさんの影響を受けて北アメリカに渡ったのと同じである。かれらは船乗りであったから、海から遠い山のなかに住むという考えはおそらく持っていなかったであろう。その代わりに、魚を取るとともに穀物も育てられる入り江や湾を探したことであろう。だが、どの場所においても、人口の少ない入り江や浜辺の数は少なかった。そこで、新しい島や海岸線へ移動する誘因に絶えず襲われたのである。

カヌーにぎっしりと乗って進んだこれらのひとびとの航海は、一種の論理にしたがったものであった。危険を冒して東のほうへ向かっていくうちに、かれらは、有人にせよ無人にせよ、自分たちの出身地にあったような気候と植生を持った島々を発見したと思われる。移動の初期においては、風も好都合であった。大きなアジアの大陸に近くて季節的な寒暖があるために生ずる季節風のおかげで、船乗りたちは南北へ、あるいは東西へ移動することができた。ただし、これは赤道に比較的近いところに止まることで満足している限りであった。地理的にもかれらは恵まれていた。島々が東へと何千もつながっていて、まるで飛び石の道のようであった。狙いをつけず航海して行って初めて見つかる島もあったが、多くの島は高い山に登れば肉眼で見ることができるものであった。

赤道に沿った移動がゆっくりと進んで行き着いたのがニューギニアであった。ここは紀元前一六〇〇年頃にはいくつかの海岸に人が住み始めていた島であった。さらにその後、ひとびとはまったく人が住んでいなかった熱帯圏の島々に行き着いた。紀元前一二〇〇年までには、かれらのボートの茶色の帆は、ニューカレドニア、トンガ、フィジー、ソロモン諸島、サモアの港村に見ることができた。そして、紀元前五〇〇年までには、かれらのボートはハワイとイースター島のまわりに見られるようになっていた。この東西のラインでおこなわれた航海は、世代を越えて、航海を重ねて続けられたものであるが、その距離という点で見ると、四〇〇〇年以上の年月をかけてヨーロッパから中国へ向けて陸路でおこなわれた旅行に匹敵している。のちにこれらの航海者たちは逆走してきて、かなり離れたニュージーランドを発見したのだった。

これらの船乗りたちは、太平洋を横切る銀河のような形の一連の島々にそって、その出自を雄弁に物語る証拠を残していった。今日でも台湾の山々のなかから、東のイースター島やピトケルン島にいたるまでのあちこちの場所に、アウストロネシア語族が生き残っているのだ。

ポリネシア人が火山性のイースター島を発見したことは、特別の功績であった。イースター島は、大洋のなかの点であって、人間の住む一番近い陸地から一六〇〇キロも離れていた。この島はかつて森林が密生していたが、新しい入植者によって森が切り開かれたので、ついには、歴史に残るその印象的な目印は老木ではなく、全部で六〇〇を数える石像（モアイ）になってしまった。ある像は、まだ未完成とはいえ、二〇メートルも高いものである。言語的・社会的に言って、イースター島はポリネシア系であるが、その像やその文字からは、さらに別の先祖や影響があったのではないかと思われる。

ポリネシア人の組織は、たがいに窮屈そうに生活した部族の集まりから、多くの島を支配する強力な王国へと変化した。たぶん二〇万人あまりの人口を持っていたハワイは、最初のヨーロッパ人が来るまでは、だいたいにおいて王国であった。これらのポリネシアの王国は、西ヨーロッパの王国と同じように、自分たちを神の子孫と信じていた。

この長い移動のつながりの過程で、ある集団は大きな無人島であったマダガスカル島にいたった。マダガスカルの北東方向に大きな海が広がって、約五〇〇〇キロ離れたところにインドネシア諸島があった。マダガスカルへの最初の入植者は、ほぼ間違いなくインドネシア諸島からやって来たのだった。今日でも、かれらの言語マラガシ語は、マレー＝インドネシア語族に属している。今日マダガスカルで話されている言語は、隣接のアフリカで話されているものより、遠く離れたボルネオで話されているものに近いのだ。

マダガスカルへひとびとが渡ったのは、ほぼ紀元四〇〇年頃のことで、まさにローマの都市が急速に衰退しつつあるときであった。それはちょうど地球のほぼ半分を東に行ったところにおいて、ほかのポリネシア人たちがイースター島に初めて定着しつつあるときに起こったことであった。マダガスカルへの航海は、北東季節風に助けられていた。マダガスカルのヤシの木の点々とする浜辺に立ち、インド洋の波がサンゴ礁にゆったりと砕けるのを見ていると、茶色のゴザの帆がゆっくりと見えてきて、小さなインドネシアの舟が一つ二つと海のうねりに上下してくるさまが思い浮かぶようである。こうして近づいてくる舟に乗っていたひとびとはみな、眼の前で波が泡立つさまや、後ろの山々のジャングルを、熱心にあるいは心配そうに見ていたにちがいない。そしてまた、かれらは、波やサンゴ礁によって自分たちの舟が壊されてしまう前に岸に着けるかどうか心配したにちがいない。

マダガスカルとニュージーランドは、大きな居住可能な陸地としては、人類が発見し定着した最後の二つの地域であった。たぶんマダガスカルは二つの島のなかでより重要であったろう。広さから言って、それはニュージーランドの二倍以上の大きさがあったからである。人類の航海史の上での功績であるこの二島は、紀元一〇〇〇年までに事実上終了した発見と移民の歴史物語の一部なのである。

モア（恐鳥）の地

ニュージーランドの初期のマオリ族の要塞化された村々は、海からはすぐに見えたにちがいない。なかには狭い岬にあって、三方を海に囲まれた村もあった。それがかれらの最初の防衛線であった。第二の防衛線は、浜や岩海岸から要塞までの急な、しばしば垂直な、上り坂であった。第三の、もっと高い防衛線は、一定の間隔で地中に埋め込まれた頑丈な硝所《しょうしょ》と、硝所のあいだの木製の高い柵からなる、精巧な防壁であった。この柵の防壁は要塞化された村（「パー」と呼ばれた）の周りをぐるりと囲んでいた。

村の上のほうのレベルには、木でできた住居があって、ところどころに倉庫があった。倉庫は高床式になっていて、ねずみに食糧を取られないようになっていた。低い屋根に覆われた補助用の室《むろ》もあって、これは野菜の保存に使われていた。住居自体は、木の葉で葺《ふ》かれた傾斜屋根を持っていたが、壁はなくて、海風が通るようになっていた。この要塞化された村は、急襲された場合には見事に防衛できるようになっていたが、包囲された場合には持ちこたえられなかった。というのは、原則として、新鮮な水を絶えず供給する井戸や泉やその他の確かな水源を持たなかったからである。薪さえ遠くから運んでこなければならなかった。

パーの拠点である北島では、約五〇〇〇の砦の跡が確認されている。テラスは浸食され、柵は崩れて腐りはて、灌木と昆虫と雑草が土地を再占拠しているが、遠くからは要塞の全貌をときどき見ることができる。それはちょうど、多くのベンチないしはテラスを持った小さな露天採鉱のように見える。

　それぞれの部族ないしは村に食糧を供給するには、広範囲の農村部が必要であった。菜園を耕すには、長い木製の棒が使われた。それは、どちらかというとバールのような形をしていた。表土は木製の鋤《すき》で盛り上げられてきちんとした列がつくられ、高くなった盛り土には、野菜の塊茎が植えられた。サツマイモがこの種の野菜のなかでは最も重宝されていた。サツマイモは、非常に長いヤムイモないしはジャガイモに似ていて、アカクロサギのような外皮をしてやや派手な色をしている。それは月の相によって決められた日に植えつけられた。

　この初期の入植者には、ひとつのご褒美が待っていた。肉が信じられないくらいに豊富だったのである。南島でも北島でも、マオリは恐鳥（モア）を簡単に狩ることができた。モアは走るのは早いが、飛ぶことができないからである。約三メートルもの高さに成長する鳥で、走るための強力な腿を持っているが、狩をする人間に害を与えることの少ない頭脳を持っていたモアは、生まれつきの荷運び動物であった。その背中は非常にまっすぐで長いので、うまく飼育すれば、四、五人の子供を並べて座らせて運ぶことができるほどであった。

　マオリ人自身はとても熱心にモアを狩ったので、紀元一四〇〇年ないし一五〇〇年までには、モアはほとんど消滅してしまった。モアのひなを餌にしていた羽の長いワシもまた消滅した。それらはヨーロッパ人が初めてやって来たときには、もはや見ることができなかった。

　マオリ人は陶器を持っていなかったから、大きな瓢箪《ひょうたん》の硬い外皮を使った。それは夏に家々の屋根沿いに、あるいは植えられた木々のあいだにたれ下がるつるから取れるものだった。かれらは牛も豚も持たず、唯一の家畜は犬だった。金属の代わりは石だった。かれらは職人芸をもって石を削ったり加工したりして、おそらくその芸は金属加工師のそれと同じくらいに精巧だったようだ。道具をつくる石の産地は存在した。石の見本が切り出されて、しかるべき石がないような地域へ、徒歩であるいはカヌーで運ばれた。マオリがつくった大きなひき石のひとつが、浜辺からオークランドの博物館の床に移されているが、これは今日多くの人が見ては感心するものになっている。

ヨーロッパのひとびとがポリネシア人を見たのは、ポリネシア人の生活様式が突然変わろうとしていたときである。ヨーロッパ人はポリネシア人の勇気に驚いた。またヨーロッパ人はポリネシア人の暴力にも驚いた。つまり、人間のいけにえと食人風習である。マオリ人の戦争の才能は議論の余地がない。だから、一七八〇年代にイギリス政府が居留地をオーストラリアに置くべきかニュージーランドに置くべきかを決定しなければならなかったとき、政府はオーストラリアを選んだのである。マオリ人は恐れを知らないかに見えた。また折り紙つきの戦士であった。だからかれらをほっておいた方が賢明だったのである。

第Ⅱ部　一〇〇〇年から一八〇〇年まで

Signpost

キリスト教徒の多くは、キリストが再臨するか、さもなければ西暦一〇〇〇年に世界が劇的な最後を迎えると考えていた。しかし実際には、生命の営みは続き、そして新たな千年紀が始まり継続していった。これは、人類がアフリカの故郷を初めて去って以来辿ってきたすべての千年紀の歴史において最も注目すべきことであろう。それが注目されるのは変化の加速のためだけではなく、失われた世界の回復のためでもあった。

最後の急激な海面上昇以前には、あらゆる部族的な人間集団は、緩やかな形でつながっていた。長くつながった人間の接触、途切れることのない遊牧民の集落のつながりが、アジアからヨーロッパ、そしてアフリカへと続いていた。そして、黄河流域に生じた新しい考えが、一〇〇〇年後には、ついにはニジェール川やナイル川に到達するかもしれないということは、十分に考えられることであった。

だが、その後、これら人間の居住地域は大きく分断され、事実上まったく接触がなくなった。そして人類の多くが、上昇した海によって隔離された。アメリカ大陸は、西暦一〇〇〇年まで、過去一万年以上のあいだ、アジアやヨーロッパから分離されてきた。オーストラリア大陸もアジアから長期間分離されてきた。ようやく新しい千年紀において、これらすべての分離された地域や、さらに多くの地域が、ヨーロッパやアジアや北アフリカに位置する活発な世界的中心地に、一つずつ再結合されていった。

このような再発見の過程において最も予期できなかった点は、その起点であった。それは世界の裏側から起こった。失われた世界を見つけ出したほとんどの船は、ヨーロッパの大西洋岸から出帆したのである。さらにもっと予想しなかったことは、失われた世界の一部であった北アメリカ大陸が、新しい千年紀の終わりには新たなグローバル・リーダーとなったことであった。

第14章　モンゴル人と中国人の拡張

人類の歴史において、あるときには海洋が、遠隔地のひとびととの接触のための乗り越え難い障害であったが、一方、別の時代には、広大な大地がさらなる障壁であった。海洋の輸送において航海船によって達成されたことが、少なくともひとつの大陸では馬によって達成されたのである。馬のおかげで、東西に延びる草地からなる広大な大陸的回廊と、東アジアと地中海にある対照的な文明を分けている山脈とは、起伏にとんだハイウェイへとじょじょに変わっていったのであった。

大草原のひとびとは、回廊の両端にあってよく武装された世界を、時折、ロケット砲のように急襲した。かれらの勝利のいくつかは驚きに値する。西の方にいた集団であるフン人は、西ヨーロッパを襲撃し、瀕死のローマ帝国を恐怖で震えあがらせた。一〇〇〇年近く後には、東方の集団であるモンゴル人が、勇敢さと残酷さと、ちょっとした優れた才能を活かして、かつて一人の支配者が所有したことがないほど広大な領土を征服したのである。

モンゴル人の当初の故国は、シルクロードのかなり北の方にあった。一時、かれらは東シベリアと現在のモンゴル人民共和国の境界にあるバイカル湖の近くに住んでいたようだ。一〇世紀頃にかれらは満州北部からモンゴル東部に広がる地域に移動した。のちにかれらは、大征服に参加したたくさんの他の遊牧民を同胞とした。モンゴル人もその隣人も、そしてライバルたちも、めったに作物種子を播くことはなく、灌漑に関する知識もなく、そして定住すらしなかった。

伝統的に、これらモンゴルの大草原に住む家族は、季節の変化に応じて牧草地から牧草地へ家畜を移動した。各家族は羊やヤギ、牛や馬を所有していたが、土地自体はより大きなグループが集団的に所有していた。夏の宿営地から冬の宿営地にキャンプを移動するときがくると、羊毛でつくられた重いテントを乗せた荷車を牛に運ばせた。大きな町をつくることもなく、かれらの総人口は小さかった。

動物がかれらの資産であり、かれらの富の主要な源であった。モンゴル人は資産を食いつぶすことを嫌がり、可能な限り乳という配当によって暮らすことを好んだ。牛や羊やヤギの乳から、かれらはバターや少なくとも四品種のチーズ、現在の西ヨーロッパではとても人気のあるヨーグルト、ウラムと呼ばれる乾燥したクリーム、そしてアイラックと呼ばれる蒸留酒を生産した。頑丈で俊足の雌馬でさえ乳を出し、その発酵したものが薬味とともに飲用された。

一見すると、このような環境では、武装した少数のひとびとによって、誇り高く人口の多い文明を倒すことはできそうになかった。しかし、男たちは天性の才能をもって馬を操り、馬上から正確に鉄先の矢を放ちながら、広大な地域を素早く制することができた。女たちは、男たちが戦いや襲撃に遠征しているときの管理者の役を有能につとめ、実際に多くの中国人を驚かしたほどの地位にあった。ある意味においてモンゴル人は、少し前の時代に栄えたヴァイキングと比較することができる。ある人間が海でおこなったことを別の人間が陸でおこなったのである。両者とも厳しい気候で人口の少ない地域から来た。それは必ずしも有利な点ではないが、もし隣に豊かで人口の多い帝国があって、ひとびとがのんきに、そして少々たるんで暮らしているなら、強みともなり得るのであった。

モンゴル人が来る

中国の皇帝は、いずれも抜け目がなくて、遊牧民をそそのかしてたがいに戦わせることが有利だとみていた。遊牧民たちは、一二世紀には分裂していたが、後の世紀には団結することになる。一二〇六年になると、モンゴル人の指導者であったチンギス・ハンが、奇跡的にこれら草原の馬乗りたちを団結させた。すべての氏族や集団がかれに忠誠を誓った。もっともかれは、忠誠心がなさそうな者たちをすでに殺したり脅したりしていたのだった。約一三万人の軍勢と敵地におけるスパイのネットワークを駆使して、かれは征服を開始した。数千ものかれの騎兵隊は、一頭から二頭の予備の馬を引き連れていたので、長旅になるときには疲れた馬を取り替えることができた。

チンギス・ハンの移動は非常に素早くて、その急襲がかれの武器になった。かれが要塞化された町を攻囲しなければならなかった時には、時折火薬という新たな発明を利用した。かれはしばしば都市に降伏することを認めた。降参の対価は、都市住民一〇人につき一人の捕虜と、都市の富の一〇分の一であった。こうしてかれの奴隷や徴集兵、そして富が増加していった。降伏しない都市は攻囲されたり襲撃されたりした。大虐殺がモンゴル人のトレードマークだった。かれらはひどく恐れられたので、敵の後を追いかけることのほうが多かった。

冷酷だが綿密な破壊行為が、かれらのもうひとつの武器であった。かれらは、多くの農地の生命線である灌漑設備を破壊したり、包囲した都市の周囲の土地を荒廃させて、都市の道端や畑を死体でいっぱいにした。防備の堅い都市に向かって進軍するときには、モンゴル軍は捕虜を先に行かせて人の盾をつくらせた。一方で、モンゴルのリーダーはかれらの兵士たちに対しても厳しい規律を強要した。

中国の万里の長城も、モンゴル人にとっては乗り越えるためのひとつのハードルに過ぎなかった。かれ

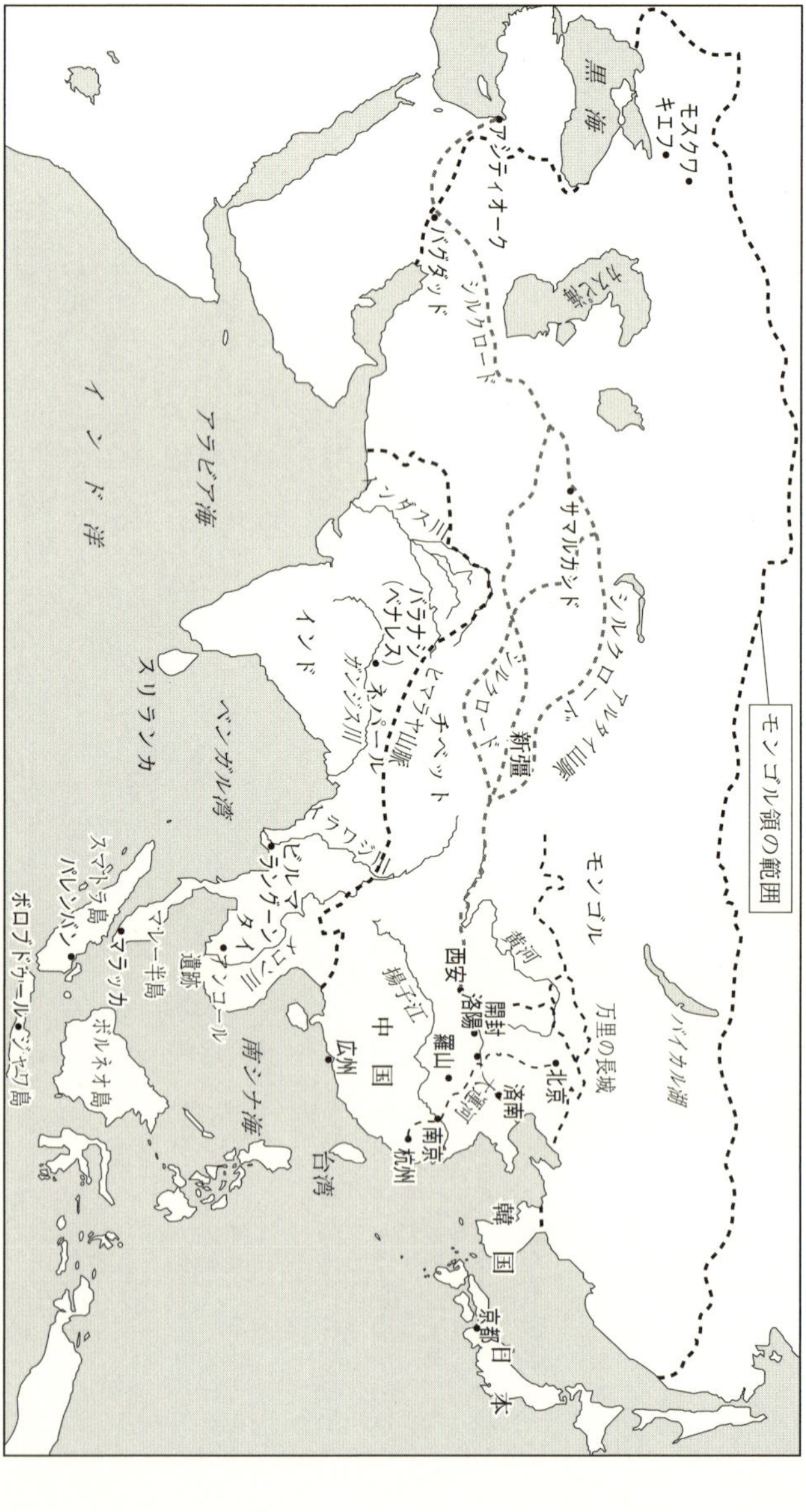
モスクワ
キエフ
黒海
アンティオーク
バグダッド
カスピ海
シルクロード
サマルカンド
インダス川
アラビア海
インド洋
インド
バラナシ
（ベナレス）
ガンジス川
ヒマラヤ山脈
ネパール
チベット
スリランカ
ベンガル湾
イラワジ川
ビルマ
ラングーン
タイ
メコン川
アンコール
遺跡
マレー半島
マラッカ
スマトラ島
パレンバン
ボロブドゥール
ジャワ島
ボルネオ島
南シナ海
広州
中国
揚子江
西安
洛陽
開封
南京
杭州
大運河
済南
北京
黄河
万里の長城
新疆
アルタイ山脈
モンゴル
バイカル湖
台湾
韓国
京都
日本
モンゴル領の範囲

モンゴルのアジア

らは一二一五年に北京を占領し、結局はそれを中国の首都とした。まだ中国人の手中にあった南方の広大な国土も、モンゴル人がじょじょに征服した。物質的に世界で最も先進的な国であった中国を占領するということは、今日で言えば、アフリカ中央部の国がアメリカ合衆国を占領して、ワシントンを首都にするのとほぼ同じことなのである。モンゴル人についてよく考えてみると、議論の余地のないある結論にいたる。それは、記録された歴史上、そのようにすごい征服はなかったということである。

アジアの反対側においても、モンゴルはほとんど同じくらいに驚くべき存在であった。かれらは、高い城壁の内側ならば安全だと感じていた一連のイスラムの都市を征服した。バグダッドでさえかれらの前に陥落した。一三世紀の末までに、モンゴル帝国はドナウ川の川岸から香港の漁村まで拡張したのだった。

ローマ人の征服者が達成するのに数世紀を要したことを、チンギス・ハンは二〇年弱で成し遂げたわけだが、両者を比較することは容易ではない。モンゴル人は、中国西部に進軍したとき、ほとんど人がいないアジアの広大な土地を横断しながら戦った。かれらの主要な標的は、城壁に守られた都市や、渡らなければならない川、越えなければならない山であって、それらは是が非でも勝ち取らなければならなかったものであった。実際にはかれらは、撒き散らされたような小さな点、すなわち広大な海にある島々を、征服しなければならなかったのである。かれらの標的のひとつは、裕福でしっかり防衛された、一〇〇万人近くが住む世界最大の都市ハンチョウ（訳注：現在の杭州）であった。モンゴル人はそれを征服した。

たぶん、帝国の陸地における勝利は、海における勝利より容易であっただろう。チンギス・ハンやアレクサンドロス大王などの広大な土地における勝利はもとより、ナポレオンやヒトラーの大きな勝利でさえ、かれらが気まぐれな海に対処する必要がなかったという事実に、大いに助けられたのである。海を持ったしっかりとした都市や王国は、簡単に征服されるものではなかった。海はしばしばそれらの味方であった。

敵の海軍の大群が視界に現われても、だれも取り乱すことはなかった。地元を知り尽くしていることが防衛側にとって非常に重要な財産だった。避難する港も提供してくれず、慣れない風が吹きつける海岸の沖合で波に浮かんでいるか投錨している侵略船団は、非常に攻撃されやすかったのである。

海は防衛側に味方する傾向がある。したがって、もしサマルカンド（訳注：現在のウズベキスタンの都市）や北京、ヘラート（訳注：現在のアフガニスタンの都市）やキエフといった都市が内陸部ではなく海岸部に位置していたら、そして船でやってきて暴れまわるモンゴル人と対峙していたなら、防衛にもっと成功していたであろう。もちろん、このような言い方をするのは、陸地での侵略というものを大局的に見るためであり、モンゴル人の栄光を奪うためではない。

モンゴル人の功績のひとつは、それまで単一の統治者の支配下に入ったことのない長いシルクロードに、法と秩序をもたらしたことである。かれらは、高地を切り開いて、あちこちに橋をつくり、商人やその従者や荷物を運ぶ家畜が夜営できるような宿場や簡易な宿を道沿いに設けた。あらゆる種類の積み荷がここを通り過ぎた。たとえば一三六六年から一三九七年のあいだには、イタリアのフィレンツェ市の奴隷市場において、この道を連れて行かれた若い女性を中心とする二五七名の奴隷が売られたことが、記録に残っている。

この道の安全性は伝説となったほどである。旅行者は、夜でさえ旅することができたと言われたが、それはたぶん満月のときだろう。皮肉にも、かつてより交通量の多くなったシルクロードは、ヨーロッパにとってそれほど重要ではなくなった、なぜならいまやヨーロッパ自身の養蚕農家が、桑の木を育てて繁盛するようになっていたからである。さらには、中東やインドから中国の港に向かう海路が、その頃には陸路の隊商と競って勝利するようになっていたからであった。

中国の科学の星の衰退

独創性の巣である中国には、まだ西ヨーロッパに教えるべきことがたくさんあった。中国には、遅れた地域はあったものの、たぶん世界で最も熟練した農業がおこなわれていたはずである。実験によって新しい品種の米が見出されていた。そのなかには、干ばつに強い品種や、二毛作を可能にする早稲品種も含まれていた。害虫との戦いも創意工夫に富んだものであった。

情報伝達術においては、書くことが発明されて以来最も重要な出来事が、中国でじょじょに始まっていた。紙が生産され始め、木片に刻まれた記号を用いた印刷技術も改善され始めていたのだ。かれらのつくった最古の本は八六八年のものである。手書きの代わりに印刷された本は、仏教の教えや、すべての文官候補者が知っておくべき儒教の教訓を普及させる素晴らしい手段であった。一二七三年には、農民や生糸の生産者向けの便覧が印刷され、すぐに三〇〇〇部の写本が配布された。その時のイタリアでは、同様の仕事をするのに、修道院一杯の修道士が丸一年かかって写本を手書きでおこなう必要があったはずである。

水路の設計においては、中国人は熟達していた。ローマ人は、新鮮な水を都市に運ぶ水道、すなわち高架式石造水道橋をつくるのに熟練していたが、中国人は起伏のある地域を横切る船用水路の熟練者であった。中国の大運河は、万里の長城のように何世紀もかけてつくられた。八三八年に中国を訪れていた日本人僧侶は、護送船団がゆっくりと運河に沿って進んでいたのを見て驚いた。いくつかの船は結ばれていたので、三船並行して進んでいた。そして全体の船団は、土手に沿ってゆっくり歩む二頭の水牛によって引かれていた。運河は、主に揚子江周辺の農場から穀物を運び、大都市に供給した。

中国は火薬の三つの原料――硫黄、硝石、そして炭――を豊富に所有していたので、火薬を発見したということは驚きではない。一〇四四年の中国の業績は、軍事用火薬をつくる三種の異なる製法を含んでおり、ほぼ間違いなく後の世紀においても折々に使用された。

西ヨーロッパにおいてはもっと効果的に利用されたり改良されたりはしたが、いくつかの建築技術や航海技術は、ほぼ間違いなく中国から西ヨーロッパへもたらされたものであった。鉄製の鎖でできた吊り橋は、イギリスが産業革命の初期につくった有名な鉄橋よりずっと以前に中国でつくられた。征服王ウィリアムがイギリスに到着する五年前に、鋳鉄製の仏塔が湖北省につくられ、これはいまだに現存する。一四〇〇年には、先見の明を持った者は、中国は、イギリスより先に世界で最初の産業革命に向かって急速に進んでいると考えたかもしれない。しかし、それはすぐにゆっくりとしたスピードとなった。

中国人は医学や健康においても新たな治療に活発に挑戦したが、古来の治療、たぶん治癒の王道であった生薬に特に固執した。多くの中国人は、ヨーロッパでは知られていなかった、歯磨き粉とハブラシを使った。中国の医者は特定の職業を取り巻く危険な病気――鉱山の下で穴を掘ることで生じる細かい埃が坑夫の肺を弱めること、銀細工師がかれらの工芸において水銀を吸っていること、そして頻繁にパン菓子窯の火力を調整している料理人がじょじょに視力を損なっていること――を知っていた。解剖学においてもまた中国の学者は先進的であった。

しかし、中国における自由は、ほとんどすべての面で制限されていた。西暦一二〇〇年においても、数百万人の中国人は奴隷であった。何人かは戦争捕虜から奴隷とされ、そして多くは仏教寺院に献上された世襲的奴隷として、余生をそこで働いた。他は、飢えた家族から奴隷として売られた子供であったが、なかには大人さえもいた。

中国人にとって不幸だったことは、多くの技術分野において長くリードしてきたにもかかわらず、未来への鍵であったあの一つの分野において、安定性を欠いてある時には発明の才を発揮したかと思えば、ある時には不活発になったりしたということであった。つまり、かれらは海において失敗したのである。たしかに、かれらは羅針盤を発明したが、未知の世界に航海する根気強い欲望がなかった。かれらは地図の作製に熟練していたが、かれらの最高の地図は、独自の小規模な農業地区のものであった。かれらは、中国の肥沃な平原こそ地球の中心であり、東洋のエデンの園であると、そしてそれらの平原から離れたすべての物は重要性が低いと信じていたので、世界地図にはほとんど興味を示さなかった。

ヨーロッパにおいてその安易な考えが消滅してからも長いあいだ、中国の科学者は、地球は一定の縁をもった平面だと信じ続けていた。かれらは、ヨーロッパの船は東ではなく西に航海するとついには中国に達するのだという、ヨーロッパで普及していった馬鹿げた理論には、意味がないと考えていた。一四九二年の中国人の航海者にとって、そういう考えの当然の帰結は、東に航海することによって、中国人はついには西ヨーロッパに到着するだろうということだったはずである。もし中国人がそのような考えを持っていたら、かれらの大きな船は出帆し、コロンブスがアメリカ大陸の東海岸を発見するよりずっと以前に、アメリカの西海岸を発見していたかもしれない。しかしかれらは、地球が丸いことを信じていなかったのである。

中国人は造船技術に熟達していた。一四〇五年から一四三〇年のあいだに、海軍大将鄭和は、遠距離の土地への大型船での航海を監督した。かれの中国船団が遠方に探検に出た時には、船団はアジアやインド洋の良く知られた港に寄港したのであって、かれの船団がオーストラリアや北アメリカの沿岸を発見したという最近の説は、確かな証拠よりむしろ希望的観測によって支えられている。これら中国人の海洋探検はすぐに終わったのである。

すでに中国における沿岸海運は縮小し、東西の輸送には海岸よりむしろ拡張された大運河が使用された。注目すべきことに、西ヨーロッパが大航海に乗り出して驚くべき結果をもたらしたまさにそのときに、中国は熟達していた海を避けたのである。

第15章　気候と病気の危機

中世に暖かい時期があって、一〇〇〇年から一二〇〇年のあいだの二世紀は、たぶん北部ヨーロッパの一九九〇年代と同じくらいの暖かさであったはずである。かつては夏が短くて耕す価値がないとされた土地でも収穫物が刈り取られ、ブドウ園は、現代のブドウ園の限界を超えるところでも栄えた。イギリスのはるか北方でさえ飲めるワインがつくられていた。

アイスランド島には、温暖期の最初の兆候が現われたときに人が住みついた。北極圏の端に位置するがメキシコ湾流からの暖気を受けているアイスランドには、アイルランドから来た二、三名の聖者が住みつき、次いで八七四年にはノルウェーからのヴァイキングが定住した。イスラム教のアラブ人が地中海をかき回し、マオリ族がニュージーランドに定住しつつあったまさにそのときに、ヴァイキングが北ヨーロッパを揺さぶっていたのである。ヴァイキングの好戦的な襲撃はよく知られているが、かれらの平和的な定住も重要であった。ヴァイキングの町や地区は、ついにはキエフやロシアのノヴゴロドといった交易都市から、フランス沿岸、スコットランドやアイルランド、オークニー諸島、マン島、そしてアイスランドにまで広がったのだった。

世界最大の島である氷のグリーンランドでさえ、これらの温暖な年代には掘り出しものの農用地になっていて、そこではヴァイキングが羊を放牧し、海で釣った魚を燻製にしたようである。九八五年には、小さな船が四〇〇人程の定住者とともに、羊やヤギ、牛、馬、そしてたぶん干し草の束を積んで、アイスランドからグリーンランドに出帆した。ほとんどはノルウェー人だったが、アイルランド人の集団もあった。グリーンランドの南岸に上陸した定住者は、温暖化していく気候のもとで繁栄した。夏には長い草を刈って幾列もの束にして干し、それを乾燥舎に積み重ねて、家畜が暗い冬のあいだも十分に食べられるようにした。

グリーンランドの人口は一世紀半のあいだに四〇〇〇人ないし五〇〇〇人に増加した。小さなヴァイキング共和国はついに一六の教会とともに、女子修道院、男子修道院、グリーンランド司教によって統括される大聖堂を所有するようになった。それは建国者一族が誇りに思うほどにぎやかな定住地となった。それは、一万年も続きそうに思われた。

グリーンランドとアイスランドは、冷たい北大西洋を横切る踏み石である。アメリカ大陸が次の踏み石である。ヨーロッパ人のアメリカ大陸への最初の上陸は、ちょうどグリーンランドの定住がおこなわれた頃に、ヴァイキングの遠征隊によっておこなわれた。女性たちも移住者とともにニューファンドランドに行った。そして、一つの船団と二隻の船が、フレイディスという、敵に対して身を守る武器として斧を持っていた女性によって、率いられたと言われている。

これらの定住地からはなにも起こらなかった。アメリカ原住のインディアンは、ヴァイキングを歓迎するはずはなかった。逆に、その地域には毛皮以外に貿易商を興奮させるような商品はなにもなかったのである。もし、クリストファー・コロンブスが五世紀後に、うららかな西インド諸島に上陸する代わりに、この沿岸を発見していたなら、かれは、ニューファンドランドの沿岸に小屋を建てて家畜を放牧したヴァイキングたちと同じく、記憶に残る存在にはならなかったであろう。

わずか二〜三世紀後には、温暖期が変わり始めた。地中海のクレタ島でさえ一一五〇年頃には小氷期に入った。ドイツとイギリスでは、小氷期はたぶんその一世紀後に始まり、一三一二年から一三二〇年のあいだのほとんどの年は、寒冷だっただけでなく、異常に湿ってもいたのだった。翌年の種まき用の種子と同じくらい多くの穀物も貯蔵しなければならなかったから、多くのひとびとが飢餓にあえいだ。一三一六年のイーペル（訳注：ベルギー）においては、一〇人に一人程度が飢餓か栄養失調で死亡した。あちこちで人肉が食された。

フランス西部での宗教的行列は、この不作の時代を反映していた。行列には、多数のやつれたひとびと、裸足のひとびとが入っていて、その数人はほとんど裸であった。不作は安価な食料の供給だけでなく、衣料の供給にも影響した。なぜなら、貧しい人達はかれらの亜麻布を亜麻畑でつくっていたが、いまや、通常は亜麻畑として使用された土地が、どうしても穀物畑として必要になったからである。

数十年が過ぎ、グリーンランドと北大西洋の気候はさらに冷たくなった。かつて干し草で一杯だった小屋も、今ではがらんとしてしまった。かつて四つか五つの干し草の束があった場所には、わずか三つの束が集められただけであった。ヨーロッパやアイスランドから来る船は、普通は氷結しないはずの海のあちこちに氷山が浮かんでいるのを発見した。グリーンランドの入植者は、かれらの先祖が語っていた昔の夏を待っていたが、それは無駄であった。農場や教会は放置された。若者はほとんどいなくなり、結婚も稀なこととなった。一四一〇年には、生き残った定住者が、待機している船でアイスランドやノルウェーに出帆した。この寒冷地におけるヨーロッパの足場は、四〇〇年以上続いたが、それは、一五七六年にイギリスのエリザベス一世がオーストラリアのシドニー港を開港し、気候の悪化により二〇〇〇年に廃港したのに等しかった。

温暖期の時期には、ヨーロッパの人口増加率が上がった。一〇〇〇年から一二五〇年の増加は急だった。そして寒い年が続くと不作となり人口増加も遅くなった。飢饉の年が増え、伝染病の危険が増えた。ヨーロッパはたぶん黒死病への機が熟していたのであろう。

黒死病（ペスト）

一三四八年の黒死病は特異なものではなかった。黒死病は数世紀も前にアジアやアフリカを襲ったはずだが、その犠牲者に関する詳細な記録は残されていなかった。西暦一六五年から一八〇年にかけて似たような伝染病がローマ帝国を襲い、間接的にキリスト教を後押ししていた。なぜなら、動けなくなった犠牲者にキリスト教信者がパンや水を分け与える光景が、多くのローマ人にとって印象的だったからである。およそ三世紀後、腺ペストというもうひとつの伝染病がインドからやってきた。それは五四二年にコンスタンチノープルを襲い、ヨーロッパを横断した。この黒死病の最初の流行で死亡したひとびとは、頭痛や高熱の症状を示し、そして卵か小さなオレンジ大の腫《は》れものや横痃《おうげん》が肌に急に出現し、発症後六日以内に死亡した。不思議なことに、大きな腫れものができた病人が生き延びたようだ。中国や日本でも、たぶん黒死病に似た伝染病によって多くの死者が出たにちがいない。中国の開封では、一二三二年の伝染病によって数十万人の市民が亡くなったと言われている。都市がひどく襲われたのなら、周囲の地方部も病気によって同様に荒廃させられたにちがいない。

伝染病というのは動かずにいられない旅行者のようである。それは新たな旅路が開かれると勢いづく。モンゴルの侵略によってアジアの広大な地域をカバーする統一的支配が成立すると、古くからの隊商ルートに沿った貿易が再生され、それによってヨーロッパに向けて北西に移動する腺ペストの通り道も提供されたのである。ヨーロッパの港では、そこに住まうネズミと蚤によってペストが運ばれた。一三四八年にヨーロッパに到達した後は、急速に伝染し広まった。いくつかの都市――パリ、ハンブルク、フィレンツェ、ヴェネツィア――は、半数からそれ以上の人口を失った。村は都市ほどの感染からは逃れられたようであった。伝染病は冬にはゆっくりと、夏には急速に広まった。全部で、たぶん二〇〇〇万人のヨーロッパ人が、言いかえれば三人に一人が、死亡した。伝染病の怪物である黒死病のあとは、ときどきそれより小型の伝染病がやってきた。

それまでの数十年の食料不足に代わって、今度は労働力不足がやってきた。農地はもはや供給不足ではなくなった。ドイツのある地域では、無人村のほうが居住村より多く、以前は収穫する農民たちで騒がしかった農地も、雑草が生い茂り静まりかえってしまった。

ヨーロッパの中世は、しばしば西暦五〇〇年から一五〇〇年のあいだだと言われる。その前の一〇〇〇年間、そしてその後の五〇〇年間と区別すると、中世はより内向きであって、ひとびとは個人的業績に関してはあまり夢中にならなかった。これらの時代が物質的に達成したものがローマ帝国より少ないことは、失望の原因にはならなかった。たぶんほとんどのキリスト教徒は、勝利の時代におけるローマ市民は基本的に異教徒であり、それゆえにかれらが達成した多くのことはほとんど価値がなかったと、信じたのであろう。

中世におけるヨーロッパの多くの政治的・知識的指導者たちは、自分たちがローマ帝国に劣っているとは思わなかった。むしろそうではないと思っていた。かれらは、共通の宗教によって一体化した、独自の新しい帝国をつくっているのだと信じていた。かれらはそれを神聖ローマ帝国と呼んだ。それは二〇世紀後期のヨーロッパ連邦の前兆となるものだった。

第16章　新たな伝達者たち——新しい発見と発明

中世ないしは暗黒時代と言われる長い時代は、惰性によって完全に窒息していた時代ではなかった。ヨーロッパの北にいたヴァイキングと、南にいたイスラム教徒にとっては、その時代は暗黒時代ではなく、明るい時代であった。また、その時代の最後の頃には、ヨーロッパ全体において、冒険心や独創性が再興していた。一二世紀には大学——八世紀後には世界を取り囲むことになる施設——が現われた。同じ世紀に最初の風車装置が現れ、また、運河に設置する独創的な閘門《こうもん》というものも登場した。これによって、繁栄していたベルギーのブルージュ港につながる運河の航行が可能になった。採鉱技術が改善されようとしており、北ヨーロッパでは、将来重要な鉱物となる石炭が採掘された。同時に、風力だけで深海上を航行する船が、広い大西洋を探検できる可能性を静かに指し示していた。これは、進路を導く磁気コンパス（羅針盤）や、かじ取りをするための船尾方向舵を備えた船であった。

中国からはいぜん新しいアイデアが生まれ続けていた。それは、火薬、紙、インク使用技術のような、驚くべき革新を生んでいた。さらに注目すべきは、ヨーロッパ人がこれら目新しい技術を受け入れ、それを改善していたということである。時計づくりと印刷という専門的技法においては、ヨーロッパほど重要な場所はなかった。時計は、やわらかい金属製太鼓のように、時間が貴重であるというメッセージを、微妙に伝える媒体であった。

マス・メディアは中世にも存在していた。鐘、旗、のろしはマス・メディアであり、あるメッセージを数千人に対して連続的に送ることができた。中世都市における教会などの高い尖塔に取り付けられた大音響の鐘の音は、数マイル離れたところでも聞こえた。もっとも、聞いたひとびとはそれが礼拝式への招集なのか、だれか重要な人が亡くなったというメッセージなのかを判断しなければならなかったが。

通常羊毛から織られた色つきの旗は、読んだり数えたりできない世代のひとびとに、はっきりとした視覚的なメッセージを送った。一九世紀の後期には、黄色の旗は感染症を示し、白旗は戦場における和平要求だった。のろしは、戦争が起こりそうなときのもうひとつの伝達媒体であった。それぞれが見える距離におかれた一連のかがり火が整備され、それが順番に点火されることによって、戦争を知らせる静かな信号が、何キロも離れた首都や重要な港にまで伝達された。その他の強力な媒体として、静かな集団祈禱も見られた。

伝統的な媒体としては、人間の声が最も広く用いられた。中国の道端であっても、ジャワの寺院においても、ほとんどの知らせは口頭によって伝達された。ゆっくりと慎重に話された言葉は円形競技場のすべての隅に届いた。キリストも洗礼者ヨハネも遠くまで届く声を持っていたにちがいない。拡声器やマイクの時代に生きる現代人は、生の声がどれ程遠くまで届くか気がついていないのだ。一七三九年に若い福音伝道者であったジョージ・ホワイトフィールドが、アメリカ合衆国の都市フィラデルフィアの街頭で話をしたことがある。群衆がかれの声を聞き取ろうと周りに集まり、その周辺に立っていたベンジャミン・フランクリンは、何人のひとびとがかれの声を聞きとれているのか興味を持った。かれは心のなかで、話し手の声が聞こえなくなる間際の外周に線を引いた。かれは、その日三万人以上のひとびとがホワイトフィールドの声を聞いていると算出した。

時計の見えるところで

媒体としての話し言葉は、中世の後期になると印刷機の挑戦を受けたが、印刷以前に影響力を持つ媒体として話し言葉に挑戦したのは時計であった。ヨーロッパにおいて、ほとんどすべての大人たちが自分の時計を持つような日が来るとは、予想できないことであった。

初めて時計のチャイムを聞き、ぎこちなくダイヤルの周りを回る針を見たのは、イタリアの大きな町の住民たちであった。時計は、広場や近くの街路にいるひとびとが針を見ることができるように、塔の高いところに設置されなければならなかった。通常は時針だけで分針はなかった。市民はまだ時刻を言えなかったかもしれないが、少なくとも、自分の知識を誇示したい友人たちが時刻を言ったときに、了解してうなずくことはできた。たぶんヨーロッパで最初の時計は、一三三五年にミラノの大きな教会に設置されたものであろう。その鐘が毎時ごとに打つ音は夜通し聞くことができた。公共の時計は、教育が義務化される以前の世紀においては、計算技法——少なくとも一二まで数える——の根気強い教師なのであった。

塔の高い位置にある時計は時刻を伝えるだけでなく、時間は無駄にするものではないということを示していた。なぜなら審判の日が突然に訪れて、人はみな神から与えられた時間を勤勉に使ったと断言できるよう、厳しく求められると考えられていたからである。

西洋の機械式時計は中国に輸出され、そこで驚嘆された。中国からは、まるで交換するかのように、さらにもっと影響力のある発明の起源がもたらされ、ヨーロッパの町々において使用された。その発明とは、紙面に印刷する技術であった。

紙と本

紙とインクは印刷技術よりずっと以前にヨーロッパに届いていた。紙は最初に中国、日本、韓国で生産された。そしてすでに七五一年に、紙の生産方法を知る数人の中国人職人が捕らえられて、中央アジアのサマルカンドに送られた。そこでかれらはその技術を披露し、中国人が「近西」と呼ぶのももっともな地において、最初の非常に分厚い紙が生産された。この生産工程は結局アラブ世界に到達し、そして、その頃じょじょに羊皮紙を使用し始めていたヨーロッパにも伝えられた。羊皮紙は動物の皮からだけでつくられたもので、大型で二〇〇頁の手書きの本には八〇頭ほどの羊の皮が消費されたので、羊皮紙でつくられた本は、新しい紙面に印刷された本よりはるかに高価であった。

初期の紙は古いぼろ布や縄の切れ端を使い、水車を使用して繊維を紙に変えた。イタリアで古くから紙を生産している町、ファブリアノでは、流れの速い川での水車はもう回っていないが、いまだに山岳地帯の麓で紙作りをしている。ヨーロッパで紙が生産され始めると、あとは印刷の到来を待つばかりであった。

中国人は文字や画像を、金属ではなく、木や焼成粘土でつくった。韓国人は、一四〇三年に青銅製の可動式活字をつくったが、かれらの革新はヨーロッパには影響しなかった。ヨーロッパではまったく別の印刷法の前進がなされようとしていた、それは、アルファベット文字を耐久性のある鉛でばらばらに鋳造し、重いプレス機を利用して圧力をかけて、紙のうえに硬くはっきりとインク画像を金属製活版で転写するものであった。

ドイツの河畔都市マインツに住んでいたヨハネス・グーテンベルクはたぶん、プレス機だけでなく、金属製活版を使用して本を印刷した最初のヨーロッパ人だろう。かれの技術は、完璧なときなら、まるで後のタイプライターを使用したかのようであった。しかし、現代のタイプライターは、アルファベットの個々の大文字と小文字を含む単に四本の整然とした列を必要とするだけだが、グーテンベルクの印刷法は、アルファベットのそれぞれの文字の数百もの金属製活版をつくる必要があった。

グーテンベルクとかれの仲間であった印刷職人は、かれらの前にある椅子や棚に、多数のaという文字やbという文字など、すべてのアルファベットを並べた。このアルファベットの集まりから、職人たちは素早い手の動きによって、一連の個別の金属活字の列をつくり、そうして文章と節とを構成した。ワインの圧搾機や製本機の類型を使用して、ページサイズにされた多数の金属活字が新しい用紙に圧せられた。可動式金属活版による印刷技術は、中国語の五万字より単純なローマ字を基礎としたヨーロッパ言語にとってははるかに適していた。

グーテンベルクの印刷法から、新しい技術が模倣され適用された。一四八〇年までに印刷職人は、遠く離れたクラクフやロンドン、そしてヴェネツィアといった都市で働いていた。かれらが印刷したほとんどの本はまじめなもので、学術的で——学識者だけが文字を読むことができた——、ラテン語で書かれていた。

従来、紙にしても羊皮紙にしても、手書きの本の製作費は非常に高く、ヨーロッパにおけるほとんどの小さな教会は聖書を購入できなかった。教会は手書きの福音書をつくったが、それは大衆に話すために必要な、聖書のわずかな数節だけを含んだものだった。これらは中世における聖書の〝リーダーズ・ダイジェスト（要約）版〟であった。だが、印刷術のおかげで、いまや安価な聖書が手に入るようになったのである。

紙面印刷するという技術は社会革命であった。ヨーロッパはその技術を受け入れる用意ができていて、それを活用し改善するのに意欲をもやした。というのは、一四〇〇年代後期は精神的な目覚めの時期であったからである。印刷機はその覚醒を早めたのである。

意義深いことには、宗教上のメッセージを多くの人に伝えようという緊急の要望が、印刷機の発明や利用に対する拍車となったのだが、それは、最初に中国の仏教、ついでヨーロッパのキリスト教において強かった。しかし、イスラム教徒は、新しい装置に費やす時間はなく、実際に一九世紀まで印刷機を避けたのであった。

オスマンの征服

この急速な変化の時期において、ヨーロッパは知的な自信を持ちつつあったが、軍事的な安全からはほど遠かった。アジア内陸部からはモンゴル人が疾駆して来ており、その背後にはトルコ人も迫っていた。一時トルコ人は、主に中央アジアのトルキスタンに暮らしていた。有能な戦士であったかれらは、段階的に西側に到来し、モンゴルの進軍に乗じて、混乱していた多くの地域を占領した。一四〇〇年までにはオスマン・トルコは、ほぼ現在のトルコ全土を獲得し、さらにかれらの統治を遠くキリスト教ヨーロッパ社会にまで拡大した。かれらは、第一次世界大戦のガリポリ作戦で戦場となった海岸部を含むダーダネルス海峡の両岸を獲得し、ドナウ川の沿岸と現在のアルバニア、セルビア、コソヴォ、ブルガリア、そしてルーマニアの大部分を占領した。侵略したバルカン地方でトルコ人は、敵と同程度の支援者を見つけた。自分たちの労働力を利用していた裕福な土地所有者に対してうんざりしていた多くのキリスト教徒農民は、静かにトルコ人を歓迎し、宗教でさえ受け入れ、傭兵として軍隊に参加した。

トルコ人は有名な都市コンスタンチノープルを陸海両方からほぼ完全に取り囲んだので、そこは包囲された陸の小島となった。一四五三年の五月二八日、聖ソフィア大聖堂で最後の拝礼がおこなわれた日には、トルコ人は高い城壁を越えてコンスタンチノープルにまさに侵入しようとしていた。建設以来一一世紀を経て、この有名なキリスト教都市は征服された。一五一六年から一五二一年の五年間に、トルコ人はダマスカス、カイロ、ベオグラードなどさまざまな都市を手中にした。ヨーロッパ人がアメリカやアジアにおいて強引に自分たちの帝国を興そうとしていたまさにそのときに、アジアからトルコ人が強引にヨーロッパに侵入しようとしていたのである。かれらはいまやヨーロッパの強国となった。

トルコ人が寛容の目で見られたということは、一五〇〇年頃のイタリアにおいて宗教的熱意がわずかに衰退したことを示すものであった。ヨーロッパ内部におけるこのようなカトリック熱の衰退はまた、宗教的熱意を吸いこんでいた反対者つまりプロテスタントが台頭する道をも開いた。かれらの主たる敵はスルタンではなく、ローマ教皇なのであった。

第17章　鳥かご——ルネサンスと「発見」

一五〇〇年直前の西ヨーロッパに起こったことは、それまでの世界史における重要な出来事の収斂《しゅうれん》のうちで、最も注目すべきもののひとつであった。それはまるで十字路のようであって、そこではほとんど偶然に、航海者と画家、聖職者と教師や科学者が特別な出会いをしたのだった。

そこには、絵画や彫刻の新しい方法や、建築における新たな視点が現れた。それは、全体として見るならば、ルネサンス、すなわち再生と呼ばれた。また宗教的目覚め、つまり宗教改革が北ヨーロッパを席巻した。新旧の知識を広める素晴らしい方法である印刷技術が、町から町へと急速に伝わった。アメリカ大陸の発見とヨーロッパから東アジアへの全海路の発見が、つぎつぎと連続しておこなわれたので、完全に新しい世界が出現した。不思議なことに、おたがいに非常に接近して生じた出来事のこの重要なまとまりをすべて包含する呼称はない。今さら容認される呼称を提供するのは、ほぼ確実に遅すぎるのだ。

これらの出来事は世界の新しい見方を反映した。多くの芸術家や建築家が、人体であれ物の見方であれ、周囲にある現実を新たな目で見るようになった。合理主義者も聖職者もそれぞれが、人間性を再発見したと信じた。天文学者や航海者は天空図や航海図を新たに作図した。すべては、疲れ果てた目を塩で洗い流し、新たに見たいという希望を反映していた。もしこのような世界を見る新たな見方や、それらから湧きあがる興奮が感染しないとしたら、それこそ驚きであろう。印刷技術がその感染性を高めた。われわれが必ずしも見つけることができないような道に沿って——なぜなら、宗教や芸術や航海はたがいに異なる分野であり、異なるひとびとによって統括されていたから——、これら別々の分野がたがいに影響しあった。この刺激的な時代の一産物であるプロテスタンティズムも、印刷技術の発明によって大いに助けられたのである。

これら一連の発見が革命的であった一方で、各々は、過去に対する尊敬から生じている面もあった。多くの芸術家はギリシアやローマなどの失われた世界に魅せられ、それをふたたび捉えようとした。マキャヴェッリのような世俗の思想家たちは、市民の愛国心を吸収しようと、精神的に古代ローマを再訪し、一方で、神学者たちは聖アウグスティヌスや昔の教父たちの正確な言葉を捉えなおそうとした。航海者でさえ、当初はなにか新しいものを探していたわけではない。かれらは単に中国への陸路に代わる海路を探したいと願っていたのである。同時に、最初のうちは過去に魅せられていたものの、神学者、出版者、画家、そして航海者はみな、探検家であった。時代や雰囲気が知的冒険心を元気づけたのである。だからと言って、過去によって縛られていた目隠しが突然取り除かれたというのではない。目が見えてくる過程はじょじょに起こったのであり、芸術や建築においてはたぶん最も漸進的であって、三世紀にわたって勢いをつけなければならなかった。

一五〇〇年頃にあらゆるものを見るうえで、新しい見方が開花したようである。レオナルド・ダヴィンチが若い女性の肖像画「モナリザ」を完成させる少し前に、スペインはアメリカ大陸を発見し、ポルトガルはインド洋に向けて航行した。すぐ後にはミケランジェロがローマにあるシスティナ礼拝堂の天井に『旧約聖書』をテーマにした絵画を完成した。アルプスの反対側では、マルティン・ルターが、不当な課税に反対し、それによってローマがシスティナ礼拝堂のような豪華な展示に金を出していることに抗議していた。

これらの芸術、宗教、学問、印刷、そして航海技術にいたる広範な変化は、それぞれがヨーロッパのあちこちで開花したので、たがいに強く結びついていたようには見られないことが多い。芸術や建築は主にイタリアの中央部や北部とオランダで繁栄し、宗教改革者たちはまず北ドイツやスイス湖畔の船着き場で活発になった。活版印刷はドイツのラインラントで発明され、勇敢な航海者はポルトガルやスペインの大西洋の港から出港した。意義深いことには、主要な出来事がアルプスの南側ではなくて北側で、そして地中海沿岸ではなくて大西洋岸で多く起こったのは、ヨーロッパの歴史において初めてのことであった。

キリスト教ヨーロッパの一部はその興奮に寄与しなかった。それは拡大するイスラム教の手に落ちていたからである。一五二九年にトルコ人はウィーンを包囲さえした。だが宗教改革は、進軍するトルコ人の三〇〇〇キロメートル圏内で起こっていたのである。

実に多くの分野において起こったこれらの覚醒は、新しい後援者を得ていた。強力なローマにおいては、教会が芸術の後援者となったが、勃興していた豊かな商業都市が、これら多くの発見者たちを養成し資金援助もしたのだった。それは芸術、技術、航海分野のいずれにおいてもであった。フィレンツェやジェノヴァ、ゲントやニュルンベルク、ジュネーヴやチューリッヒ、リスボンやセビーリャの商家たちは、かれらに後援者や融資、そして、しばしば新しい視点に共感する姿勢を提供した。これら商人の町の人口はヨーロッパのなかではわずか一部に過ぎなかったが、かれらは精力的であった。

発見者は、ヨーロッパと呼ばれる大きくてわびしい中世のかごに長いあいだ入れられていた鳥たちのようであった。かごのドアが半開きになり、一羽、もう一羽と逃げ出した。かれらは、新しい自由のなかで夏の羽を見せながら、かつてない歌声をあげたのである。

鳥かごが開く――「地理上の発見」

鳥かごがこのうえなく楽観に満ちて開かれたのは、一四九二年の八月に、クリストファー・コロンブスと三隻の船が、スペインから危険な航海に出たときであった。かれの航海は一五世紀の最も重要な出来事に分類されてもおかしくはない。

コロンブスが大西洋を横断する七〇年以上も前に、他の人たちが先にそのルートの地図を作成していた。ポルトガル人は一四二〇年にマデイラ諸島に定住していた。その一一年後にアゾレス諸島が発見された。洋上では単なるシミのようなアゾレス諸島は、アメリカ大陸には遠く、リスボンからは約八〇〇海里、ニューファンドランド島からは一〇〇〇海里の距離にある。ポルトガル船は南にも航行し、アフリカ大陸沿岸に沿って進んだ。一四八七年には、勇敢なディアスが大西洋をさらに南下すべくリスボンを後にした。大陸が見えないまま数週間が過ぎたところで、アフリカ大陸の最も南岸の辺りを航行し戻って来た。帰りの航海中、かれは陸の近くで見た南の岬を「嵐の岬」と名づけた。だが、その当時でさえ、広報活動（PR）の技術は広まっていて、結局その岬は「喜望峰」と名づけ直された。

要するに、コロンブスは、すでに多くのことが知られつつある一方で多くのことがいぜんとして未知であった海洋への冒険を、計画していたのである。かれはポルトガルからの資金援助を期待したが、ポルトガルはすでに独自の単純な地理学理論で満足していた。そこで、かれはスペインに支援を求めたのだった。

一四九二年八月のスペイン、地球は丸いということを十分に理解したコロンブスは東を調査するために、西に向かって出帆した。かれは中国に向かっているのだと信じて大西洋を横断し始めた。そのような期待は今となっては不自然なようだが、かれには実際に狭い海洋を横断しているのだと信じるべき理由があった。当時は、海洋はわずか地表の七分の一で、広大な大洋などというものはまったく存在しないと、誤っ

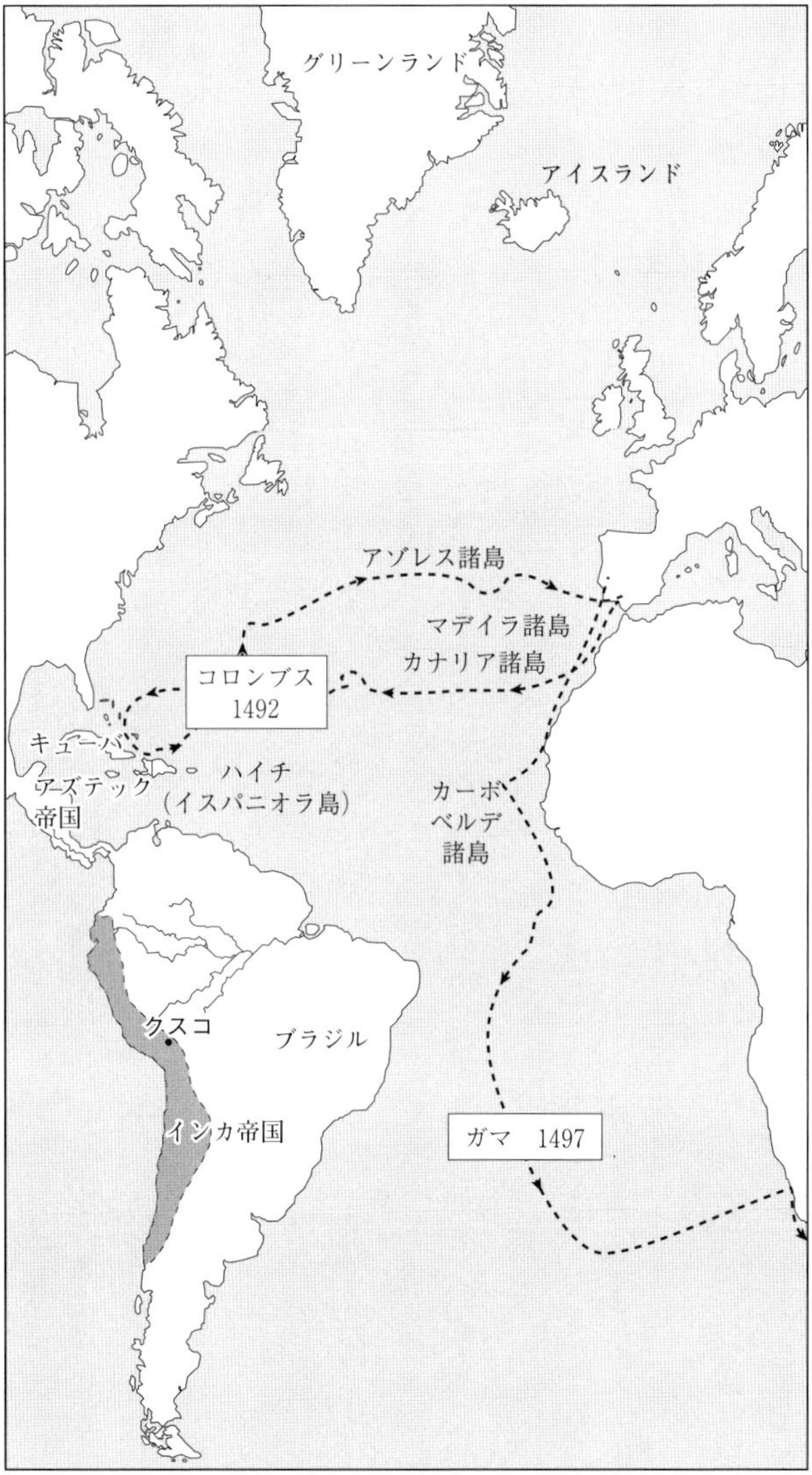

ヨーロッパ人探検家が渡ったアステカとインカ帝国（1500年）

て信じられていたからである。これは古代の地理学者プトレマイオスが信じたことで、かれの名は死後一〇〇〇年以上たってもなお崇敬されていたのである。

長いあいだ西ヨーロッパに知られていなかったプトレマイオスの本が、コロンブスが初の航海に出るわずか一五年前に、偶然にも、イタリアの都市ボローニャの新しい印刷所から出版されたのだった。コロンブスは、プトレマイオスの本によって、西方に向けてさほど遠くまで航海せずとも中国の海に到達すると再確信したのである。中国沿岸や港の簡単な概要はすでに存在しており、コロンブスの目的地が中国南岸の港である汕頭ないし広州であった可能性がある。

スペインの沿岸をはるか後にして、コロンブスは確信をもって西方ないしは南西の方向に航行した。暗い夜にさえ航行した。かれは実際には、フロリダの方向に航行していて、一四九二年の一〇月七日に、大きく広がった渡り鳥の群れが南西に飛んで行くのを見た。かれはそれらを追うように航路を変えた。潮風が香りよく、「セビーリャの四月」のような香りがすると、希望を込めた観察をしたからである。

とうとう海岸線が見えてきた。かれは岸に向かって小舟で行くとき、勝者の感覚を味わったにちがいない。それは西インド諸島の島であったが、かれはそれをインドだと思った。ここからアメリカ大陸のひとびとがインディアンと呼ばれるようになり、コロンブス自身も、スペインへ帰るとすぐにインド総督という名誉を与えられたのだった。

コロンブスは、キューバとハイチの島々を見た後、一四九三年三月にスペインに戻った。かれの発見のニュースは、たぶん人が月に初着陸したとき以上の大きさの驚きを引き起こしたことであろう。一七隻の船団を従えて行ったかれの二度目の探検では、かれはイスパニア島（ハイチ）において、新半球における最初のヨーロッパ人街を建設した。一四九八年八月、その三度目の探検では、かれは実際にアメリカ大陸に達し、現在のベネズエラの海岸に上陸した。一五〇六年にコロンブスが死んだとき、ヨーロッパ人は、かれが航行した沿岸部から程遠い場所にあった注目すべきアステカ帝国とインカ帝国をまだ見てはいなかった。かれは偉大なドアの鍵を開けたが、死んだときには、そのドアは単に半開きにしか過ぎなかったのである。

コロンブスが、アジアだと思った場所への初航海を成功させて戻った四年後、ポルトガル人は異なる航路によってアジアに向かう独自の大探検を計画した。一四九七年にヴァスコ・ダ・ガマが、一七〇人の船員と三隻の船でリスボンから出港した。赤道を横切りアフリカ南部の辺りを航海するのに、コロンブスの初航海以上の日数を、陸地が見えない洋上で過ごした。それほど長く陸地から離れて航行した船はたぶん他になかっただろう。かれは、東アフリカの沿岸ではイスラム商業圏内に入り、モザンビークの港ではアラブの船と出会った。それ以降は平易な航海だった。イスラム教徒であったインド人の水先案内人は、実際にインドの西岸に向けたインド洋の航海を案内してくれた。かれはイスラム教徒の協力を得て、コロンブスのように遠隔地への新たな航路を発見した。クリストファー・コロンブスやヴァスコ・ダ・ガマのこれらの航海は、数千年以前にあった農業のゆっくりとした発見以来、世界史における最も重要な出来事であった。ポルトガルの航海は、以前には船で接触することはできなかった世界の二つの活動的で豊かな地域をつないだ。スペインの航海は、人が住んではいたが遠く離れてたがいに知らなかった二つの世界を結びつけた。これらに相当する出来事は、他の惑星に先進的な生命が発見されない限り二度と起こらないであろう。

モンテスマの広間

数世紀早く、ヴァイキングも、コロンブスと同じ大陸の荒涼として人もまばらな地域に上陸していた。だが、かれらの上陸はそれ以上のことはもたらさず、かれらの上陸のことはすぐに忘れ去られた。しかし、コロンブスとスペイン人たちは、アメリカ大陸の中心部近くに上陸したのである。そこは、かれらが知らなかったような、広大な菜園や金・銀の鉱山や大きな都市や帝国さえもが存在したのだった。

一五一七年にスペイン人の航海者グリハルバが、キューバから大陸の港町にむけて西に航海した。九か月間ゆっくりと航海し、たびたび沿岸に上陸したあいだに、たくさんの印象的な光景を見た。かれはまた、内陸奥地の高地にある裕福なモンテスマ二世の帝国に関するニュースと噂をキューバに持ち帰った。アステカの皇帝は、海岸部のマヤのひとびとから恐れ嫌われており、かれの領地に危険を冒して行くスペイン人はみな、大胆な人物で、十分な準備をしていなければならなかった。モンテスマの領土に侵入するよう選ばれたエルナン・コルテスは、大胆ではあったが、どこか準備不足であった。かれは三四歳で、リーダーとして、闘士として未経験であった。かれは、身長がやや低く、少しかがんで歩き、ガニ股であった。歴史上最も驚くべき軍事的勝利のひとつを達成した男は、まだ堂々たる風采を帯びてはいなかったのである。

コルテスは一五一八年一一月、小型船による少数船団を率いて、キューバから出港した。かれに従った五三〇人のヨーロッパ人のうち、石弓に火をつける熟練者が三〇人もいて、実際のところ、かれの兵士の多数は火器より弓矢に熟練していた。かれの船には、大部分が個人の召使であった数百人に及ぶ男女のキューバ先住民が乗船しており、他に二、三人のアフリカ人奴隷もいた。船上には一六頭の頑丈な馬が囲いに入っていた。アメリカ先住民はそれまで馬を見たことがなかったので、馬は相手を驚かす武器となった。船団が上陸したとき、現地の見物人たちは、馬の大きな蹄やその大きな口の様子を怖がった。

一五一九年のイースターには、コルテス一行は内地への進軍を休止し、中央アメリカの町ポトンチャン（訳注：現タバスコ）で三週間を過ごし、パーム・サンデー（枝の主日）には町の中央に十字架を建てた。町を出る前にコルテスは、かれが必要とした現地語、ひとつは海岸沿いのマヤ人に知られ、もうひとつは内地のモンテスマ皇帝によって話されていた言葉を話すことができる快活な女性（マリンチェ）を贈られた。コルテスはすぐに贈られた通訳者を気にいった。キリスト教徒として洗礼を受けマリナと命名されたその通訳者は、すぐにスペイン語を話すようになった。コルテスにとってのかの女の価値は、ある歴史家によると、間違いなく青銅製の大砲一〇門分に値した。かの女の言葉によって、コルテスがまさに入ろうとしていた奇妙な土地が理解できるようになったのである。

モンテスマの都市はテノチティトランと呼ばれ、太平洋と大西洋間のほぼ中間にある高原に位置していた。海抜二五〇〇メートル近い希薄な空気を吸いながら、その都市は山岳近くの長い湖内にある島に存在していた。今日ではメキシコシティの一部だが、湖は消滅している。

遠方よりその都市を訪れると、世界中で最も驚くべき経験をすることになる。旅行者は、万年雪をかぶった山を一つ越え、まただいたいは山林におおわれた高い山々を越えて、やっとひとつの高原に到着した。そこから見降ろすと、湖が見え、そして遠くにこの文明の歴史的建造物であった石造ピラミッドをかすかに見ることができる。三本の土手道が湖を渡ってなかの島の都市と二〇万人の人口に通じている。それは世界で最も大きな都市のひとつであった。スペイン人のなかで新世界に航海する前にヨーロッパを広く旅したことのある人のなかには、わずかにコンスタンチノープルとナポリの港湾都市だけがこれほど大きいということを知っていた者がいたはずである。もっとも、中国においてさえ、これより大きい都市は多くはないことも知られていた。

アステカ帝国自体の領域は現代のイタリアとほぼ同じ大きさで、人口は六〇〇万ないしは八〇〇〇万人であった。かれらは船の建造や建築術に長け、また、一級の金細工職人や宝石職人を有し、数学の能力が高く、七面鳥や野鴨の飼育、さまざまな植物の栽培などの農業にも熟達していた。周知のように、かれらはヨーロッパ人によって採用、考案された主要な発明のいくつかを知らなかった。だから、かれらは、青銅や鉄、ネジや釘を知らなかった。車輪も知らず、機械的滑車や火薬や深海用の船も所有しなかった。

人命のいけにえが、この島の都市の暦をほとんど支配していた。いけにえの行為は、宗教的祭礼より屠殺工程のようだった。儀式的いけにえがより頻繁であった以前の世紀には、そのほとんどが男性から選ばれた数千人もの犠牲者が、同月内に殺されることもあり得た。死後の人生はさらに重要で、この世の人生よりずっと長いと考えられていたので、儀式的に殺されるために寺院に連れて行かれた少年少女たちは、少なくともかれらの報いは続いていくという慰めを持っていた。

いけにえの処刑は、高いドラマ性をもって執りおこなわれた。聖職者が取り仕切り、イデオロギーによって正当化され、とりわけ貧しい両親のなかには、我が子とともに歩み出て、いけにえをよろこぶ者もいた。祖国から引き離された戦争捕虜やまったくの異教徒は、いけにえの祭壇や石製ナイフを見て、同じように慰められるということは考え得なかった。すでに血痕がある祭壇に下ろされ、鋭い火打石の刃をつかんでいる僧侶の手を見ることが、数万人に及ぶ犠牲者にとって最期の光景であった。心臓は巧みに切り取られて儀式的に燃やされた。

そのような大都市を養うということは巧みな組織と重労働のたまものであった。都市は、荷を運ぶ動物のようなひとびとによって、食糧や穀物、薪、建築資材が保管できた。アメリカ大陸には荷車はなく、かりにあったとしても、それを引く馬や去勢牛がいなかった。薪や食糧は湖からの短距離なら舟で運べたが、メキシコ湾からのような遠距離物資輸送は、二五キログラムに近い重さを支えることができた特別な荷袋を担いだひとびとの行列によって運ばれた。道路の一部は急峻な坂道であり、運送する者は力持ちでなければならなかった。

湖畔の土壌の多くは肥沃であった。四〇〇〇年以上ものあいだ、そこは比較的単純な木製農具で耕されており、この数世紀には、都市から運ばれる肥料や、湖や温泉から引かれた水による水路で灌漑することにより、その肥沃さを維持してきた。多産のトウモロコシや豆類、青野菜、唐辛子、かぼちゃ、そして果物などの作物が湖に近い地域で収穫された。他のどの植物よりトウモロコシこそが、この成功した経済の秘訣であった。一キロメートルに植えられたトウモロコシは、ヨーロッパにおける同程度の面積に作付された小麦やライ麦が食糧として支えた人口の三倍の人口を賄った。

このようなモンテスマの都市を征服することが、大胆にもコルテスによって計画された。かれは戦闘の当初から、絶望的に数で劣っていることを知っていた。さらには、かれは祖国から遠く離れた、敵が熟知している土地で戦うのだった。計算上では、かれの不利な点は有利な点よりずっと多かったが、かれは、是非スペイン人に奉仕したいというアステカを嫌う地元住民から、偵察役や荷物の運搬者、食糧の提供者、そして兵隊として生命に関わる支援を受けた。かれは、一五一九年一一月に到着したとき、地元民が長いあいだ期待していた神の生まれ変わりかもしれないと考えたアステカの指導者たちからも、言わく言いがたい支援を受けた。コルテスの勝利は世界史上最も驚くべき勝利のひとつであった。

色黒い容貌と鷲鼻を持ち、丁寧で雄弁なモンテスマ二世は恐れ入って降参した。コルテスは帝国を、そして皇帝の子供たちすらも引き継いだ。

第18章　インカとアンデス

アステカ帝国は崩れ落ちた。だが、ずっと南の遠くアンデス山脈のなかに、比較的新しいもうひとつの帝国があった。それは、アステカより手ごわいものに見えた。インカとして知られた皇帝に統治されたその帝国は、カリブ海の新しいスペイン人の港からはずっと離れていた。さらにその都市や村々は、山脈や小峡谷によって防御されていた。

アンデス山脈の中腹から山麓の斜面とそれに隣接する太平洋岸は、長いあいだ、採集民や狩猟民で占められていた。人類世界から取り残されたこの場所は、紀元前三〇〇〇年頃に動き始めた。それは、ラマやアルパカやテンジクネズミといった三種類の有用な家畜を飼いならしたときからであった。その一〇〇〇年後には、ここのひとびとはアジアやアフリカやヨーロッパでは知られていなかった二種類の価値ある植物、つまりトウモロコシとジャガイモを栽培していた。作物への灌漑という点では、かれらは、中東の谷間の都市が直面する地勢的な障害に比べると、さらに困難な障害になんとか対処することができていた。キリストの現れた時代までに、ナスカ人は、灌漑の目的のために地下水の流れを分岐させようと、ペルー南部の山腹にトンネルを掘っていたのである。段々畑や排水建設は印象的なものである。ますます多様になる有用植物の栽培の技術をかれらが持っていたことも、同様に称賛されるべきであろう。

ヨーロッパにおける中世は、物質主義的な定義によれば、「暗黒時代」であったが、アンデス山脈における同時代は「光明の時代」であった。アンデス山脈に沿った町や村は、新しい技術や作物や道具によって変化していた。一四〇〇年のアンデス山脈の小国家は、いくつかの点では、それに匹敵する同時代のイタリアの都市国家に似ていた。異なる点は、アンデス山脈には多数の独立した国家があり、その多くは一つの谷とその周囲の斜面しか持っていなかったということであった。波形の地形が孤立を助長していた。少なくとも二〇のまったく別な言語が話され、たぶん一〇〇ないしはそれ以上のエスニック・グループがあり、それぞれが中腹や山麓の斜面や、太平洋岸の帯状の土地に領地を有していた。その後わずかな期間に、ある超大国が台頭してきた。スペイン人が到着したとき、この大国がここを支配していたのである。

これら多くの集団やミニ国家のあいだの戦争は、この頃ほとんど常態となっていた。このうち比較的大きな戦争のあいだに、敵の灌漑の仕組みや菜園――これらは数世代にわたる労働と工夫の結果であった――が破壊され、女性や子供たちは捕虜として取られ、家畜や作物は殺されるか強奪された。穀物を「挽くのに使用した石」も被征服者から強奪された。この長い戦争のあいだに、インカ人が勝利を収め、一四三八年頃からかれらの領土が拡大し始めた。

もともと現在のペルーのクスコ周辺の高地にあったインカ帝国の人口は、四〇万人ほどであったようだ。連続する戦争と、戦争の脅威の後で、インカ人は他のすべての集団を支配するようになり、総勢一〇〇〇万から一二〇〇万人を支配するようになった。その領土は、コロンブスがアメリカ大陸に最初に上陸した時点では、スペインやポルトガルの王国を小さく感じさせるほどであった。インカ帝国は、北方では現在のコロンビアとエクアドルから、南方では現在のチリの中央部までを支配した。今日では、かつてインカ帝国に支配された領域が、五つの独立した共和国によって占有されているわけである。

インカ帝国がそのように広がっていたので、中央から遠い前哨地に兵士を送るとした場合、兵士が最終的に目的地に到着するまでに、六〇日ないしは八〇日ほどを費やしたかもしれなかった。帝国は素晴らしい道路網で結ばれていたので、そのような長距離を歩くことは容易だった。古代のローマと中国の道路や橋はさらに優れていたが、それ以外では、インカの強制労働者たちによって建設された道路に匹敵する道路を持つような昔の帝国はなかった。結果的にインカ帝国の道路は、二万三〇〇〇キロメートル以上に伸びていた。それはアジア大陸の最大幅を横切る程の距離であった。二本の主要道路が並行して走っており、一本は太平洋沿岸をチリ北部の砂漠までも横切りながら伸びており、もう一本は山脈に沿って伸びていた。二本の幹線のうち忙しいほうの山道は、一〇〇〇もの丘を上り下りしていた。場所によっては、それは二五メートル以上の道幅があったが、急峻なところではジグザグの小道のようになっていた。インカ人は荷車を持たなかったので、道路が非常に急峻でも異常に狭くても心配する必要はなかった。沼地を渡らなければならないときには、土石で狭い土手をつくった。川を渡らなければならないときには、浮き橋――浮遊歩道――をつくった。峡谷が道路の進行を妨げたときには、太いロープのつり橋をつくって架けた。これらの橋のいくつかは三世紀後にもまだ利用されていた。

急流の上高くに架けられた橋を使者が走り抜けていった。かれらは裸足ではなく、なめしてない皮からつくられたサンダルを履き、それを毛織のひもで足に結びつけていた。かれらはまた頭も保護していた。長く伸びた平坦な道においては、使者は驚くペースで移動した。かれらの伝達が伝わるスピードは、リレー方式によって促進されていた。つまり街道に沿って二、三キロメートルごとに置かれた小屋で、つぎつぎと使者が待っていたのである。

伝言と同様に至急品もそのリレーによって運ばれた。たとえば、高官が楽しみにする鮮魚の小包も、長距離を運ばれて届けられた。高官が望めばかれ自身もこの道に沿って運ばれた。通常の輸送方法は、二本の並行の棒を四人で担ぎ、真ん中に椅子が置かれるものであった。

たしかに、その道路は侵入者にも役に立つはずであった。だが、当面は、インカ人が最盛期にあった。戦術に長けた優秀な将軍たちが軍隊を率いていた。この将軍たちが士官を養っていたが、男女を含めた下級の歩兵を養ったのは被征服者たちであった。さりとて、帝国は決して反攻的な臣民の帝国であったわけではなかった。インカ人は戦争で疲弊した地域に平和をもたらしたのである。かれらはまた、少数派集団が戦わずして降参する限り、協力しあう意欲をも持ち込んでいたのだった。

ある年には、新しい故郷に向かって長距離を歩くひとびとの行列が、この幹線道路に沿って見られたかもしれない。インカ人は、後世のソ連や他の帝国のように、外国人を分散し種々のエスニック集団を混住させるならば組織的な反乱の可能性が少なくなることを知っていた。この同じ道を、巡察が必要だったり戦闘がありそうだったりした遠隔の地へ向かう兵士たちが歩いた。道路にそって一定の間隔でおかれ、被征服者によって維持されていた倉庫があり、それが兵士に食糧を提供していた。

ひとびとと同じように荷物運搬用のラマもこの道路を使った。これら荷物運搬用の獣毛に覆われた動物の多くは、雨で洗い流されたときには、黒や茶色の模様のある見栄えの良い、白いコートを見せるのだった。ラマは、ラクダ類の一種として、目立ったこぶはないものの、四〇、五〇キログラムの荷を運ぶことができ、それによってアンデス文明において荷車の欠如を補ったのである。

太陽と月と雷

インカ人は強い信仰心を持っていた。重要な決定がなされる前には、神々への嘆願がおこなわれた——この戦闘に、あるいは、次の収穫に、神々が恩恵を授けて下さいますかと。太陽や月は神々であり、ひとびとは恐縮しながらその助けを求めた。太陽は、熱を授けるものとして親しまれ、天国はその暖かいところにあると考えられていた。対照的にインカ人の地獄は寒い場所であった。

太陽は男性神で、皇帝はその子孫だと宣言し、神の権利によって統治した。太陽によって暦が決まり、毎年太陽が赤道から最も遠い南に来る一二月のある日が、インカ暦の開始の日とされた。したがって、かれらの一年は暑いときに始まったが、それはヨーロッパで寒いときに一年が始まるのとほとんど同じ時期なのであった。

太陽神は好みの植物を持っていて、その葉からはコカが採れた。コカはその特性において霊的なものであった。元来、コカ葉をつくる熱帯低木はアンデス山脈の東の山麓丘陵に沿って自生したが、いつか栽培されてアンデス山脈の海側の山麓の畑に移植された。コカは、山の急斜面から苦労して造成された平坦な畑で栽培され、水が乾ききった土地を横切る長い水路によって畑まで運ばれた。コカの価値は高かったので、石を用いた囲いや壁をつくることによって泥棒から守り、また、灰色ギツネが侵入して神聖な作物に排尿することも防いだ。

コカの葉はかごや繊維袋に入れられて、幹線道路を首都まで運ばれた。首都では、それは王国の高官や寺院の管理者だけが手に入れることができた。コカはライムと混ぜられ、頬を膨らませながら嚙まれた。それは興奮をもたらしたので、太陽への崇拝に捧げられた寺院において、予言をするための助けとなった。現代でも、同じ植物から少量の添加物がとれて、一九〇五年までコカコーラ飲料と薬物のコカインに使われていた。

今から一〇〇年前まで、世界全体で知られたさまざまな社会のなかで、インカ人の社会は、その女性に対する姿勢において、おそらく最高水準の部類に属していたにちがいない。女性は財産を持つ権利のみならず、かの女ら独自の力強い神を持っていた。インカ人の二つの主神のひとつである月は女性神であり、尼僧によって祀られた。月は女性の多産を司り、女性の出産を保護するとされた。女性の経済的役割は男性と同じように尊敬され、葬式ではかの女たちの働きに対して、必要な捧げ物が贈られた。男性の墓にはかれが使用した鍬が埋められ、女性はかの女が新しい綿の糸を巻き取ったり、よったりした際に使用した木製の棒や紡錘とともに埋葬された。

動物のいけにえ、特にテンジクネズミや価値あるラマのいけにえは、宗教儀式の重要な部分であった。戴冠式のような盛大な出来事の際や、開戦という危険な決断をする際には、人間のいけにえが要求された。一〇歳から一五歳の子供が大人より純粋と考えられたので、通常はそのような子供が選ばれた。自分の子供が選ばれることは名誉なことだと考えられていた。

首都の城壁や寺院から遠く離れた地域では、多産の神が豊作を与えてくれることを期待して、年間の適当な時期に人命が計画的にいけにえとして捧げられていたかもしれない。作物が生育する時期が短く、夏が短くて乾燥していると悲惨な事態ともなる高山では、若い少女をいけにえにしてそれを逃れようとした。

一九九五年の春に、海抜六〇〇〇メートルの雪が溶けてインカ人のいけにえが見つかった。その少女はインカ統治最後の数十年間に、たぶん、人のいけにえが雨乞いの唯一の頼みの綱であった干ばつの年にいけにえにされたようである。凍結のため良好に保存された少女はおよそ一三歳とみられ、どうやら死の直前は健康だったようだ。

儀式的いけにえが頻繁におこなわれ、人の血液が豊富にあったので、それは医学的実験に使用された。世界の別のところで輸血が成功するずっと以前に、インカ人は病人への輸血に成功していたことが証明されている。ほとんどすべての南米原住民の血液型が同じであったので、輸血はイタリアと比べて安全であった。イタリアでは複数の血液型が存在したので、輸血が大胆にも試みられたのは、たぶんインカ帝国が崩壊してからちょうど一世紀後が最初であったと思われる。インカ人のもうひとつの熟練技術は手術にあった。かれらは、必ずしも脳を傷つけることなく、負傷者や病人の頭蓋骨の一部を切り取ったり、骨をそのままの位置で擦って清潔にしたりした。繊細な手術の成功率はたぶん六〇パーセントの高率であったろう。この成果からすると、これらインカ人の先駆的な手術者は、感染を防ぐための消毒薬を使用したと考えられる。

インカ人やかれらに先だつ多くの小国家の経済的生活は、アンデス山脈の独特な地勢を把握することによってのみ理解できる。地形や気候が多様だったので、ひとびとが高地に向かって歩いていくと、かれらは実質的にある新しい国に入ることになり、つぎつぎと別の国が続くことになった。アンデス山脈のなかで、気候的・地理的に区分しうる四つの地域が、まるで傾斜する梯子に立っているように、隣接していた。それは、通常であれば海上や陸上で数千キロメートルも離れたような違いを持った地域であった。その四つの地域は、緯度の差異よりもむしろ高度差によって分かれていた。それは言ってみれば、ノルウェーがオランダの上にあって、オランダがシチリアの上にあるといった配置であった。これらのまったく別の地域が、長い航海によってではなく、ジグザグの山道や、ときに道路でつながっていたのである。

斜面や谷底には暖かく乾燥した地域が位置し、灌漑によって、果物やサボテンはもちろん、トウモロコシでさえ栽培された。少なくとも海抜五〇〇メートルの中腹には、農業に最も適した地区があった。ここにはトウモロコシや豆類やかぼちゃや、蛋白質の豊富な穀物のキヌアが生育した。

ずっと高い所には、さらに涼しく湿った第三の農業地区があった。ここにはたぶん合計二五〇種ほどの驚くべき多様なジャガイモや芋類が生育した。ジャガイモを栽培できる地区よりさらに高い所は、夏に行楽に行く高原であった。この高地の多くではラマの群れが草を食んでいた。動物が屠殺されると、肉は細長く切られて、陽光で乾燥された。初期の南米先住民は、今では世界中の多くの場所で知られている植物類を発見し栽培することに目ざましい成功をおさめていた。かれらは、ジャガイモ、サツマイモ、トマト、豆類、カシューやピーナッツ、コカ、唐辛子、マニオク、ないしは、キャッサバ――ヨーロッパではタピオカとして知られている――、そしてパイナップルを栽培していた。菜園用としてのトウモロコシは、南アメリカとメキシコにおいて独立した起源を持つ。ここではまた、ゴムの木が育成し、特有な種類の綿花が漁業用の網や釣り糸生産に使用された。

山岳民は、宗教においては大変保守的だが、非常に発明の才があった。かれらは金梃《かなてこ》を発明して採鉱に使用し、非常に効率的な菜園用の鋤も考案した。かれらは鋲や金属の半田付けを学んだ。これは、主としてかれら独自に創造した文明であった。中央アメリカやアステカから得たものは、たぶん自ら考案したものより随分少なかっただろう。

インカの衰退

スペイン人が到着したとき、インカ人はそれまでの約一世紀弱のあいだ、山や高原や砂漠、湿ったジャングルや万年雪などからなる帝国を領有していたことになる。スペインの影響は病気の形で襲来し、先住民のあいだに急速に伝染した。国境の戦場にいたインカの皇帝は、一五二五年頃にインカ帝国領内に戻ろうと南下していたが、そのときに奇妙な病気に倒れた。かれの死の到来は早かった。だれがかれの後を継ぐのかという問題は、インカ帝国にとって、ヨーロッパの君主制と同じように、非常に重要なそして不和を生じさせるような問題であった。インカ人の主要グループは、実際の敵が襲来する前に突如として内戦によって危険な状態に陥ってしまった。

多くの場合、世界で最も影響力のある権力中心地にいるリーダーたちは、自らを外部からの来襲に免疫があるかのように考えて、自分たちがもはや最強ではなくなっていたまさにそのときにも、おたがいに戦っていたのである。かつて古代ギリシアでは、頻繁にこのような事態が見られた。ヨーロッパでさえ、一九一四年に、そして一九三九年にふたたびその自信過剰な罠に陥ったのである。同様にインカも、強力な未知の敵であるスペイン人がかれらの領地のほとんど入り口まで来ていることも知らずに、内戦に没頭したのである。

さて、インカ人は、侵入者とともに到来した新しい病気という敵に、厳しく襲われることになった。クリストファー・コロンブスがアメリカ大陸を発見したとき、かれが出発してきたヨーロッパでは天然痘が流行していた。気づかないうちにそれを、二〜三人のスペイン人が大西洋を横断した船で運んでしまったのである。一五一九年までには、その病気がイスパニョーラ島まで達し、たぶん人口の三分の一が死んでしまったようだ。天然痘は、インカ人の征服を企ててパナマを出帆したフランシスコ・ピサロに従ったスペイン兵の、秘密かつ意図しなかった武器であった。一五三二年一一月、スペイン人は簡単にインカ皇帝のアタワルパを捕獲した。天然痘という見えない味方が、すでにスペイン兵より先に襲来し、多くのインカ人を死亡させていたのであった。

天然痘で死にいたる速度は、それ自体が、死を見たひとびとにとって絶望と無力感の原因となるほどのものであった。この病気は、わずか一二日間潜伏したのち、脈拍の上昇、口の渇き感、胃のくぼみの痛み、背中の急性痛、そしてしばしば吐き気の症状を示した。病気から生き延びた人も、吹き出物やかさぶたをつくった。それは、発熱後約一六日目に剝がれ落ち、ときには「あばた」がずっと残って顔を醜くした。

すでにウィーンやマドリッドの街路では共通する光景となっていた痘痕顔は、アメリカ大陸でもよく知られるようになった。一五三〇年までに、天然痘は、南のボリビアからずっと北の五大湖まで広がりつつあった――あるいはすでに広がっていた。

その間に、アンデス山脈の高地斜面やミズーリ州を横断する丘に建つ村や先住民の小屋では、別の病気の悪夢が急襲した。天然痘の直後にはしか（麻疹）が襲来したのである。発疹チフスも襲来した。それはスペイン自体においても比較的新しい病気で、キプロス島から戻った直後のスペイン兵に最初に認められたものであった。インフルエンザが忍び込んできて、それは一五四五年にアメリカ大陸で最初に確認された。続いて百日咳、ジフテリア、猩紅熱、水痘、そしてマラリアでさえも侵入してきた。そのすべてが住人にとっては初めてであったと思われ、したがってなおさら致命的であった。

スペイン人の到来から最初の半世紀間に、メキシコだけでも何人が病死したのかは、際限のない計算と学者の推測の主題となった。コルテスが到着したときにはメキシコの人口はたぶん八〇〇万人ほどであったであろうが、半世紀後の人口は三分の一以下に減っていた。ずっと南部にあったインカ帝国でも死者数は数百万人を数えた。人口の少ないいくつかの地域では一〇人中八人が死んだかもしれない。

アメリカ先住民に対するスペイン人とその病気の衝撃は悲惨であった。文明は砕かれた。主要都市における文化的で経済的な生活は大きく崩壊した。ただし、人口の少ない地域では、それは何十年ものあいだ、ほとんど変化なく残存した。数百万人が死んだ一方、他の者はインカ帝国の奴隷ないしは服従の制度にかえて、スペイン人へのそれのもとに置かれることになった。敗者にとっての長期的な慰めは、たぶんカトリック教義であったろう。それはラテンアメリカを支配することになった。

このような破壊的な変化の大きさは、侵略が逆方向に起こった場合を想像することによって理解できる。

アステカ人やインカ人が突然ヨーロッパに到来し、かれらの文化や暦を義務化し、キリスト教を禁止し、マドリッドやアムステルダムに数千人もの犠牲者用にいけにえの祭壇を設置し、実質的に黒死病並みの強力な病気を無意識に拡散し、キリストや聖人黄金像を融解し、ステンドグラス窓に投石し、教会堂の側廊を武器や食糧倉庫とし、知らないギリシア彫像やローマの円柱をひっくり返し、メキシコやペルーの高地に、貴金属や奴隷、年季奉公人、そしてその他の戦利品としての人間を持ち帰ったと考えればいいのだ。

第19章　宗教改革

ヨーロッパでは、全能のカトリック教会が危機的な状態にあった。教会は、非常に多くの裏口や落とし戸を容認して、規定の料金を支払えば、金持ちはもとよりくだらぬ者たちにも安全に天国に滑り込めると期待することを許していた。聖人たちは、慈悲と免罪符の保管所を護っているのであって、裕福な罪人の場合、その死に際して救済を求めお金を支払うならば、かれらに慈悲と免罪符を配布することができるのだと、信じられていた。免罪符や特許のなかには、金銭や奉仕活動の見返りに与えられるものもあったが、それは健全な精神的基盤に基づくものであった。したがって一〇九五年、異教徒からエルサレムを救うための十字軍遠征のあいだ、ローマ教皇ウルバヌス二世は、「名誉や金銭を得るためではなく純粋な信心から」海を渡った十字軍兵士の罪を許すと約束したのだった。

大聖堂の建設のための寄付金に感謝するために、天国の門番に提示することができる聖なる受領書つまりパスポートが発行された。一四五一年にドイツのシュパイヤーの壮大な聖堂が再建築されるとき、少なくとも五〇人の聖職者が「法衣をまとって」座り、告白を聞いた後に、寄付をした巡礼者たちに許しを与えた。四半世紀後、ローマ教皇は、すでに亡くなっていて煉獄に住んでいる人のために免罪符を販売することを許した。これの意味は、要するに、金持ちならば、死亡した親戚がその死に際して許しの必要はないと感じていたかもしれない罪に対して、もみ消し料を支払うことができるようになったということである。反面、貧者は、貧者であるがゆえに、このような告白は認められなかったのだった。

キリストの血を売ること

教会は、今日なら慈善基金調達係のような職業的集金人を従事させて、免罪符を販売した。中世の教会は、今日の大部分のキリスト教団体よりずっと永遠の罰ということを信じていたので、免罪や一時的救済というものを販売することは、神学体系の鍵となる教義の破壊なのであった。それは教会をわずかな金貨のために売り払うに等しいものであった。カトリック教会には、まったく献身的で立派な聖職者や修道士や修道女がまだ大勢いたが、例外も多かったのである。

北ドイツの聖職者であったマルティン・ルターは、正道から離れつつあった教会に疑義を呈し始めた。炭坑夫としては成功した父を持ったかれは、ヴィッテンベルクの小さな町で聖書神学の教授をしていた。かれは、反抗したときには三三歳であった。

マルティン・ルターは、免罪符や定価の付いた免罪符束の販売という習慣を嫌悪した。一五一七年一〇月三一日、カレンダー上重要な「諸聖人の祝日」の前夜に、かれは、ラテン語で書いた抗議書をヴィッテンブルク城教会の扉に貼りだした。かれの声明は九五か条の論題からなり、その書き出しは「主はひとびとに生涯の悔い改めを求めた」から始まっていた。かれの論点は、扉の周りに群がったひとびとにとって間違えようのないものであった。それは、実際のところ、幾人かの押し売り人がわずかなコインと引き換えに、後悔の必要のある者たちを免罪しているのに、なぜ礼拝者が悔悟しなければならないのか、ということであった。

ルターは今でも生きていると見られている。優れたドイツの画家であったルーカス・クラナッハはかれを知っていて、かれをキャンバスに捉えようとした。そして、強そうでやや粗野な農民の顔を描いた。小さな鋭い目を持ち、耳を覆う髪を生やし、顔には二、三日に一度しか剃らないような無精ひげを残していた。鼻は、強い小鼻ででこぼこして、まるで夕食の匂いを嗅いでいるようだ。かれの顔は、かれが食欲旺盛だったことを窺わせるが、同時にその禁欲主義的な性格も伝えている。もし、この強そうな人が道を歩いていたり、日曜日の説教壇に立っていたりするのを見たら、その農民のような強さと用心深さの組み合わせが注目を集めるであろう。

ほとんどの宗教改革者と同様に、かれもカトリック教会を去りたいとは思っていなかったが、しだいしだいに元には戻れない遠い位置まで追いやられてしまった。教会は当然のことながら、かれが残れるための条件を指示した。だが、かれはそれを受け入れることはできなかったのである。

ドイツ語圏の都市だけでも、二〇〇を超える印刷機が、プロテスタント宗教改革と言われる出来事をよろこんで助けようと、まるで待ち構えていたかのようだった。カトリック教会による聖書の独占は、キリストの名がほとんど知られていない土地（訳注：中国）から借用されたとも言える発明によって、終わろうとしていた。それまでは聖書は貴重な手書き本で、非常に希少だったので、教会では唯一の写本が机につながれていたのだった。だがいまや、キリスト教世界において初めて、福音書が、村の教会やまずまず裕福な商人が購入できるような価格になった。いまや、簡単な説教を含むパンフレットが、印刷機の力を通して、かつて一回の説教が届いたよりも多くのひとびとに到達することになったのである。

マルティン・ルターは印刷所をかれの仕事に与えられた神からの贈り物だと考えた。かれは宗教的パンフレットを書いて、それを自分の最新の説教とともに印刷所に渡した。かれは聖書をドイツ語に翻訳し始め、一五三四年には力強くも簡単な散文体でそれを完成させた。

わずか二〇〇〇人しかいなかったヴィッテンベルクの町は、たちまちのうちに、ドイツ印刷産業の中心地として発展した。夏の暑い日など、印刷所が窓や戸を大きく開けていたときには、新しい紙や強いインクのにおいが、町の道路に充満したにちがいない。ルターが抗議した年にはドイツ中でたった一五〇の著作が印刷されただけだったが、六年後の一五二四年には九九〇もの著作が印刷された。それらの半数以上がヴィッテンベルクで印刷された。ほとんどはルターにとって有利なものであった。印刷機はかれにとっては、「福音書を推し広める」馬の集団であった。

ルターは抗議者であって、当時の用語ではプロテスタントであった。かれの抗議は、いくらか政治的で社会的なところもあったが、第一義的には宗教的であった。ある程度はかれの影響を受けて、ヨーロッパの数百もの町が、著しい宗教的覚醒によって揺り動かされた。数百万ものひとびとが、神はかれらのそばにいるのだと感じるようになった。かれらは、自分らが感じた喜びや解放感や安堵感を十分に表現することができないほどであった。ルターは、救いは善行にではなく、神への純真で献身的な信仰にあると考えるようになった。かれの説教を聞いた数万のひとびとは、かれの議論と情熱によって深く動かされた。

ルターが空を照らした灯りは、じょじょに消えていったかもしれないが、フランス語を話す説教者ジャン・カルヴァンの努力は別であった。フランス北部で生まれパリで教育を受けたかれは、ルターのような人を惹きつける力は持たなかった。かれが説教をしたときも、舞台感覚はほとんどなかった。ジュネーヴの湖岸の大教会で、かれの話を聞きたいと肩を寄せ合って立っていたひとびとを印象づけたのは、かれの独創的な精神と、印象的なメッセージと、強烈な誠実さであった。カルヴァンや、牧師会として知られた聖職者たちや、都市国家の支配者たちによって統治されたジュネーヴは、ヨーロッパの宗教と道徳の名所となった。

あらゆる改革や革命には、すべてが改革されるべきだと主張するひとびとと、改革最初の期間の後で「もう十分にやった」と言うひとびとのあいだに、緊張が生じるものである。カルヴァンは、ジュネーヴで大変人気のあった大勢の古いキリスト教徒たちを、教皇絶対派として軽蔑して非難したので、かれの支持者の間でさえ反感を買った。一五四六年には、牧師団は、その方針を正式に公表することなく、幼児洗礼の儀式のために連れてこられる赤ん坊に、その土地のカトリックの聖者の名前ではなく、聖書風に聞こえる名前を与えるべきであると決議した。町の一人の床屋がその赤ん坊である男の子を満員の教会に連れて行き、ジュネーヴでは最も人気のある三洗礼名のうちのひとつであるクラウドという名前をつけてもらおうとしたが、牧師は厳粛にかれをアブラハムと命名した。床屋は子供をつかみ取り、家に連れて帰ってしまった。これは、信徒会をはじめ、噂話が語られるすべての場所において、大騒ぎとなった。

カルヴァンの教義の中心は、現在では大いに議論されることになろうが、今より宗教的な時代に生きたひとびとには合理的で適合的にみえる信仰であった。かれは予定説を信じていたのである。かれは、神は全知であるから各人の生がどのように展開するのかを事前にわかっているのだと信じていた。本質的には、ある者は、生まれながらに天国に行ける運命にあると定められていたが、その他の者は、精神的に途中で落伍する運命にあると定められていて、なにをしてもその最終的な運命を変えることはできないというのである。主流であったカトリックの教義のほうは、ひとびとは善行によって救われるかもしれないと説いていた。またルターは、ひとびとは神の慈悲への深い信仰によってのみ救われると説いていた。だが、カルヴァンは、それらの考えを退けた。神は全能なのであり、神の決定だけがひとびとの魂を救うことができるというのである。この教義はわたしたちにとってはあまりにも不平等に見える。カルヴァンに言わせれば、わたしたちの公平の概念は不適切だと言うことであろう。かれの考えによれば、そして神の眼から見れば、すべてのひとびとはある意味において無価値なのであった。非常に多くのひとびとが最終的に救われるという事実は、生来その権利を持たないひとびとにまで及ぶ神のあふれる寛容を意味した。カルヴァンはムハンマドに似ていないわけではなかった。というのも、神はずっと以前に各人が良かれ悪しかれ為すことを定めていると信じていたからである。

カルヴァン牧師の予定説の立場は、かれの会衆を安心させ、鼓舞した。典型的なカルヴァン派集会においては、聴衆のなかには、聖書的文脈の踏み石のうえに構築された長い説教のなかでカルヴァンが述べたこの信条によって恐怖を感じたものも、たぶんいたことであろう。しかし、ほとんどのかれの聴衆は、自分をすでに選ばれし者であると楽天的に想定していたのである。

この感情的な数年間に、普通のひとびとの多くは度胸をきめて古い信仰に執着するか、新しい信仰に帰依するかのいずれかを選んだ。もちろん、死刑や投獄や財産の没収などで脅されて、その土地の支配者の考えに従った者もたくさんいた。しかし何十万というひとびとが、新しい信仰に賭けるか旧来の信仰に執着するかの危険をともなった決断をしたのである。

再洗礼派

カトリック教会に対するより根底的な反乱は、再洗礼派（アナバプティスト）と呼ばれた分派によるものであった。ギリシア語の〝再洗礼〟にちなんで命名されたかれらは、宗教改革の武闘派であった。かれらが最初に現れたのは、ヴィッテンベルクの東にあったツヴィッカウにおいてであり、やがてチューリッヒやその他ヨーロッパ北部の数百もの都市に姿を現した。かれらは、町から追い出されると、暖かい時期には、喜んで野原で礼拝をし、流水で洗礼を施すことによって大人の改宗者たちを洗礼した。かれらは多様な形で現れ、多くの信仰を育成した。大部分の信者は、幼児洗礼の考えに反対した。それは、洗礼というものが、あまりに尊い贈り物であって、キリストのために生きて死ぬということを意識的に決断できない生後一日の乳児に授けられるべきではないと信じたからである。再洗礼派は、他のどのプロテスタント・グループよりも貧困者のあいだで影響力を持った。分派のリーダーたちは、自らの命を賭けて、支配者たちに意見する心構えができていた。

再洗礼派は、ルター、カルヴァン、ツヴィングリ、そして初期の宗教改革の偉大な説教者たちからは、気違いや邪悪な者として非難された。再洗礼派は、多くの支配者からは、宗教改革の泡だとみなされた。〝再洗礼派〟は、悪口の言葉となった。悪名高いのは五人の女性と七人の男性からなるストリッパーの話である。かれらは、一五三五年のアムステルダムで、自分たちは裸の真実だけを説教するのだということを強調するために、服を脱ぎ、「ああ、ああ、ああ――天罰だ」と叫びながら街中を走ったのである。この一二名の再洗礼派は処刑された。再洗礼派は、宗教や社会秩序の反対者として恐れられて、ほぼどこにおいても迫害された。オランダとフリースラントだけでも、一五三五年以降の一〇年間で約三万人が殺されたが、さりとてかれらが生き残った地域もまたここであった。

ルターが死んでから一〇年して花開いたカルヴァン派は、宗教改革に新たなエネルギーを与えた。四〇年間に改革のメッセージは翼を得て、その生まれた場所から遠く離れた地域に到達した。一時は、西部、中部、南部ヨーロッパのほとんどが、競合しあう新しい宗教のどれか一つに改宗するかもしれないように見えた。北ドイツのほとんどはルター派が占めた。フィンランドからデンマークおよびアイスランドまでは、ルター派が大聖堂を支配した。ポーランドとハンガリーでは、カルヴァン派の信教が町々を席巻し、特に富裕層にその形跡を残した。オランダとイギリス――スコットランドのハイランド地方を除く――では、宗教改革派が勝利した。フランスにはジュネーヴから若い牧師たちの長い行列が行進して来て、特に大西洋岸の港湾部において広い支持を集めた。イタリアにまでもかれらはやって来た。再洗礼派はビチェンツァで礼拝をおこない、他の宗派はヴェネツィア近くに拠点を置いた。

プロテスタント各派は、カトリックが太鼓判を押した多くのことに敵対した。カトリックは、盛大な宗教催事や豪華な行列や大司教の冠にある宝石を信奉した。対照的に、プロテスタント派の多くは簡素を主張し、裕福になっても、教会の窓にはステンドグラスを入れないことを好んだ。カトリックは、ご加護を期待できる聖人たちの聖なる団体を信奉したが、改革派の多くは、聖人たちをつつましいキリスト教徒とキリスト自身のあいだに立つ不要な仲介者として退けた。カトリックはしばしば教会の壁をキリストの彫像で装飾したが、改革派は聖母マリア像も含め彫像をすべて破棄した。

カトリック教徒は聖職者の指導力を信じたが、多くの改革派は、すべての信者が聖職者であると信じた。かれらの目からすれば、誠実に聖書を読んで神の霊感を謙虚に待つキリスト教徒は、どんなに貧しくても、カトリックの教区司祭におとらぬ精神的権威を持つものなのであった。カトリックは聖職者が結婚できるという考えを長いあいだ放棄してきたが、いまやプロテスタントはその考えを改めた。ルター自身も尼僧と結婚したのである。

新しいプロテスタント主義は、カトリック教会に対する反乱の暗い面と明るい面を呼び起こした。カルヴァン派の大部分は、荘厳な音楽や高尚な聖歌隊などは不要だと信じていたので、楽器の伴奏を入れずにかれらの声だけによる会衆全体の声楽を強調した。言葉が最も重要なのであり、音楽は単に言葉を運ぶしもべでしかなかった。初期のカルヴァン派は、音楽を礼拝を助けるものであるとともに魅惑的な落とし穴でもあるとして扱ったので、中世のシトー派修道士が提唱したように、質朴さが必要だと繰り返したので

1500年ごろの西ヨーロッパ

ある。

一方、ルター派は、北ドイツの豪華な音楽の伝統を維持した。それは、ルター派の助力を得て、ルターが初めて抗議をしてからほんの二世紀後に驚くほどの開花を見せた。北ドイツにおいては、二人の若い音楽家――ヘンデルとバッハ――は、ルター派オルガン奏者のブクステフーデが音楽を演奏する特別な礼拝を聴くために、それぞれにリューベックの港に歩いて巡礼した。ゲオルク・フリードリッヒ・ヘンデルは、かれ自身がルター派聖職者の孫であった。ヨハン・セバスティアン・バッハは、かれの見事な音楽的成果のほとんどすべてを、ルター派教会音楽のオルガン奏者、カントル（訳注：聖歌隊の先唱者）あるいは指揮者として従事した期間に作曲したのだった。かれのオラトリオとカンタータのほとんどは、ライプツィヒにある二つのゴシック大聖堂のルター派会衆のために書かれた。この大聖堂では、毎週日曜日の午前七時から始まる三時間の礼拝式のうちの三〇分をカンタータに割り当てた。それは通常バッハが作曲し、三〇～四〇人の歌手と演奏者のために自ら指揮したのであった。長時間の教会礼拝は、プロテスタント派の熱意が高かった当初の三世紀間の特徴であった。

鋭い剣と鋭い言葉――対抗宗教改革

カトリック教会は、ルターやカルヴァンが聖書を引き合いに出して抗議をした後、自らを批判的に吟味した。教会は、ルターが言ったほどに頻繁にあったわけではないが、ともかく重大な悪習があったとして、これを禁止した。専業の集金人による免罪符の販売は、一五六二年のトリエント公会議によって抑制された。司教はもはや管轄する司教区を長期間不在にすることはできなくなった。音楽と典礼――ほとんどプロテスタントと同じくらいに多様であった――が統制された。新しいバロック様式の建築が、元気を取り戻してやや控え目になったカトリック信仰の新たな肯定表現となった。これは特にスペインとスペイン領西インド諸島で繁栄することになった。若い聖職者を訓練するために、神学校が開設された。新たな宗教秩序が教会に目的をもたらし、イエズス会やカプチン修道会が、古いカトリック秩序に加わって、新たな土地に宣教師を送った。

四〇年後には、潮の流れは、抗議するプロテスタント派にとって逆潮となった。中央ヨーロッパでは、ほとんどの支配者は、すべての臣民にひとつの宗教、つまり自らの選んだ宗教を信仰させることを決め、抗議するひとびとを追いたて始めた。支配者の宗教と違った宗教を実践することは、反逆行為だとみなされた。いまや、プロテスタント派の拠点は、北西ヨーロッパに限定されるようになった。つまり、かれらが完全に勝利したスカンジナビアのほか、イングランドとスコットランド、北ドイツのほとんどの公国、オランダとスイスのある程度の都市や州に限定されたのである。これらすべての土地ではカトリック信仰が禁止された。同様にカトリックの土地では――それはヨーロッパの人口のほとんどを占めていたが――他のいかなる信仰の礼拝も禁止された。

宗教改革の初期の数十年間は、イスラムの初期の数年に似ていた。ともに改革者たちは言葉と同様に剣にも頼ったのである。ルターのメッセージも、諸侯と軍隊の支持なくしては、バルト海両岸の広大な領地を勝ち取ることはできなかった。カルヴァンが成功したのは、ジュネーヴのスイス連邦の支配者が後援したからであった。他方、フランスにおいては、かれの教義は、君主を勝ち取ることができなかったので、南部と西部における強固な拠点も失い始めていた。そして、パリにおいて、一五七二年のサン・バルテルミの日には、約二万人のプロテスタント教徒が虐殺されたのだった。

プロテスタント派が勝利した――あるいは支配者によって勝者となることを許された――ほとんどの地域において、かれらは権力を中央集権化する傾向を持ったが、かれらはまた民主化の流れも始動させた。カルヴァン派は、会衆の年長者たちが影響力を持つ教会統治制度をつくった。それは、ルター派と同様に、教会ではなく聖書が究極的な控訴院であり、そして聖書にこそ、すべての信仰心を持つ知的なキリスト教徒が訴えることができるのだと説いた。カルヴァン派においては、他のどのカトリック信徒団より一般のひとびとが影響力を持っていた。

結局のところ、プロテスタント派は、アルプス山脈の南やピレネー山脈の南には進めなかった。かれらの勝利は、大西洋沿岸からかなり離れたところで得られた。スペインは、ユダヤ教徒やイスラム教徒やプロテスタント派が新しい植民地に移民することを許可しなかったが、イギリスやオランダは、プロテスタントの反対派が新しいアメリカ植民地に出港することを許可した。ボストンその他のニューイングランドの町々では、カルヴァン派の改革運動が激しく燃えあがった。アメリカ合衆国の勃興、その特有な文化、当初の激しい討論の助長、そして最終的な民主主義は、たぶん他の別個的事実のどれよりもプロテスタント改革派に負うものであろう。

当初、宗教改革は、女性にとっては打撃だったようである。たぶん西洋で女性たちが自己の権利を行使する力を持っていた唯一の組織は、女子修道院と君主制においてだったのだろう。女性が女子修道院を統治していた。そして、修道院が都市のなかに価値ある資産を持っていたときには、それを管理する女性責任者はさらなる権力を持っていたのである。したがってチューリッヒのベネディクト女子修道院長は町の運営を助けていた。だから、プロテスタント派となったほとんどの国において、権力のある修道院を閉鎖することは、間接的に女性の権力を縮小するということであった。だが、ひとつだけその代償があった。ほとんどのプロテスタント派教会は、女性であっても男性であっても、可能な限り多くのひとびとが、聖書を読むべきであると信じた。そしてその結果として、読み書きを教える学校がさらに多く開校されることになったのである。

女性の識字率は着実に拡大し始めた。ルター派の本拠地であるプロイセンは、一七一七年に少年少女への教育を義務化した。一七八〇年に、オランダの都市アムステルダムでは、驚くべきことに新婦の六四パーセントが婚姻時の登録に署名していた。その他のひとびとは、同意署名が求められる箇所にぎこちなくバツ印を書いていたのである。イギリスでは、一五〇〇年に、約一パーセントの女性が文字を読めたに過ぎなかったが、それは一七五〇年には四〇パーセントに上がった。カトリックの国々も、遅れてこの革命的傾向に追随したのだった。

これとは対照的に、ロシア教会では、識字率が後戻りした。ロシア正教会の支持者は他のどの国のキリスト教会よりも多かったが、その聖職者は教育に乏しく、多くは聖書を読むより、記憶あるいは怠慢から、詠唱することのほうに熟練していた。会衆のなかには聖書を読むことができる者がほとんどいなかったので、聖職者の権威は固定されていた。新・旧約聖書からなる完全な聖書は、一八七六年まで、近代ロシアでは自由に所持できるものではなかったのである。

魔女を見張れ

宗教への関心の高まりは、異常な形をともなった。多くの高徳なものと同様に、多くの邪悪なものもあらわになったのである。ヨーロッパの多くの場所で、魔女が増えていった、いや、そう言われた。

宗教的熱狂の時代には、慈悲や美徳への信仰は、ひとびとの生命を破滅させる邪悪な力への信仰をともなっていた。そしてその邪悪は魔女という姿をとった。なにか悲劇が起こると、それはしだいに魔女の企みだとされるようになった。経済的打撃が村や家族を襲ったときは、罪を犯した魔女が捜索された。魔女の告発のほとんどは、日常生活のなかでの口論や緊張や困窮から起こった。魔女と出くわすことは、二〇世紀後半に空飛ぶ円盤を見ることのようだった。一度その考えが地域を捉えると、それは早急に広まった。

ヨーロッパでは、一四五〇年から一七五〇年までの三世紀のあいだに、一〇万人あるいはそれ以上の〝証明された〟魔女が、わずかな数の地域に集中して現われた。スコットランドの南西部やフランス東部においては、魔女が特に活発だと言われた。ヨーロッパでは、長い期間で見ると、見つけられた魔女のほぼ三人に一人はドイツに住んでいた。

魔力の流布にはいくつかのパターンがあった。イングランドやハンガリーでは、有罪とされた魔女の一〇人中九人が女性だったが、アイスランドとエストニアでは、告発され有罪とされた人のほとんどが男性だった。ヨーロッパ全体では数万のひとびとが、魔女として死刑を宣告されたが、その四人に三人は女性だった。多くは年老いて醜かったが、ある者は若くて美しく、そして若干の子供たちもいた。イギリスでは、独身中高年女性か未亡人が典型的な魔女で、年老いて貧しく、よく隣人と口論する女性であった。

宗教的な緊張が魔女探しを激しくし、魔女たちはしばしば敵対する宗派が向かい合う町や地域で見出された。宗教的に均一な土地では、たぶん魔女の告発をすることはずっと少なかっただろう。ロシアでは魔女はほとんどいなかった。アイルランド、ポーランド、イタリア南部、その他いくつかのカトリックの強い土地や地域では、魔女の逮捕はまれだった。

きわめて宗教的な時代には、ほとんどすべてのひとびとが、組織化された邪悪な力を信じていた。数百万対の目や手を持った悪魔が世界規模で存在し、かれの召使として魔女を選んでいると思われていた。ヨーロッパ以上にアフリカではさらに、魔女はひとびとの生命に甚大な損害を与えると信じられていた。この邪悪な力を強調すること――それはもはや西洋文明における信仰としては顕著なものではないのだが――が、魔力に対する十字軍や魔女に対する残虐行為を正当化する要因であった。

悲劇は、西洋の文明がついに魔女を信じることを止めたときに、善はもちろん悪につき進む人類の計り知れない能力までも信じることを止めてしまったことである。二〇世紀前半には、数百万人もの、教育を受け洗練されたひとびとが、冷酷な道に対する準備ができておらず、そこでは、どれ程立派な呼び名を適用しても、魔女の時代がたいした災難ではなかったかのように見えるほどの大きな邪悪が、ヨーロッパを荒廃させることになるのであった。

第20章　インドへの航海

ポルトガルからインドへの道は特別の航路ではなくなった。だが、それは、それまで世界で知られた最も困難な航路であって、アメリカ大陸への航海の比ではなかった。毎年四、五隻の船がポルトガルからインドに出港したが、それらの船長は、風を最適に利用しながら、危険な嵐や海岸にぶつかるのを避けるように、航路を注意深く計画しなければならなかった。リスボンからの出港に好都合な時期は三月の前半であった。なぜならその後の約六か月間かけて喜望峰を越えてインド洋の途中までを航海すると、今度はそこで好都合な風向きに恵まれたからである。もし出港が遅すぎると、避難場所まで戻ることをよぎなくされるような、困難な風向きに遭遇するかもしれなかった。もし出港が一年の反対の時期におこなわれたら、インドへの航海は一年かそれ以上続くことになりかねなかった。

ポルトガル船のなかには航海中にブラジルに寄港するものもいたが、ほとんどの船はどこにも寄港しなかった。実際に初期の船長たちは、寄港した際に、かれらが歓迎されるとか、あるいはせめて不意打ちがなくて安全だと感じられる港を、アフリカではまったく見つけられなかったのである。荷物を十分に積み込んだポルトガル船がアフリカ大陸の最南部沿岸を通過して北上すると、通常、アフリカとマダガスカルのあいだにある広いモザンビーク海峡を航海する。沿岸部に沿ってほとんど紅海にまでいたり、それから東に曲がり、アラビア海沿岸に沿って、インドの目的地の方向に進んだ。だが、リスボンで乗船した兵士や商人は、そのような長期の荒々しい試練に対して、精神的準備をしてはいなかった。

出港後二、三週間もすると、通常木製の大樽に貯蔵された新鮮な水は、腐敗し始める。航海が進むにつれ水は少なくなるので、顔以外に頻繁に身体を洗うことなどできなかった。詰め込まれたひとの多さ、熱帯地方での長期の航海、そして新鮮ではないフルーツや野菜によって、病気は容易に蔓延した。一六二九年から一六三四年のあいだに五〇〇〇人以上のポルトガル兵士がリスボンから出港したが、半分以下の人数しか生きてインドに到達できなかった。ほとんどの船は、病人から三、四リットルの放血をするだけの治療を好む外科医を乗船させていたが、その治療はめったに奇跡を起こさなかった。

ゴアはポルトガルにとってインドでの中心的な港となった。結局ゴアは二〇世紀までポルトガル領だった。ゴアからは年に一度、貿易用の積み荷が積載された大型船が、マレー半島のマラッカや中国のマカオ、そして日本へと出港した。ここでも船長は、西太平洋の季節風の恩恵を受けようと航海の時期を調整した。新しい季節風の到来は信号のようなもので、一方向から来る船に青つまり〝進め〟の信号を、そして別方向からの船には赤つまり〝止まれ〟を示したのである。

アジアとヨーロッパのあいだで交易された船荷は、ほとんどが高い輸送費を賄える高価なぜいたく品であった。中国や日本には、緋色の布や、羊毛の衣服、水晶やガラス、インド更紗（訳注：インドでつくられた木綿地に手描きや木版プリントで模様を表した染め布）、そしてフランドルの時計が到着した。インドに、そしてやがてはヨーロッパに戻る船の船倉には、珍しい医薬用原料だけでなく、大量の中国絹や絹製品が積みこまれた。別の〝船荷〟品は、中国人の奴隷や使用人であったかもしれない。

ゴアでは、一年の一定の時期に、ポルトガル船が帰路につく航海の準備をした。それらの船は、中国品に加えて大量の紙——西部インドは紙の故郷だった——や、シナモンその他の香辛料を載せた。火薬の重要な原料であった硝酸カリや、インディゴ染め、綿反物、そしてついにはゴルコンダの炭坑で採れたインドダイヤモンドのコンテナも積みこまれた。そのような船荷からすると、インドは魔法のように豊かな土地に見えた。一六〇〇年頃のほとんどのヨーロッパ人の目には、インドという固有名詞は目も眩むほどの富と同義語であった。ウィリアム・シェークスピアのいくつかの劇は、その輝きを表していた。『十二夜』という劇では、マライアは黄金の少女として〝私のインド産金属〟と呼ばれた（訳注：小津次郎訳『十二夜』岩波文庫では「小悪党」、小田島雄志『シェイクスピア全集Ⅲ』白水社、一九八六年では、「うるわしのきみ」、木下順二『シェイクスピアⅥ』講談社、一九八八年では、「金無垢のおねえさん」と訳されている）。インド産の輝く金属に似ているということは、二倍に価値あることだったのであった。

ポルトガルに戻る船に文字通り詰め込まれた船荷に加え、しぶきや潮風にさらされた甲板に置かれたり結びつけられたりした個人の船荷もあった。どの船員も船荷を積んでリスボンで販売する権利を持っていた。少年船員でさえ、インドの露店で香辛料を買うことができたら、木箱の三分の一をシナモンで一杯にする権利を持っていた。実際、高級船員（オフィサー）や一般船員は、私有貨物を保管する場所として甲板を使用する独占的な権利を有していた。甲板は束や包、木箱や木枠などが、ある程度の風で船が不安定となるぎりぎりの位置まで高く詰め込まれていた。甲板に沿って歩くことは障害物競争のようだった。この喜望峰を迂回していく海路は、経済的重要性において、数世紀にわたって黒海から中国の城壁都市まで中央アジアを横断した長い隊商路やシルクロードに取って代わった。海路が確立されて一世紀あまりの後、広東省の川沿いの路地ではオランダ語が聞かれるようになり、ポルトガル語がアジア交易の混成（ピジン）語になり、さらに混成英語の前身になりつつあった。一方、日本茶や中国茶――天文学的価格で買われた――が少しずつ西ヨーロッパで飲まれるようになった。

聖職者も初期のポルトガル船で喜望峰を迂回してやってきていた。初めにやってきた一人はフランシスコ・ザビエルで、貧しく献身的な生涯を過ごすことを誓った初期のイエズス会修道士であった。一五四二年にインドに着くと、かれはポルトガル領の港ゴアを宣教師の旅の拠点にした。かれはインドにやってきた最初のキリスト教徒ではなかった。紀元六〇〇年までにはマラバル海岸に、シリア語を話す何人かのキリスト教徒が存在していた。だが、ザビエルは活動的であった。かれは、遠い日本まで旅をし、そこで改宗に成功したのである。

新世界における初期の宣教師たちは、プロテスタント教徒よりはるかにカトリック教徒が多かった。そこでのかれらの勇気ある冒険が大きな効果をもたらすことになった。かれらが先行した理由は、部分的には、アメリカ大陸とアジアの両方における二つの先駆的なヨーロッパ植民国家がカトリック国だったからである。実際にコロンブスの大航海以降四半世紀を経るまで、プロテスタントは誕生していなかったのである。

だが、たぶん、ルター派やカルヴァン派やイギリス国教会が異教徒への伝道団を組織しなかった最も重要な理由は、それらの聖職者のほとんどが、ローマ教皇権への反抗の一部として、結婚していたという事実であったであろう。一六〇〇年の時点で、妻や若い家族に向かって、アメリカ大陸やアフリカやアジアの不健康な熱帯の港に行く聖職者に同行するように言うことは、早死しろと言うようなものであった。さらには、カトリック教会は比較的一体性を持っていた。これはその使命を広めるためには強力な支援であった。

インドやほとんどのアジア沿岸地域において、新教国が優勢な貿易商や統治者になってからも、長いあいだ、伝道師の仕事を促進することはなかった。新教国王デンマークのフレデリック四世が宣教師の在外拠点をインドに設立したのは、フランシスコ・ザビエルの死から一世紀半以上を経た一七〇四年のことであった。

距離に潰される

南アジアにおいては、ポルトガル、オランダ、イギリス、フランスの帝国——そしてフィリピンにおけるスペイン帝国の外延——は、当初、蒸し暑い海港を連ねる首飾り状の地域と、いくつかの内陸の貿易拠点を占領していたに過ぎなかった。それらは、帝国と呼ぶには恥ずかしい領土であった。帝国の力は通常、海岸から離れると弱くなった。熱い気候、熱帯病の恐怖、そして母国からの距離のために、港や交易地点に住むヨーロッパ人はほとんどいなかったので、ローマ帝国と比べれば、それらの文化的な影響は弱かった。ヨーロッパはあまりに分割されていたので、海外の広大な地域を支配することはできなかった。さらに、ヨーロッパはアジアには軍事力のわずかしか充当することができなかった。アジアはただもう遠かったのである。実際のところ、まだ距離というものがヨーロッパの攻撃を阻止し戦艦を妨害していたのだった。

東アジアにおけるヨーロッパの進出は、最初の世紀には確信に満ちていたが、やがて停止してしまった。当初、異国の商人や宣教師に友好的であった日本は、四人の若い代表団（訳注：天正遣欧使節）をはるばるヨーロッパに送った。かれらは一五八〇年代のヨーロッパにおいて、マドリッド、リスボン、そしてローマの権力者たちから手厚くもてなされた。だが、次の世紀の初期には、日本は第二の考えを持つようになった。かれらはほとんどすべてのヨーロッパ人を追放し、追放されたくないと願った多くのイエズス会員や他の聖職者を殺害した。そして、オランダ貿易商人だけが、時折の来日を許可されることとなった。

世界の一部に独自の支配地域を打ち立てていた中国は、一八世紀になると陸地のその長い国境線を拡大した。中国は、長いあいだ自分の勢力圏とみなしてきた地域、チベットと東トルキスタンを占領したのである。それまで中国がシルクロードのこれほど多くの部分を支配することはほとんどなかった。同じ頃、インド支配者のなかに、中国に学んで、ヨーロッパ人に公然と反抗する者も現れた。イギリス植民地の歴史上最も暗い月のひとつである一七五七年七月、カルカッタのブラックホールにおいて収監されていた一〇〇名以上のイギリス兵が死んだのだった。

西ヨーロッパが世界征服の一段階に夢中になっていた一方で、中央ヨーロッパはいまだオスマン帝国を恐れながら暮らしていた。一六八三年の夏、トルコ軍はウィーンの門外に夜営を設営し、今一度、全キリスト教徒の強大な都市のひとつに包囲攻撃をしかけた。だが、今度は退去するのはトルコ側の番となった。一六八〇年代の後半には、かれらは一世紀以上支配した現在のブダペシュト市の半分にあたるブダから撤退した。かれらはベオグラードの都市も失った。そしてアテネでさえ、二、三年のあいだにこれを失った。芸術を愛する者たちにとっては、アテネにおけるトルコの敗北は災難であることを示していた。なぜなら、戦闘の過程でパルテノン神殿の一部が倒されたからである。だが、トルコはすぐにアテネを奪還し、一八二九年まで支配した。エルサレムの都市が数世紀に渡りイスラムに支配されてきたことほど、キリスト教ヨーロッパの影響力の限界を明らかに示すものはなかった。

一六〇〇年には、その後の世界の大半を支配するほどヨーロッパが興隆するようには見えなかった。それまでのところ、その勝利はアジアやアフリカよりアメリカ沿岸においてであった。日本や中国やオスマン・トルコへの影響はほとんどなかった。それでもまだ、その自信や商業的推進力、新技術、戦争での武勇——それはどうしようもないほど数で劣ってはいても——は、ローマが支配したよりずっと広範な文化的多様性を形づくる、つぎの時代の兆候なのであった。

第21章　新世界の贈り物

スペインとポルトガルが植民地化と征服の第一段階を制した。それは、一部は両国が航海に強い国々であったためであり、一部はヨーロッパのなかで中央・南アメリカに最も近い国々であったためであった。しかし、一六〇〇年以降、両国は勢いを失い始めた。

アメリカ大陸の植民地化における第二の段階は、地中海沿岸諸国より地理的な優位性を持つフランス、オランダ、イギリスといった航海国のものとなった。一六五〇年までには、小さな港や木造の要塞や毛皮の交易所が、北アメリカの大西洋岸や内陸近くに点在するようになった。フランスは、カナダと西インド諸島の二島、マルティニーク島とグアドループ島で活動した。イギリスは、フランス人と分け合ったニューファンドランド島から大西洋岸に沿って、ニューイングランド、ヴァージニア、そして西インド諸島に植民地を拡大した。デンマーク人でさえ早々にヴァージン諸島に農園をつくった。西ヨーロッパ諸国のなかでは、ドイツ人だけが欠けていた。

北アメリカの大西洋岸では、オランダ人とスウェーデン人が、それぞれ、イギリスの持つ沿岸植民地の連続性を絶つように植民地をつくった。ニューヨークはオランダ人によって創設され、カリブ海のキュラソーもオランダ人によってつくられ、一方、デラウェアはスウェーデン人によるものだった。合計で、六つの西ヨーロッパ諸国がアメリカ大陸に植民地を得たが、スペインとポルトガルの領土はその時点でもまだ最大で、合計すればたぶん両国が最大の富を産出していた。

大西洋を横断するスーパーマーケット――大西洋交易

ヨーロッパ人はアメリカ大陸を支配し始めていたが、影響力の流れは双方向に向かっていた。世界史上かつてないほど多くの価値ある植物が、ひとつの大陸からもうひとつの大陸に移植された。

トウモロコシは、新しい植物のなかで最も注目すべきもので、クリストファー・コロンブス自身も種子を船に載せて持ち帰った。トウモロコシないしはインディアン・コーンは、収穫時に驚くべき生産能力を発揮し、栽培された一本ずつに関して、小麦やライ麦よりずっと多くの種子を産することができた。トウモロコシは奇跡的な早さで広まりはしなかったが、結局ヨーロッパの暖かい地域の農地で広く栽培されるようになった。一七〇〇年までには、スペインやポルトガルやイタリアの多くの農村で、背の高いトウモロコシの緑色の茎が、風にゆられる様子が見られるようになった。

トウモロコシがヨーロッパの南部に到達したとすれば、アメリカ産ジャガイモはヨーロッパ北部に広がった。アイルランド人がジャガイモを歓迎したのは、かれらの狭い耕作地において、ジャガイモが他のどの既存の穀物より高カロリーに成長したからである。それは一六〇五年までにはダウン州で栽培されるようになっていて、一七世紀末までには、温かいジャガイモがアイルランドの貧しい人たちの主食となっていた。奇妙なことに、アイルランドから種イモが北アメリカにもたらされた。北アメリカではこの南アメリカ産の食物がいまだ知られていなかったのである。ドイツ人も、ジャガイモを喜んだ。それは、ジャガイモが、熟したトウモロコシとは異なり、暴れまわる軍隊によって傷つけられたり破壊されたりすることが少ないということがわかったからである。

ヨーロッパの畑では、他にもアメリカ産の珍品が見られた。すなわちサツマイモとトマトである。トマトはヨーロッパ人の食卓を飾るのに驚くほど時間がかかった（コロンブスの帰国から四世紀経っても、トマトはまだイギリスでは珍しかったのである）。さらに、フランスでは早くからトマトよりずっと人気のあったアーティチョーク（チョウセンアザミ）も見られた。不可思議なことに、フランス人からカナダに紹介された新種のアーティチョークは、エルサレム・アーティチョークと呼ばれた。

アメリカ大陸より紹介された唯一の肉である七面鳥（ターキー）も、同様にヨーロッパ名に変えられた。実際に、〝ターキー・コック〟や〝ターキー・ヘン〟という名前は、初めはアフリカ西岸の洋上でヨーロッパの探検隊が見た異国風のホロホロ鳥につけられ、ついで、背の高いメキシコ鳥にもつけられて、それが結局ヨーロッパの農場にまで到達したのである。厳密に言えば〝メヒコス〟と呼ばれるべき七面鳥は、すでに一五七三年のクリスマスの頃にはスペイン人やイギリス人の夕食で人気を呼んでいた。

トルコとアメリカほど離れた国々が、台所の調理人には同じように見えたということは、東西のあちこちになんと多くの不思議が存在していたかを示している。アメリカ産トウモロコシでさえ、ヨーロッパの農民からは、トルコ・トウモロコシやトルコ小麦と言われた。かれらはその祖父母には知られていなかったこれらの多産な植物に、当然のことながら驚いたのである。

アメリカ大陸からは、ココアや煙草のようなぜいたく品と並んで、非常に裕福なひとびとの食卓だけで食べられたパイナップルのような美味、そして唐辛子が渡来した。大西洋を横断したほとんどすべての珍品のように、煙草もヨーロッパでゆっくりと広まった。コロンブスの最初の航海から二世紀を経ても、たぶんポーランドやシシリーの典型的な農業労働者は、燃える煙草の甘い香りをまだ一度も嗅いではいなかったはずである。

ヨーロッパの君主国は、煙草をパイプで吸ったり、嗅ぎ煙草として嗅いだりするこの新しいファッションを、どう扱っていいかわからなかった。君主のなかにはそれを禁止した者もいた。ロシアでは、喫煙者は鼻を切り取られる罰が与えられた。熱帯植民地を持つその他の国々は、自国で煙草を栽培することを禁止しようとした。そして、煙草は植民地でのみ栽培を許して、港から輸入する際には陸揚げされる煙草の山ごとに関税をかけることにした。イギリスは、主に煙草の栽培をするためにヴァージニアとメリーランドに植民地を設立した。だが、遠く離れたトルコが、アメリカ煙草の最も熱狂的な産地のひとつとなり、それが――混乱を増長したのであるが――トルコ産煙草として知られるようになった。

短期的に見て、すべての大西洋貿易のなかで最も劇的だったのは、金属の取引であった。スペインが中央・南アメリカで最初に獲得したものは、金と銀だった。スペイン人はひとたびアメリカの領土を完全に統制し、鉱山で働く強制労働者を送りこむと、重武装で護衛された輸送船によって、大量の金銀を毎年本国に輸送したので、まずスペインで、ついで他のヨーロッパで、激しい通貨インフレが起き始めた。一六世紀のヨーロッパのインフレに火を付けた貴金属の役割については常に議論となるところだろうが、一つの事実ははっきりしているようである。考えてみれば、西ヨーロッパ中を襲う劇的なインフレーションは、大きな戦争の戦闘中に起きているか、もう少し重要なことには、まさに二つの重要な商品の供給が大きく変化したときに起きている。それは、近世で言えば貴金属の供給であり、一九七〇年代のインフレ期には原油の供給の変化であった。

貴金属と貴重な植物や種子を運んで大西洋を渡った初期の船では、別の観光客もやってきた。梅毒病はまず間違いなくアメリカ大陸から渡来した。梅毒は一五〇〇年代に一般化し、かじられたような鼻になるのがよくある症状であった。

クジャクのパレード――アジア交易

ヨーロッパ人の航海はまたアジアにも触れることになった。それまで数世紀ものあいだ、アジアの製品や植物の流れは広大なアジアの陸上を横断したが、いまやそれは海路に沿って動くことになった。中国茶がヨーロッパに向かった。同様に、磁器やその他多くの工業品の秘密もヨーロッパに流れた。

磁器の原料であるカオリン（白粘土）は、当初はほとんどのヨーロッパ人にとっては聞きなれない言葉であった。実際には、その言葉は、柔らかい白土が産出される中国のある丘の名前であった。一七〇〇年頃、ある進取的なフランスの聖職者がカオリンの見本をヨーロッパに送り、それが磁器の製造にとってきわめて重要だと指摘した。すぐに探鉱家がドイツやフランスやイギリスにあったカオリンと似た鉱床を見つけた。ヨーロッパで最初に本当の磁器がつくられたのは、一七〇七年にザクセンのマイセン工場でのことであった。

中国からはヨーロッパにとって新しい庭園用の花も渡来した。菊は人気を呼んだ。八世紀まではただ黄色のものしかなかった菊は、中国において花の貴族として敬意を表され、詩人たちによってそれを讃える詩がつくられた。夏の花々が全盛を過ぎた頃に、菊が中国のあちこちの路上市場を飾った。一六〇〇年までには、中国人は五〇〇種類ほどの菊を栽培し、そのうちの二、三種が、花の輸入という新たな波にのってヨーロッパにもやって来たのだった。

新世界は、好奇心あふれるヨーロッパ人に、おなじみではない喜びも与えた。それは鮮やかな色であった。一五〇〇年になっても、ほとんどの都市や村はさえない茶色だった。小さな家は漆喰で塗られてはいたが、色づけはされていなかった。オランダの煉瓦は当時流行であった温かみのある赤い輝きを放っていたが、木造家屋は単調な色彩だった。だれもが認めるように、石造りの家は石の色によって強調されるが、建築用の石は、通常、色ではなく利便さで選ばれた。多くの都市では自然の石は黒ずんでいたが、年月を経ると薄い色の石でさえ薪の煙によってじょじょに脱色した。のちには石炭の煙がさらに徹底して変色させることになるのだが、そのさきがけであった。知られているように、いくつかの中世の大聖堂にあるステンドグラスは太陽光を受けて美しく輝くが、それは当時、街路の大部分が鈍い色だったので、ステンドグラスによって色が強調されたのであった。

ヨーロッパ人の洋服は、裕福な人が着ているものを除いては、通常はくすんだ茶色であった。商品も明るい色で包まれてはいなかった。どんな形の包装も高価で、包装紙などはまったくのぜいたく品で、色づけなどはされていなかったのである。横断幕や旗は、ほとんどの市民が着ている洋服よりずっと色彩が豊富だったからこそ、ひとびとを引きつけた。

新たに発見されたアメリカ大陸からやって来た不思議のひとつは、新しい色であった。スペイン人の渡来よりずっと以前に、メキシコ人はサボテンを食べる羽のない虫が、妊娠したときにどのように鮮やかな深紅色になるかを観察していた。その虫の七万匹を乾燥させたものが、わずか〇・五キログラムのコチニール紅色粉を生産するために必要とされたが、その粉はこのうえなく鮮やかな染料をつくるのに使用された。スカーレットは長いあいだ、旗や洋服に使用された色の名前であったが、イギリスでこのコチニールからつくられたばかりのスカーレットは、眼をくらませるほどの色であった。新しいスカーレットという語は流行語となって、猩紅熱《しょうこう》（スカーレット・フィヴァー）にも適用された。猩紅熱は、一六七〇年代に初めて、はしかや天然痘の一種とは異なる独自の病気として、突き止められた病気であった。

アフリカ経由の海路によって、インドから青色をつくるための安い原料ももたらされた。最高の青色が抽出できるインディゴという植物は、ベンガルで栽培されたものである。畑で収穫され、束にして乾燥場や水槽に運ばれたインディゴは、発酵過程でインドキシルを生じる。何世紀にもわたって、インド産インディゴ染料を入れた小さくて高価な荷物が、時折陸路で地中海に到達していたが、いまやインディゴはオランダやポルトガルの船に積載されて数千もの木箱で到着するようになった。インディゴは非常に鮮やかな青色を出したので、伝統的にヨーロッパで産していたホソバタイセイ植物から抽出された青色はどんよりしたものに見えた。すぐに、アムステルダムやヴェネツィアといった流行に敏感な地域では、鮮やかなインディゴ・ブルーのコートや帽子、ケープや短い上着を着た男女が、クジャクのように自身を見せびらかしたのだった。フランスの軍隊でさえ、あずき色の制服を捨てて青色を着たのである。

色は虚栄心の鏡のように見えるが、いまや最も人口の多い国のひとつとなったブラジルの興隆においては、それは重要であった。ポルトガル人が最初にブラジル沿岸の重要性を認識した。一五〇〇年の四月、アフリカの南端からインドに向かっていた一三隻のポルトガル船が、熱帯風によってブラジル沿岸に航路を変えられ、そこで一週間を過ごした。それ以来ポルトガル船は時折、長いインド航路の寄港地としてブラジル港を使用した。かれらは捕虜や珍奇な物として少数のブラジル人や猿やオウムを連れ出したが、かれらの主要な掘り出し物は、アカミノキ（訳注：マメ科の常緑小高木で赤の染料をとるために栽培された）の木であった。その木はヨーロッパにおいて大変重宝がられ、ペルナンブーコ港の開港に直接につながった。この港は、サンゴ礁に守られていて、ポルトガル船が安全に錨を下ろすことができるところであった。東インド諸島に生育する木のなかには、これより重要性の低い木が、すでにブラジルウッドとして知られていた。これにちなんでブラジルという土地はその新しい名前を付けられたのである。ブラジルウッドは、その厚い樹皮を剝がして水槽に浸すと、ブラジルジュースとして知られることもある赤色を産出し、ヨーロッパの染め物屋に珍重されたのだった。

新たな興奮剤――アヘンと胡椒

新たな積み荷としてヨーロッパの倉庫に到着したたくさんの小袋や箱や樽のなかには、金と同じほど貴重だと考えられたものがあった。中国から届いたその容器には、薬や香水やミイラづくりの秘薬であるジャコウなどの貴重な成分が少量ずつ入っていた。ジャコウは乾燥して軽く、色が黒くて、外見は乾燥した血液に似て見えることがあった。それは中央アジアの山中に生息した小型の牡鹿の腹部にある嚢《のう》から切りだされたもので、広東省で小さな革袋に縫い込められた。痛み止めのほとんどない時代には、ジャコウが眠気を誘ってくれた。記念すべき初版の百科事典は、ジャコウは、「麻痺や無気力」といった副作用を残さないので、アヘンよりは良いと断言していた。一七世紀までに、中国は西洋からアヘンを輸入し、パイプで吸ったり、鎮痛剤として消費したりしていた。中国はアヘンの吸引を禁止しようとしたが、ケシから抽出されるアヘン、特に英領インド産のアヘンが、広東省の不正市場へ流入するのを止めることはできなかった。

どこでも、新薬の市場は大きかった。ヨーロッパは当時マラリアに大変苦しんでおり、特にイタリアの湿地帯ではそれは悪性であった。治療はペルーの低木、キナの木（訳注：南アメリカ熱帯原産）の樹皮を使っておこなわれた。それは主にカトリックの聖職者によってヨーロッパに輸入されたので、当初イエズス会の樹皮として知られた。樹皮の重要な成分はキニーネ（訳注：マラリアの特効薬）であったことは、ナポレオン戦争期のフランスで発見されることになった。

ヨーロッパでは、インドネシア諸島からの丁子が、薬として、特に歯痛止めとして、また、料理や飲み物の薬味として珍重された。ほとんどの商人にとって、胡椒は東南アジア貿易のお目あてであった。それは、木の枝に巻きつくつる植物で、その実は明るい赤色になったときに摘み取られ、太陽の熱い日差しの下でござの上に広げられて、そこでしぼんで黒くなるがままに放置された。それは非常に高価であったので、多くのヨーロッパの台所では、まるで金粉のように注意深く特別な肉に振りかけられたのだった。だが、かつて高価であった多くの食品のように、胡椒も安価になるにつれてその魅力をいくらかなくしてしまった。

比較的裕福なヨーロッパ人の食卓だけではなく、農業自体の様相も変わってきた。コロンブスやヴァスコ・ダ・ガマやその他のヨーロッパ人船乗りの航海は、大西洋やインド洋や太平洋を横切ることによって、世界の農業における革命を促進したのである。甲板に積み込まれたり船倉にしまいこまれたりした貨物と並んで、種子や実生《みしょう》の小さな荷物があって、それは、いくつかの故意ないしは偶然の出来事によって、最終的にはすべての大陸に運ばれた。コーヒー、綿、砂糖、インディゴが、アメリカに渡って大量栽培され、その収穫物がヨーロッパに輸出された。アルゼンチンには牛が渡り、そして、結局はオーストラリアには羊が渡り、最終的には、ある国はヨーロッパのどの国で放牧されていたよりも多くの牛を保有し、別の国がそれより多くの羊を保有するということになった。

たしかに、同じような動植物の移転は、遠い過去から繰り返し起こっていた。それは、小アジアでは一万年以前かもしれないし、北欧では五〇〇〇年前かもしれないし、中央アジアでは紀元後しばらくしてかもしれなかった。しかし、この最近の交換は、地球の表面の大部分に渡り、前例のないほどのスピードでおこなわれたのである。

ここには、情報革命の初期的形態があった。生命線として機能する不規則な航海船があり、それによって、信じられないほどわずかな量の、新しい種子や実生、繁殖用動物が運ばれて来たのだった。だが、それらの効果はゆっくりと認知されたに過ぎなかった。同様に予測不可能であったのは、蒸気革命であっただろう。そしてたぶんそれは、衛星、コンピューター、ファイバーオプティクス、マイクロチップ、そしてファックスやインターネットが駆動力となった情報革命についてもあてはまるだろう。驚くべき旅が始まったが、どこで終わりとなるのかはだれにもわからなかった。

このような国際的な植物や原材料の交換のあいだに、不慮の災難も発生した。渡来する新たな人間や新たな動物や新たな鉄砲や新たな罠によって、多くの鳥や動植物が危険にさらされたのである。

モーリシャスやレユニオンの火山島には、飛べないドードー鳥が、数えきれない程の長い年月に渡って生息していた。ハト科に属し、大型で従順で、厚い角質の足と白い羽毛、そして珍しい頭を持つその鳥は、捕食動物に激しく攻撃されることもなく安全に生息していた。その身体はあまりに大きかったので、羽をむしられたときにも、家庭の調理用釜には入らなかったと思われる。だがいまやヨーロッパ人探検家が、豚やネズミをつれてやって来た。ドードーが地面につくった巣に産み落とした卵は、簡単に攻撃されてしまったのである。

最後の一羽として知られたドードーは、レユニオンで捕獲され、一七四六年以前にフランスの船で死んだと言われている。「ドードーのごとく死ぬ」という慣用句が、絶滅と同意語になった。新世界のあらゆる地域において、北アメリカの旅行鳩であろうと、タスマニアの袋狼（訳注：有袋で背中に縞があるのでタスマニアタイガーとも言われた）であろうと、多様な種が、ドードーと同じ道を辿ったのだった。

第22章　科学の義眼

ヨーロッパでは科学が張り切っていた。科学は、のろのろとした歩みをやめて、しっかりと歩き始め、そして走り始めさえした。それはしばらく走っていたが、やがてほとんどの分野において、中国のそれを追い抜くことになった。一五二〇年代までには、ヨーロッパの科学が歩みを加速するはっきりとした兆候が出てきた。ルターの説を擁護していたまさにその印刷機が、最新の科学的発見を説明していた。典型的なヨーロッパの学者は旅をしなかったが、印刷物は容易に旅をした。一五五〇年のヨーロッパの有名な科学者のほとんどは、外国に住む同時代のひとびとと直接に会ったことはまずなかった。たとえ、わずか二〇〇～三〇〇キロメートルしか離れていない場所に住んでいた場合でさえ、そうであった。

太陽や地球や星の研究によって、新しい前進がもたらされた。この分野において素晴らしい発見をしたのは、ポーランドの学者であるニコラス・コペルニクスであった。かれは、測定と観察の力のすべてと、「思考」として知られたあの非凡な活動を駆使して、太陽が銀河系の中心であることを証明した。かれは地球という惑星を権力のある地位から押しのけた。その勝利があまりに重大だったので、当初は、聖書やキリスト教の本質そのものへの挑戦のように見えた。聖書とキリスト教は、地球を宇宙の中心とみなしていたからである。

コペルニクスが地球の地位をおろし始めたのは一五一〇年頃のことであった。それは、コロンブスとかれの船旅による発見のおかげで、地球が拡張されて間もなくのことであった。しかし、コペルニクスの勝利は、一五四三年にかれが死んだ後でさえ確実にはならなかった。ある意味でかれの洞察は、今日でもわずか半分しか理解されていないといえる。普通の会話や詩的な形象は、いまだに地球が宇宙の中心であるかのように言っているからだ。ひとびとの心の眼からすると、毎朝昇るのは太陽であって、沈むのが地球であるはずはないのである。

測定や観察だけでなく、実にすべての新しい科学が重要視されることによって、これらの進歩が達成されたのだった。解剖学は、イタリアの医学校が、古代ギリシアの学者たちが書いたものに頼るよりむしろ、人体を解剖することに新たな熱望を燃やしたことによって前進した。キリスト教による人体解剖禁止が緩和された。一四一〇年に不可解な死を遂げたローマ教皇アレクサンデル五世の検死ですら許可された。明晰な若いフランドル人医師であったベサリウスは頻繁に人体を解剖し、一五四〇年代にはパドヴァ大学で、かれの大胆な発見を教授した。かれは古い解剖学の本を書きなおした。

多くの科学的最前線における発見の波は、時間にゆとりのある趣味的科学者や星座観察者や医療従事者や聖職者といった数百人ものひとびとの仕事によるものだった。その多くは知的な謎の集まりを解明しようとした万能選手であった。たとえば、すでに生前に最も偉大な物理学者として称賛されたアイザック・ニュートンは、運動と重力の法則のみならず、神学体系、化学、占星術、天文学、そして望遠鏡製作も研究していた。一六、一七世紀には、専業研究者として有名な科学者は滅多におらず、長生きした科学者もまれだった。ただ、アイザック・ニュートンは例外で、かれは八〇歳代まで生き、一本の歯をなくした以外はすべての歯を持っていて、視力も良く眼鏡は不要だった。かれは大変な多才であったから、自分自身の眼鏡もつくることができたかもしれない。

専門家のなかには、科学における新発見は、常識の応用以外のものではないという者もいるが、新しい理論のいくつかは、その同時代の精神的・世俗的両方の常識に挑むように見えたので、容易には受け入れられなかった。当時の多くの発見家は、賢明にも、その発見したことの出版を躊躇したが、今日の発見家は一日も遅れることなくすぐに印刷したがるものである。コペルニクスは、三分の一世紀を費やしてかれの主要な考えを温めて、ようやく説得されてそれを出版物に委ねたのだった。ニュートンは一六六六年にあるイギリスの庭で木からリンゴが落ちるのを見ながら物理学における大きな発見をひらめいたと言われているが、かれの理論を印刷物として詳説するまでには二一年もかかっていた。血液の循環を発見したイギリス人医師ウィリアム・ハーヴェイは、十数年ものあいだ、かれの発見について講義をしたすえに、ようやく一六二八年になってロンドンではなくドイツの都市で出版したのだった。

印刷機が多くの発見を世に広める一方で、聖職者たちはその邪魔をしたがった。宗教界の指導者たちは、科学におけるいくつかの画期的な考えに、反対するか、深い疑問を持った。それまで知られていなかった自然の法則が宇宙で作用しているという考え、また、同じ法則が物理的な分野のみならず人間界にも作用しているかもしれないという考えそのものが、宗教に対する危険をはらんでいた。というのは、宗教は、全知全能の神が世界中の隅々までを統括し、自然の法則を一時的に停止させて奇跡を起こすのだと説いていたからである。ほとんどの時代においてほとんどの科学を受け入れていた中国でさえ、星は皇帝の特権であった予言を与えるものであったので、星の研究には宗教的な障害があった。

ガラスと望遠鏡

科学革命は、世界の見え方を驚くほど進歩させた。一五五〇年以前は、金属加工業の熟練工が機械式時計や印刷機などのような進歩を担ったのに対し、後年の顕微鏡や望遠鏡などの発見を促進したのは、ガラス工業の熟練工であった。ガラスは、見えないものを見るための、科学者の移植された目となった。

古代エジプト人が、最初の中空ガラス容器を生産した。ついでシリア人が、紀元前二〇〇年頃に、薄壁の丸い容器ガラスを吹くための吹き竿を発明し、さらにローマ人が、通常はやや濁っているが最高のものは透明になっている粗ガラスを製造した。古いローマ方式のガラス製造を改善したのは、現代ならシリコンバレーに相当するヴェネツィアであった。ヴェネツィアのガラスメーカーが非常に多くなり、かれらの作業場の火が町全体に火をつけるような危険をはらむようになったので、一二九一年には政府がそれらを隣接するムラノ島に移動した。最初の鏡つまり明るい姿見は、一五〇〇年頃にヴェネツィアでつくられ、その新しい製造工程は一五〇年以上ものあいだ秘密にされた。鏡は、はでで虚栄心が強くてそしてたぶんふしだらな女性のための品物の発祥地として、他のなによりもヴェネツィアの評判を高めた。このような評判はすでに、ヴェネツィアの手袋や扇子、そして足にぴったりと張り付く刺繍されたズボンによってつくりあげられていたものではあったが。

科学革命はガラスメーカーの手中にもあった。検査する対象物を拡大するための曲面ガラスの力は、ギリシア文明が現れる以前より知られていた。しかし、眼鏡用や読書用の特別なレンズは一三〇〇年頃になってようやく発明されたのであった。ドイツのミュンヘン博物館には、一三五〇年頃の発明になる眼鏡が保存されている。だから、黒死病が流行した頃の医師は、犠牲者の皮膚や舌をより近くで診察するために、眼鏡をかけて苦痛な仕事に当たることができたことになる。出版された本が流行したときには、眼鏡の需要が高まった。特にそれは、冬の北ヨーロッパの薄暗い環境でも本を読みたがったひとびとのあいだで、高まったのだった。

ガラスの啓発的な力は、オランダのミッデルブルクという港町で劇的に明らかになった。ここで、一六〇八年にハンス・リッペルスハイという眼鏡メーカーが実用望遠鏡を製作しはじめたのである。驚いたことに、かれの望遠鏡を使ったひとびとは、三キロメートル離れた場所に立っている人をはっきりと見ることができたのであった。望遠鏡ではないが、その考えは北イタリアのパドヴァで数学を教えていたガリレオ・ガリレイのもとに届いた。かれは自身で〝スパイグラス〟と呼んだ独自の眼鏡をつくり、それが一対三の割合で拡大してくれることを発見して大いに喜んだ。かれは独自のガラスレンズを研いで、拡大率を八倍に、そして三二倍に増加させた。ヴェネツィアの近くの都市では、商人や船主がその刺激的な望遠鏡を塔の最上部に持ち運んで、海の方に向けて、肉眼では見えない船を見た。

ガリレオの改良された望遠鏡は、コロンブスやマゼランが海の航行によって達成したことを、空において達成した。それは新たな世界地図を描いたのである。ガリレオは、主にヴェネツィア・ガラスでつくられた自分の望遠鏡を通して、自分で「最も美しく喜ばしい光景」と言った月を詳しく調べた。かれはまた、他のだれも見たことのない月のクレーターや凹凸のある表面を見つけた。かれは太陽の黒点を見たり、星で構成された天の川を見つけたりした最初の人物だった。

かれはまた、地球は、ほかのさまざまな天体が近寄ってくる宇宙の中心なのではないという、コペルニクスと同様の結論にいたった。この洞察は、『旧約聖書』のなかの一定の文章（訳注：たとえば「創世記」一章十六節で神が「大きい光」と「小さい光」を造ったというような文章）に対する重大な含意を持っていた。かれは、それらの文章は無知の者が無知の者に対して書いたものであると非難したのだった。一六一六年に教会はかれに対して厳しい態度をとり、かれが持論に固執した後はさらに高圧的な態度をとった。かれは晩年の八年間を、フィレンツェの近くにあった自分の小さな農家に軟禁されて暮らすことになった。

望遠鏡に加えて、オランダとイタリアのガラス職人が、顕微鏡を開発した。オランダの町デルフトでドレスの素材や布を販売していたアントニ・ファン・レーウェンフックが、優れた顕微鏡を製造したのである。かれの顕微鏡では、少なくとも二七〇倍の拡大率によって、肉眼よりずっと多くの物が見えた。一六六七年にはかれは初めて精子を描いて見せた。かれは赤血球も正確に描いた。かれの顕微鏡によって、うなぎは露から孵化する、のみは砂から生まれるといった、広く言われていたさまざまなつくり話が台無しになった。他方、イギリスのロバート・フックは、顕微鏡で植物の組織を見ているあいだに、単語〝セル（細胞）〟という重要な言葉をつくり出した。すべての動植物が細胞から成り立っていることは、いまだ認識されていなかったのである。

顕微鏡は植物学や動物学にとって眼を開いてくれる道具であった。まさに新しい大陸の発見によって既知の動植物の数が増加したときに、スウェーデン人植物学者兼医師であったカール・リンネが、分類法を完成した。それは、その後すぐに世界的に使われる方法となるのであったが、すべての生物に、ひとつは広範な属を、もう一方は特有な種を明示する二つのラテン語名を授けることによって、分類するものであった。

リンネが植物の分類のためにしたことを、アルプス山脈南部の別の科学者が、時間の分類のためになしとげた。暦を改革することはカタツムリのような作業であった。ローマの最盛期に、ユリウス・カエサルとかれの顧問たちは、太陰暦を捨てて太陽暦に変更することによって暦を改革した。太陽暦は三六五日を五時間と四八分四五秒だけ超えたが、そのはみ出し分が新しい暦にとって困難となった。ジュリアス・シーザーは賢明な折衷案を採用した。かれにちなんで後にユリウス暦と命名された暦は、単純化のために、太陽の一年の周期を三六五と三分の一日とみなした。したがって、最初の年、二年目、三年目は三六五日とし、四年目つまり閏年目は三六六日としたのである。

カエサルは、かれの暦が持つ固有の困難が顕著になる前に死んだ。厄介な事実だったのは、その後の世紀において、かれの暦が少しずつ遅れたことである。実にその暦は毎年一一分強を失い、最初の一〇〇〇年間で約七日間を失った。それはまた、ユリウス・カエサルの時代には知られていなかったが、後には、大きな重要性を持つ復活祭日の固定をも妨げることになった。

ついに、一五八二年になって、教皇グレゴリウス一三世が断固とした行動を取った。ナポリの天文学者兼医師であったルイジ・ジラルディの計算法を用いて、教皇はかれの解決策を公表した。その年の一〇月五日から一四日までの一〇日間を消し去るというのであった。要するに羽ペンの一筆で暦の日付が変わるのであった。将来もまた同様の断固さで処理されることになる。長期的調整として、新たなグレゴリオ暦は、一七〇〇年、一八〇〇年、一九〇〇年を除いて、一六〇〇年と二〇〇〇年に閏年を取り入れた。

スペイン、ポルトガル、イタリアの住民は、その記憶に残る一五八二年の一〇月についていつまでも議論するであろう。困ったことに、一〇日間が、いとも簡単にかれらの生活から消えたのである。二、三か月後には、フランス全体とドイツのさまざまなカトリック領邦が一〇日間を失った。しかし、プロテスタントの国々は教皇が始めた改良に従うべきかどうか定かではなかった。イギリスは、カトリック国であったフランスやスペインで普及していた暦とは別の暦を継続した。イギリスのクリスマスの日には、イギリス海峡の反対側はすでに一月になっていた。ドイツではわずか二、三キロメートルしか離れていない町が、ルター派の領邦に属するかカトリック派の領邦かによって異なる暦を使用した。

イギリスがついにこの新しい暦を採用したとき、不要となった一一日間を消し去る必要があった。そのため一七五二年にその暦は一夜にして九月二日から一四日に変わり、多くの地域住民に混乱と驚きを与えた。ロンドンでは、もっともな混乱状態におちいった群衆から「われわれの一一日間を返せ」というシュプレヒコールが聞こえた。だが、ロシアやいくつか他の東欧諸国、あるいは東方正教会は古い暦を使用し続けた。ロシアは、教皇やイタリアが三世紀以上先に始めたことを採用するのに、共産主義革命の起きた一九一七年まで待つことになった。

既存の度量衡の多様性や混乱のために、新たな計算や測定法の探求が急がれた。マイル法は、旅行者がヨーロッパの国境を越えるときにいつも議論や疑念の対象となった。イギリス・マイルは一七六〇ヤード、イタリア・マイルは二〇二九ヤード、アイルランド・マイルは三〇三八、ドイツ・マイルは八一一六、そしてスウェーデン・マイルは一万ヤードを超えていたのである。

少なくとも暑さ寒さのほうは、より正確に測定されるようになった。もちろん、まだ完全な合意があったわけではなかったが。一七一四年、バルト地域出身で、オランダにおいて器具製造者になったガブリエル・ファーレンハイトが、水銀温度計を発明した。かれの目盛では、沸点は二一二度に設定されたが、数十年後には沸点を一〇〇度に設定したスウェーデン人の天文学者アンデルス・セルシウスが新しい目盛を発明した。度量衡の不一致のほうは一七九九年にさらに悪化した。この年、革命期のフランスが、その単純な論理と冗長な名前をもって、重さと距離にメートル法を採用したからである。

金星を捜索して——クックの探検

ジェームズ・クックがインド洋と太平洋においておこなった最初の探検航海は、科学の要求によって推し進められたものであった。一七六九年六月三日に金星が太陽の表面を短時間横切ることが確実に予測されていた。ここに、地球から太陽までの正確な距離を知りうるまれな機会があった。その計算は、もし正確にできるならば、天文学者のみならず、海上において的確な位置を知ろうとしていた船にとっても、きわめて重要な情報を提供するはずであった。しかしながら、この通過の日にヨーロッパでは曇っていて、観察の機会が失われる可能性があった。次の通過が一八七四年まで起こらないということが分かっていたので、金星を観察するこの機会を捉えようとする決断は、いっそう強化された。

イギリスが、金星の通過を観察するのに最も期待できる場所と決めたのが、新しく発見されたタヒチ島であった。そこは、楽天的にも、天気はいつも良好であろうと想定されていた。遠い太平洋上のタヒチ島までの航海が、最新の注意を払って計画された。それは、たぶんそれまで世界に知られた最も大胆な科学的遠征であって、一九六〇年代における月探査の小さな前触れのようであった。それは、たぶんこれまで長期遠征のために集められたどのチームよりも才能のある科学者たちの小さなチームで構成されていたはずである。その船「エンデヴァー号」には、最良の望遠鏡と機械時計が装備された。科学は、クックの木造船におけるファースト・クラスの乗船員であったのである。

そのうちに船はタヒチに到着した。暫定観測所が建設され、科学的装置が清掃、装備され、そして観測が連日なされた。しかし、それらは太陽の周りのもやのために、あまり使い物にならなかった。

それからクックは、広大な太平洋のどこかにあるにちがいないと信じられていた大きな南大陸を探すべしとの指示を実行するために、先へ航行した。回転し続ける地球が垂直バランスを保つには、南半球にも北半球同様の大陸が存在するはずだと長く信じられてきた。どこかに隠れた大陸があると。理論は正しくなかったが、そこから得られた結果は偶然にも正しいものとなった。オーストラリアは未発見の大陸であったが、クックは一七七〇年の四月二〇日の夜明けに、それを初めて見たのであった。

実際には、幾人ものポルトガル人やオランダ人やイギリス人の船乗りが、すでにオーストラリアの海岸部を見ていたか、そこで難破していた。だが、現在ほとんどのオーストラリア人が暮らす、より魅力的な東部沿岸を発見したのは、クックだった。かれは植物学者ジョゼフ・バンクスとともに、その草原、土壌、魚、天然植物、港を大いに称賛したので、後にイギリスによって植民地として期待できる場所とみなされることになった。

イギリスに戻った後、クックはふたたび南方の海に出帆した。かれの二艘の木造船にとっての危険度は高かったが、かれは南極圏を越えてくる荒々しい海と風に向かって、南方に航海した。三年連続して夏になると、かれはそれ以前のどの航海者よりその凍った大陸に近づいた。かれはつぎつぎと氷の湾を見つけては、そのずっと先に大陸を見つけられると期待しながら、そのなかへ航海して行った。

クックはそうとは知らずに、まさに南極大陸の周りを航海していたのである。実際、氷の浮いている海は大変危険だったので、かれは、他の船はどれもこれ以上南へは行けないだろうと考えた。氷の城壁を越えた実際の南極大陸は、一八二〇年まで見つけられることはなく、そして氷の絶壁からなる長い海岸線のジグソーパズルが完成するまでには数十年を要することになった。だがここはアメリカ合衆国より大きな陸地であって、そこにはヨーロッパ・アルプスよりさらに高い山があり、それは厚い氷で覆われた場所なのであった。そして、この巨大な大陸冷蔵庫が、世界の海の水位や風に、そして南半球の広大な地域の気候に重要な影響力を持っていることが、しだいに認識されていった。

クックは、測定法の新時代の真の申し子であった。この二回目の航海でかれは、ジェームズ・ハリソンが発明した新しいクロノメーター、つまり正確で精密な時計を持って行った。クックは好天時に船の東西線上の位置を正確に計算した最初の航海者・探検家であった。要するにかれは経度を測定できたのであった。新たな陸地や岩礁を地図化して、かれは前例のない精度で海図をつくり上げた。

クックの太平洋とインド洋への三回の航海は、要するにタイムマシンのスイッチをいれるようなものであった。数千年ものあいだ、洋上生活に熟練したポリネシア人が居住してきた太平洋上の多くの島々は、クックの到着までは海外から隔離され続けていた。異なるひとびとや文化のあいだの奇妙な出会いには、たとえ双方が好意を持っていても、ある困惑と疑念があったにちがいない。通常は先住民との接触においても如才なかったキャプテン・クックも、誤解による犠牲者となった。一七七九年、かれはハワイにおいてこん棒で叩き殺されたのであった。

第23章　収穫を越えて——穀物生産からの解放

ヨーロッパやアジアでは、普通の家庭は最低生活水準近くで暮らしていた。一五〇〇年であっても一八〇〇年であっても、フランスにおいても中国においても、ほとんどの家族は土地を持っていないか、あるいは、豊作の年でさえかろうじて食べていくのがやっとなほどの小土地片を持っているだけであった。数えきれないほどの男性や未婚女性が、その小さな農地や片田舎を離れて、他の農地で働いたり別の商売をしたりしていた。かれらは仕事をしているあいだにしばしば食事を支給してもらい、それが所得の相当な部分を占めたのだった。

農作業のほとんどは、女性や小さな子供たちの役割であった。たとえば、菜園や畑の草刈り、ガチョウの飼育、井戸から家への水運び、紡糸と縫製、自家製ビールの醸造、薬として使用する薬草探し、暖炉用の薪や菜園用の肥料集めなどが、その仕事であった。

食料をあさり歩くことがほとんど人生であった。牛一頭と小さな土地を持っているような農民は、夏の日々に子供たちを道端の草刈りにやり、いくらかを干し草として保存して冬場に牛の餌とした。ひとびとは森のなかで、キノコや野苺を探し、鳥の卵を集めた。中国の多くの地域では、集約的な土地利用と鳥や卵の乱獲とによって、鳥の数が減少した。こうして世界中のそれぞれの場所における日常は、食物の生産が中心であった。

一八〇〇年には、世界全体において、二〇〇〇万から三〇〇〇万人がまだ遊牧の狩猟民か採集民であったが、ほとんどの人口は農民になっていた。かれらの日常は太陽と雨によって左右されていた。南シナ海の海岸からアメリカ内陸部の湖岸までにおいて、経済的な暦のうえで喜ばしい出来事は、収穫物を家に持ち帰ることであった。これは、女・子供も男もみなでする仕事であった。なぜなら、穀物が熟すると、それらを収穫して束ね、倉庫まで持っていくことにすべての人手が必要となったからである。アジアの肥沃な熱帯の盆地を除けば、世界中のほとんどの場所における収穫は、年に一度の出来事であった。

当時穀物が食卓において占めた比重は、現在の繁栄した国においては想像しがたいほどに大きかった。大部分の穀物がパンやダンパー（訳注：オーストラリアのイーストを入れないパン）のように食べられたが、いくらかは粥やスープという形で口に運ばれた。冬には熱湯で調理された薄いオートミールの粥が大変好まれた。空腹時には、飢えから一時的に逃れるために、少量の小麦に多量の水が加えられた。ある質素な調理法によれば、オートミール粥のつくりかたは、〝九粒の穀物に一ガロンの水〟であった。ロシアやポーランドでは、不作の後のカシャというライ麦粥は、薄くて水っぽいものであった。

ヨーロッパの多くの土地では、穀物、特に大麦が、ビールの醸造にも使われた。イギリスでほぼ毎食飲まれた自家製ビールは、日常食においてパンと同じくらい必要なものであった。一七〇四年のロンドンでは、有名な寄宿制の学校における少年たちの朝食がパンとビールであり、職場の寮に住む貧しいひとびとも、ほとんど毎食ビールを飲んだ。他方、中国で広く飲まれたお茶は、ヨーロッパでは裕福層だけの飲み物であった。コーヒーも、アラビアやブラジルなどコーヒー産地以外ではぜいたく品であった。

ヨーロッパやアジアでは、一般世帯の食事の八割以上は、さまざまな種類の穀物であったにちがいない。ヨーロッパの村の通りにあるパン屋は、実際には二種類のパンを販売していた簡易なスーパーマーケットであった。最も高いものは、ほとんど純粋な小麦粉からつくられた小麦パンで、安価なパンは、ふすま（訳注：小麦をひいたときに残る皮のくず）や二級品の穀類からつくられていた。パンの価格は、しばしば社会の安定性の指標となった。

収穫の不良やそれに近いものは、スーダンから中国にいたるまでどこにでも頻繁に見られた。フィンランドでは、一六九〇年代に長い飢饉があり、人口の三分の一が死亡した。実り多い年にはクリームや蜂蜜であふれるフランスも、一七〇〇年以降の一〇〇年間のうちの一六年は全国的な飢餓に苦しんだ。革命で終わった一八世紀は、たぶん一一世紀以来最悪の不作だったはずである。

次の収穫のことは、若い未婚女性のお祈りのなかでしばしば言及された。もし豊作なら長いあいだ計画されてきた結婚がおこなわれるはずであった。もし不作ならその結婚は延期された。西ヨーロッパの女性は、通常二四歳か二六歳になるまでは結婚しなかった。普通の女性がわずか四、五人の子供しか生まなかったのは、遅い結婚が理由であった。八人から一〇人の子供を持つ大家族は、一九世紀の後半になって、一般的になるはずであった。

豊作といえども十分ではなかった。ときに穀倉がネズミたちに食い荒らされる危険があった。猫は、ネズミ捕りとしてではなくペットとして家のなかで飼われていて、穀倉や納屋には少なかった。一七五五年にサミュエル・ジョンソンが英語辞書を執筆したとき、かれは無遠慮に猫を「ネズミを捕る家畜」と書いた。しかし間違いなく、猫は撫でられ愛玩されるための動物であった。ジョンソンは、猫を「ライオン種の最下位」と分類することには同意できなかったのである。

歴史的に見ると、土地に植えられた小麦の一粒ごとの生産量は、収穫されたときにはわずか二、三粒であった。オランダやフランスでは、たとえば一五〇〇年から一七〇〇年のあいだの平均産出高は、たぶん一対七の割合であったはずである。ロシアの北部における生産高は、わずか一対三であることが多かった。そのような収穫の後、三粒に一粒は翌年の収穫のための種として貯蔵されなければならなかった。このことは、飢饉が発生したときには、ディレンマを引き起こした。食べ物が欲しいと泣いている子供と一緒にいると、翌年の収穫のために貯蔵した穀粒のいくつかを食べてしまいたい衝動にかられたからである。

ヨーロッパでは、大鎌を持った刈り取り人の連隊によって収穫される主要な穀物は、小麦とライ麦であった。キビもまた、ヨーロッパのみならず中国やアフリカの北部においても、広く栽培された。キビの穀粒はきめの粗いものであったが、二〇年も保存できた。だから、一六世紀には、キビが、飢饉や包囲攻撃に対する備えとして、ヴェネツィア帝国の要塞化された港の穀倉に貯蔵されていた。もうひとつ広く使用された穀物であるオート麦は、平時には大きな貨車を、戦時には重い銃器を運んだ馬の飼料であった。馬の時代には、オート麦は、安いディーゼル燃料と同じような役割を演じた。しかし、スコットランドのような北部の貧しい国々では、同じオート麦が貧困者の食糧でもあった。米は中国の温暖な地域における主要な穀物であり、イタリアでも見られた。アメリカ大陸からきた驚異的穀物であるトウモロコシは、南ヨーロッパの川辺の平地における生産を増やしたが、その素晴らしい収穫高の代償として、土壌を疲弊させることが多かった。

ヨーロッパや中国の農村の一般的な世帯で消費される食品は、一部を除いたすべてがその地で生産されたものであった。だが、ヨーロッパでも中国でも、塩は、長距離を運ばれる食品であった。一五〇〇年には、塩の運搬が荷馬車屋や船荷屋に富をもたらしていた。ヴェネツィアの都市はアドリア海沿岸で集めた塩を実質的に独占し、塩を輸出することによってその経済的優勢を維持するのに役立てていた。フランスの大西洋岸の温暖な地域は、夏に海水を蒸発させて塩を生産し、そして、この塩がイギリスや豊かなバルト海の港に供給された。一四二七年から一四三三年のあいだにバルト海の港タリンに入港した船が数えられている。それによると、驚くことに三一四隻のうち一〇五隻は、フランスのブールニャフ湾の塩採取場からの貨物を積んできていた。バルト海はニシン貿易の拠点であり、新鮮なニシンの塩漬けに毎年小山ほどの塩が必要だったのである。

上オーストリア州には、地下の坑道で掘られる塩の豊かな埋蔵があった。モーツァルトは塩の町で生まれた――「ザルツブルク」は実際「塩の町」を意味する――、そして近くの山からは、毎週岩塩だけを運ぶ小さな貨車の行列が出発した。通常地下から採掘された生塩は処理を必要とした。精製するためには、塩水で満たした鉄のボイラーないしは鉄の桶を、昼夜を問わず轟音を立てる炎のうえに置いて精製した。

小さな村々では、冬の雪解けを待っているあいだに、塩を使い果たしたであろう。主婦たちは、待ちに待った塩袋を積んだ貨車――あるいは中国では塩の荷船――が到着したときには、大喜びであった。ほとんどの村々ではわずかな塩を買って、それを倹約して使った。わずかひとつまみの塩で十分であった。塩の倹約は、蒸気機関による交通が塩や穀物の流通を劇的に一変させる前の世紀において、ひとびとの日常生活がいかに不安定であったかを明確に示している。

海の塩すなわちケルプ（褐藻）は、酸化ナトリウムを産し、それが石鹼の原料となった。ヨーロッパの多くの地域においては、ケルプ以外の石鹼用原料は、獣脂――動物の脂――あるいはオリーブ油と菜種油の混合であった。したがって、石鹼をつくることは、食べられる原料を使用することになった。飢餓の時代に石鹼をつくることは、そして石鹼で洗う行為でさえ、空腹なひとびとの口から食物を取り上げるようなものであった。

インド人やトルコ人は、ヨーロッパ人以上に石鹼や個人の衛生に興味を持っていた。実際に西ヨーロッパは、一八〇〇年よりももっと昔の一三〇〇年におけるほうが、ずっと規則正しく顔や手を洗っていた。たぶん黒死病によって、ひとびとは浴場での感染をおそれるようになったのであろう。また、浴場は道徳的だらしなさの温床とも見られた。ドイツでは、一三八七年にフランクフルトに三九か所の公衆浴場があったが、一世紀半後には、裸体への自意識によって、それは九か所となってしまった。

内陸都市が大きくなるにつれて、健康が害されるようになった。汚水を浄化して排水するシステムを有する大都市はまだなかった。川が排出口として好まれたから、だれかの汚水が二〇〇メートル下流に流れていくと、それは別の人の洗濯用水や飲用水となった。一方で、東アジアでは、村や町からの汚水は周辺の原野に運ばれて、肥料として土壌にまかれた。この用法の欠点は、多くのひとびとがこの肥土で栽培された食物を食べることによって、消化器官の病気に感染したことであった。一九七〇年代後半のタイでも、たぶん田舎の三人に二人はこれらの感染症に苦しんだようである。

ヨーロッパの人口は通常のときは増加していったが、時折やってくる災害時には減少した。たとえば一六一八年から一六四八年に猛威をふるった三〇年戦争のあいだに、ドイツはたぶん人口の三分の一を失ったはずである。戦争が猛威をふるっていた一方、イタリアは疫病に襲われた。一六三〇年にはロンバルディアで約一〇〇万人が、ボローニャやパルマやヴェローナでは、一年間で人口の半分を失った。二〇世紀の二回の大戦のあいだ、レニングラード（サンクトペテルブルク）とロシアの他の二、三都市だけで、同じ規模の人口を失ったのだった。

ヨーロッパや中国のいくつかの地域における普通の労働者家族にとっては、不作の年のあいだに時折豊作の年もあるという具合であった。ヨーロッパの北部では、およそ一五七〇年から豊作の頻度は減少した。気候が寒冷化し、リガのようなバルト海の港は、氷で閉ざされることが多くなった。地中海近くでは、オリーブの木や完熟前の果実が霜に襲われる頻度が高くなった。今日振り返って「小氷期」と呼ばれるわけであるが、この新しい気候の時代は、約三〇〇年間続いた。

長引く冬と氷河の広がりが、ヨーロッパの南部を北部から切り離す傾向にあった。ルターの時代には到達可能であったイタリアとドイツのあいだの山道は、初夏でさえ危険となった。しかしながら、ヨーロッパのすべての場所が、天候の変更パターンに苦しんだわけではない。多くの農業地域では、普通の年でも穀物成熟に必要以上の日光を得ることができた。ドイツでは一六〇三年から一六二二年のあいだは、ワインにとって非常に良好な年となった。さらには、これら寒冷気候の三世紀間には、より賢明な農法がマイナスを補ってくれた。

中国に関して見ると、各世紀において独自の自然災害に苦しめられた。長引く戦争という、あのみずから招いた広範な災害のみならず、疫病、干ばつ、洪水、そして火災によっても苦しめられたのだった。一五五七年の中国北部では、一度の地震が八三万人の命を奪った。長引く干ばつは、飢餓や栄養失調による病気という形でさらに多くの命を奪うのであった。中国はヨーロッパより自然災害に弱かった。

ヨーロッパや中国における人口増加は、より多くの穀物を必要とした。一五〇〇年から一八〇〇年には、小さな土地所有者が数百万人単位で増加した。かれらは、以前は森や湿地帯に覆われていた土地を耕した。中国の農民ははるか南や西に行き、痩せた土地を手に入れた。多くのヨーロッパ人は借地農として、中央フランスやトスカーナ地方の丘に移動した。そこでかれらが最終的に建てた単純な二階建石造りの家があるが、それらは今日では改装後に、オランダ人銀行員やイギリス人政治家の魅力的な休暇用別荘となっている。かつて農民が鍬で痩せた土壌を耕し、豆やトウモロコシ、ブドウの木を植えた場所では、その何十年も後の現在では、休暇をとるひとびとが日向ぼっこをし、テラスで冷たいワインを飲んでいる。その場所も、遠く下方にある谷から無限に続くかごの行列によって運び込まれた土で造成されたものであった。

毛布や衣類用の天然繊維を栽培するために、広大な土地が取りよけられなければならなかった。今日では多くの衣類が合成繊維からつくられているが、一八〇〇年にはまだ衣類の原料はすべて農場で生産されていた。食物を栽培するために用意された土地で、敷布やシーツをつくるための亜麻や麻を栽培しなければならず、あるいは、亜麻や麻ほどではないが、蚕を飼育する桑の葉も栽培しなければならなかった。同様に、羊毛を得るための羊や、死んだときに皮革用の獣皮を得られるさまざまな動物を飼育する土地も、必要であった。日本では屋外において革の衣服を着る習慣があったし、ヨーロッパでは、ほとんどのブーツや靴が革製か木製であった。同様に、衣類用の染料を抽出できるホソバタイセイやインディゴのような穀物を栽培する土地もさらに必要であった。

亜麻布はヨーロッパ北部の主要産品のひとつであった。亜麻から織った古代の織物は、エジプトのミイラの布や、数百万人に上る古代ギリシア人やローマ人の衣類となった。近世になると、亜麻布は、船の帆、テーブル用の白布、ベッド用シーツ（そのような素晴らしいシーツを買い得たひとびとのためではあるが）のほか、ズボンやオーバーオールや重いエプロンドレス、さらに下着のためにさえ、広く使われた。

オランダ人画家レンブラントは、一六五一年頃、ペンとインクと筆で「ハーレム遠望」を写生した。オランダの町と塔のような教会が遠方にあり、一方、中心から離れた場所には大きな羽根の風車が立っている。しかし前景には、一見して、広い牧草地を覆う小さな温室のようなものが並んでいる。実際には、それらは亜麻布の寄せ集めで、新鮮な空気と日光で乾燥するよう広げられていたのだった。どこで亜麻布が織られても、新鮮だが汚れている亜麻布を白くするために、これらの広い漂泊場が必要であった。バイエルンから東プロイセンにわたるほとんどすべての村では、亜麻布織機を使用していた。

ヨーロッパにとって海外の作物である綿は、ヨーロッパへの特別な助っ人となった。インドあるいは大西洋のかなたの奴隷農園で栽培されたキャラコその他のインド製品のおかげで、ヨーロッパにおける多くの土地を食糧用に耕作することが可能となり、人口増加が促進された。加工された綿、特にインド製キャラコは、イギリスが輸入綿によって衣服の大生産国となる以前から、大量にイギリスに輸出されていた。一八二〇年以降は、オーストラリアやニュージーランドからの羊毛輸入も増加した。羊毛や綿が新世界からますます輸入されなかったなら、ヨーロッパは、亜麻布やその他の原材料の耕作のために広大な土地を転用しなければならなかったはずである。

中国では、衣類の材料としては綿が羊毛よりずっと重要であった。一四〇〇年までにはますます、繊維としての麻の代替えとして綿が農場の広大な面積を占め、収穫期には綿の梱《こり》が、町に向かう川や運河に沿って航行する数千もの小舟を一杯にした。多くの農民が綿作物と米を交換した。

一八〇〇年には、ヨーロッパのほとんどのひとびとは、お店や市場でほんの一着の新しい衣類を買うことさえなかった。かれらは家で衣服をつくり、父からそれらを受け継ぎ、あるいは、古着の衣類を主に取り扱っている女性商人から古着を買った。それぞれの親族間では、衣服の無償交換がおこなわれた。衣服は通常、兄弟・姉妹間で受け継がれ、着る人が変わるにつれて、継ぎ当て、縫い直し、修繕、かがりがおこなわれた。使用人にとっての臨時収入のひとつは、主人である男女から古着をもらうことであった。衣服は少し擦り切れていたかもしれないが、大喜びで受け取られた。

ヨーロッパやアジアやアフリカにとって、ひとびとが良い状態の暮らしを続けるために十分な食糧や衣料を生産することは大変な仕事であった。ときどきその努力が失敗すると、数百万人が空腹を抱え、擦り切れた衣服を着なければならなかった。一つの村が飢饉なのに、村外からの援助が期待できなかったのは、部分的には、隣村も飢餓にあったからのようである。

アジアやヨーロッパやアフリカの家屋はしごく簡素なものであった。ほとんどは、現代ならスラムと呼ばれるであろうようなものであった。ヨーロッパや中国では、ベッドを共同で使うことが普通で、三、四人の子供たちが群がってそこで寝た。ときには家族全員が、農場で集めた藁を詰めて収穫期ごとに新しくした自作のマットレスで一緒に寝た。近くの沼沢地の端で刈りとられたイグサは、木製や土製の床を覆う敷物となったであろう。冬になると、通常、家は寒くてもベッドは暖かかった。中国人は賢明にも、部屋全体より家族の共同ベッドを温める傾向があり、多くの中国人家庭では、火鉢で温められた煉瓦製の長方形をした箱のうえでみなが寝た。

大きな町では、大勢のひとびとがひとつの部屋で一緒に暮らすことによって熱をつくった。真冬の部屋ではたとえ火を燃やしても、あまり暖かくなかった。それは一部には薪が倹約されたからである。燃料は森で集めなければならず、手や肩で家に運ぶのに娯楽用のわずかな時間をも費やした。ときには近くに森がなかったので、貧困者にとっては燃料が欠乏した。一般的な家庭にとって、一五〇〇年の安い薪は二〇〇〇年の安い石油より大切な必需品であった。

家の煙突は天井の小さな穴であった。煙は家のなかに留まり、目をヒリヒリさせながら熱を供給した。通常、日中でさえ、家は明かりに乏しく、開き窓はガラスではなく木製のシャッターでできていて、開放されているときには光のみならず寒気もなかに入ってきた。一四〇〇年代のヨーロッパでは、地域的に限られてはいたが、家に窓がつくのがかなり一般的となった。一四八四年のウィーンでは、ガラス窓が普通となった。その二〇〇年後のヴェルサイユ宮殿の鏡の間は、たぶんその時代までに世界で見られた最も驚くべき建築内装を持ち、ガラスで達成しうる限りの眩しい展示品であった。それについて聞いた多くの農民は、かれらの村ではガラス窓を見ることがなかったので、ただ驚くばかりであった。

中国とインドとヨーロッパのなかの人口が多い場所ではどこでも、森林への負担がきわめて大きかった。岩塩坑と金属加工産業は森のすべてを食いつぶした。ひとつの大製鉄所が、一年に二〇〇〇ヘクタールの森を使用したようである。木材の不足は、誤解されやすいある出来事を説明している。たとえば、絶賛された映画『アマデウス』（訳注：一九八四年に製作されたモーツァルトを描いた映画）は、一七九一年のウィーンにおける作曲家ヴォルフガング・アマデウス・モーツァルトの埋葬を描くときに、かれの亡骸を入れる棺さえないように描いていたので、観客は早合点してモーツァルトは貧民だったにちがいないと推量した。だが実際には、その三年前に皇帝ヨーゼフ二世が棺での埋葬を禁止していたからであった。それは、一部にはぜいたくの代わりに簡素を奨励し、また一部には肉体を土に帰すことを奨励したからであった。しかし、重要な動機は、木材使用を節約することであった。

薪が足りなくなったときには、工夫に富んだ代用品が試された。エジプトではサトウキビの藁が、インドでは乾燥した牛の糞が、そしてギリシア島のいくつかではつぶれたオリーブの果皮が燃やされた。その後、木材の代替として石炭が競合してきた。中国北部の森がほとんど消滅した場所では、石炭が家庭の料理にさえ使われた。一二〇〇年代のイギリスとフランス北部では石炭が掘られており、イギリスの石炭は船で水路に沿って低地帯の都市ブルージュまで運ばれた。その後の六世紀間に、しだいに多くの石炭が船でロンドンに出荷され、それはたぶん台所のコンロから工場まで、大量に石炭を使用する世界で初めての大都市をつくり上げた。

ほとんどどこでも、都市が一定の大きさを越えて成長するには限界があった。都市があまり大きく成長できなかったのは、必要とする食糧や薪を近隣に確保できなかったからである。たとえば三万人の都市は、薪を積んだ六〇〇台ないしは一〇〇〇台もの荷馬車を、毎週必要とした。さらに、そういう都市は、平均的な週において二〇〇台分の穀物が必要であった。牛馬が荷車を引くので、かれらに草を食べさせる広い場所も確保されなければならなかった。古代ローマや近代のロンドンのように異様に大きな都市は、食糧や燃料を海や川で遠くから運ぶことによってのみ維持できたのである。

暖房と明かりのための燃料や、暖かい衣類のための原材料を得るために、多くの時間を使い、多くの土地を充当する必要があったので、ヨーロッパのほとんどの地域における生活水準は永続的に抑制されていた。対照的に熱帯地方のひとびとがその生活水準において、一八世紀まで容易にヨーロッパと同じ歩調を保てたのは、部分的にはかれらが衣服や暖房用燃料をほとんど必要としなかったからである。かれらがわずかなカロリーしか必要としなかったのは、冬の寒さを防ぐ必要がなかったからなのである。実際、熱帯地方のいくつかの幸運な地域は、安い灯火用油の供給源を持っていた。一八五九年のペンシルヴェニアにおける掘削によって原油が劇的に発見される以前から、ビルマでは何世代にも渡って油を生産していたのである。

古い行き詰まりの打開

たぶん四〇〇〇年のあいだ、ヨーロッパ、アフリカ、そしてアジアにおける平均的なひとびとの生活水準は、ほとんど向上していなかったと思われる。それまでは豊かな年と厳しい年の違い、ひとびとの物質的な幸福の小さな上下変動、それに裕福層向けぜいたく品の増加などはあった。しかし、経済的梯子の下段に住んでいる、人口の三分の二に当たるひとびとにとっては、日々の暮らしが苦闘であった。ところが、一七五〇年から一八五〇年のあいだに、劇的な変化の気配がやってきた。特にイギリスが飛躍の兆しを見せた。人口は急速に増加したが、ほとんどの家族の生活水準も粗末な基盤から向上した。繁栄が増進していたのは、順調な夏と豊作という幸運の連続ではなく、海上、陸上、農場、工場のどこにおいても、あらゆる形態での日常業務の面での創意工夫によってであった。

農民が家畜の飼育や植物の栽培や肥沃な土壌の管理にしだいに熟練したとき、ひとつの小さな農場が今まで以上の食糧を生産することができそうであった。そしてもし、運河や、より堅固な道路や、そして後には鉄道や蒸気船によって輸送が改善されたなら、それぞれの地域や国は、最もふさわしい種類の経済活動を専門化し、それらの製品を他の物と交換できそうだった。本質的に、もし創意工夫がすべての日常業務に、とりわけ輸送に適用されたら、食糧やその他製品の生産量は人口増以上の速度で増加すると思われた。そして、少なくともより効率的な国々においては、さらなる食糧や燃料、住居、衣服、娯楽が各家庭に普及する可能性がありそうだった。

このように諸事件や傾向が相互作用したことによって、その後の二世紀が形成された。それはすべての伝統的生活様式が崩壊することになったが、その報酬は大きいはずであった。恵まれた国々においては、収入という梯子の下段にいたひとびとの生活水準は、伝統的な梯子の上段にいたひとびととほとんど同じ水準になったのである。

第Ⅲ部　一八〇〇年から今日まで

第24章　一組のトランプの崩壊

歴史においては、予測できない出来事や、同時並行的に起こる重大な出来事が偶然に合致して、重要な役割を演ずることがある。一八世紀の最後の数十年において、アメリカ合衆国、南アメリカ諸国、南アフリカ、カナダ、オーストラリアの出現をめぐって、予測できない出来事が特に混ざり合って現れた。これらの出来事の多くがフランスの運命に関係する出来事であり、そのフランスの影響力は、フランスが戦争に勝っているときも負けているときも同じように決定的なものであった。これらの出来事が展開し始めたとき、ヨーロッパの言語のなかでフランス語が最も重要な国際語であったが、それらの出来事が最終的に起こってしまうと、英語が二〇世紀の世界語となる基礎が据えられることになった。

一七五〇年に、アメリカ大陸は二つか三つの重層しあう世界に分けられていた。何十という部族や小さな民族がいぜんとして自治的な生活をしていた。特に大陸の北と南の最寒冷地と、北アメリカの大草原でそうであった。だが、それらがより広い世界に及ぼした影響はわずかであった。それに比べて、大陸のなかのヨーロッパの影響下にあった多くの部分——それはほとんどが海岸に近かった——は、活気に満ちて、未来は間違いなく自分たちのものであるという意識にあふれていた。これらの植民地の人口は増加していて、その富は増大し、その影響力は西ヨーロッパや西アフリカに浸透していた。にもかかわらず、それらはパリやロンドン、リスボンやマドリッドから統治されていた。この体制は数世代にわたって存続してきていたが、永遠に続くはずのものではなかった。一七五〇年までには、アメリカ大陸のヨーロッパ植民地の経済力を合わせると、おそらく、ヨーロッパのどの一国の経済力よりも、大きくなっていたと思われる。

興味深いのは、当時、アメリカが独立するかどうかではなく、それがヨーロッパのどの国に従属し続けるかということが問題であった。一七六三年、英仏間の七年戦争が終わったとき、カナダとノバスコシアの支配権はフランスからイギリスに移った（訳注：ノバスコシアは戦中はイギリスの支配下に置かれたが、戦後にはフランスに返されたのであり、これは誤りか）。北アメリカの東部つまりヨーロッパ色の濃い部分においては、イギリスが支配権を持ち、それはさらに拡大しそうに思われた。カナダのハドソン湾からメキシコ湾にいたるまでずっとイギリスが支配することになった。さらに、北アメリカの植民地の大部分は、イギリスの支配の継続を支持していた。これを特に支持していたのは、ボストン、ニューヨーク、フィラデルフィアの植民地であって、その多くは最近の対仏戦争で戦ったのであった。それらは、カトリックのフランスとその商業体制に支配されることを望んでこなかったのである。

いったん戦争が終わると、イギリスとその北アメリカ植民地の関係は、それまでのように温かいものではなくなった。七年戦争の戦費がイギリスの国家的債務を二倍にしていたが、アメリカの植民地はその債務の支払いにほとんど貢献しなかった。政府の収入の重要な源泉は輸入関税であった。だが、アメリカの輸入業者は関税を逃れようとして、西インドの糖蜜のような品物を本国の港へ密輸入した。かれらはそのあと、糖蜜からラム酒を蒸留したのである。ラムはアメリカの脱税のひとつの経路でしかなかった。その結果、一七六〇年代の初めにおいて、北アメリカの平均的な植民者は一シリングの税しか払っていなかったのに対し、平均的なイギリス人は二六シリングも払っていたのである。この歪みを是正しようとする試みが、憤りと怒りを引き起こすことになった。

予測されざる合衆国

北アメリカの植民地の多くはすでに議会を持っていて、そこを通して自分たちの苦情を吐き出すことができていた。それらの議会は、まさにその本性によって、植民地は必要があればイギリスの統制からまったく自由になって、自ら統治することができるのだということを、強くほのめかすものであった。北アメリカ大陸の東の端にあったイギリスの一三植民地は、いまや合衆国と呼ばれるようになっていて、それぞれが自分自身の議会を動かしていた。さらに、ロード・アイランドとコネチカットは、自らの知事を選ぶ権利までも持っていた。これは他の植民地がイギリスから派遣される知事を受け入れていたのとは、明確に違っていた。こういうわけで、アメリカ人はすでに独立の枠組みを持っていたのである。しかし、かれらは独立を求めるべきかいなかについて、一致してはいなかった。というのも、カナダでは本国忠誠派が支配的だったからである。これより南の一三植民地においても、当初は、イギリスに忠誠なひとびとのほうが、究極的には反乱がいいと考えたひとびとよりも数が多かった。これらの植民者は圧倒的にイギリス人の子孫であるかイギリス生まれであった。主な例外は、ペンシルヴァニアのドイツ人と、人口の六分の一を占めるが政治的発言力を持たない黒人奴隷であった。

イギリスと一三植民地は別々の方向に漂流していった。一七七五年に武装した植民者たちがイギリスの駐屯兵と戦闘を始めた。この反乱者のリーダーはジョージ・ワシントンであった。かれはアメリカ生まれのプランテーション主で、フランス軍とも民兵として戦っていた。初めの一二か月には、かれの軍隊ははなばなしい戦果はあげなかった。モントリオールを占領するとき、天然痘のために戦力をそがれてしまって、イギリス軍をカナダから追い出すことができないという惨憺たる結果になった。しかし、ワシントンはイギリス軍をボストン港から追い出し、そのことによって軍事的勝利の展望を切り開いたので、かれはフランスとスペインから内々に大きな支援を得ることになった。両国は昔からのイギリスの敵であり、内密の支援によって報復したがっていたのである。そのような支援がなければ、アメリカの反乱軍は結局は負けていたであろう。

戦争に勝つためには、海軍力が絶対に必要であった。大西洋を支配するヨーロッパの海軍国は、北アメリカへ自国の援軍を送り、敵が援軍を送るのを妨げることができた。イギリスはそういう支配的海軍力を持っていた。だが、一七七八年以降、その優越的地位はフランス海軍の介入と、オランダ、スペインの公然たる敵対によって、揺らいできた。戦争は長引いて、二番目の七年戦争となってしまった。一七八二年一一月、イギリスはそういう戦費のかかる戦闘を継続するよりも、講和を結ぶことを選んだのだった。

現在のアメリカ合衆国の領土の大部分は、この時期にはいぜんとして植民地領有諸国の手中にあった。もしこのときの国境線が続いていたならば、合衆国は、巨大な資源と移民受け入れ能力を持っていたので、いつの日か世界の重要な大国になったかもしれないが、超大国のひとつになる希望は持てなかったであろう。ミシシッピー川の東側に閉じ込められていたならば、その人口は長らく不十分なままであったろう。

振り返ってみると、いろいろな出来事は整然として予想可能なものに見えることがあるが、その当時において先を見た場合、それらは予測できないものに満たされていたのである。反乱したアメリカ植民地が、フランスの助力を得て勝利したことは、フランス内部に大きな反響を生んだ。大きな負債を背負い込んだので、フランス国王は戦争遂行のために増税しなければならなかった。だが、大西洋の向こう側での出来事が示したことは、このうえなく強力な王権でも、人民がより大きな自由を求めて王権に立ち向かった場合には、傷つきやすいということであった。一七八九年に、フランスで民衆の革命が勃発したのは、大小の原因の渦巻きの結果であったが、それは合衆国における反乱とその反乱のなかで宣言された諸原則に

□イギリス
△スペイン
○フランス
●オランダ
ハドソン湾
ラブラドル
ニューファウンドランド島
ケベック
セントローレンス湾
モントリオール
オールバニー
ケープブレトン島
ノバスコシア
ボストン
ニューヨーク
フィラデルフィア
リッチモンド
ジェイムズタウン
スペリオル湖
ヒューロン湖
ミシガン湖
オンタリオ湖
エリー湖
デトロイト
アパラチア山脈
グレートプレーンズ
ミズーリ川
ロッキー山脈
ミシシッピー川
ルイジアナ
ニューオーリンズ
チャールストン
サバンナ
アウグスティヌス
フロリダ
バミューダ(諸)島
大西洋
メキシコ湾
バハマ連邦
デンマーク領バージン諸島
ハバナ
キューバ
タンピコ
メリダ
メキシコシティ
ベラクルス
ベリーズ
サン＝ドマング
サント＝ドミンゴ
アンティグア
プエルトリコ
グアドループ島
ジャマイカ
トルヒージョ
カリブ海
西インド諸島
マルチニーク
バルバドス
モスキート海岸
ホンジュラス湾
クラカオ
グレナダ
カルタジェナ
トリニダード島
太平洋
カラカス
パナマ
ジョージタウン
ニューアムステルダム

カリブ海と北アメリカにおけるヨーロッパ植民地（1755年）

よって強く推進されたのであった。

一七八九年五月にヴェルサイユとパリで爆発したフランス革命は、当初は希望の宣言のように見えていて、大混乱への序曲とは見えなかった。しかしながら、七月までには、群衆がパリを駆け巡るようになった。そして翌月には、フランス議会は「人権」宣言を発した。そのような宣言は、二〇世紀末の時代であればほとんど毎月のように出されるものであるが、一八世紀においては、稀であるとともに、ひとつの反逆行為でもあった。この宣言の三か月後には、フランスのカトリック教会の多数の資産が国有化され、多くの聖職者や王党派は抜け目なく王国を逃れ出た。一七九一年までにフランス王は自国内で幽閉されてしまった。しかし、フランス旧体制の崩壊は当初は自由主義者の多くを喜ばせ、歓喜させたのであった。フランスよりも民主主義の伝統が強かったロンドンでは、一七九〇年二月になっても下院において、フランスにおける騒動は歓迎すべきか懸念すべきかという議論をしていた。

この間に、フランスはヨーロッパの主な君主国と戦争状態に入っていた。フランスは、自身の民衆的・世俗的革命を、征服したすべての国に押しつけることが義務であると、熱狂的に信じていた。もともとはフランス人のためのものであったのに、いまや革命は「輸出向け」となった。しかし、革命の指揮権、したがって革命のメッセージは、ラディカルな政治家の手から、一人の若い兵士ナポレオンの手にゆっくりと移っていった。ナポレオンは、一七九三年にトゥーロンにおいて最初の記念すべき勝利をおさめた。このときかれは二〇代半ばであった。かれはその後素晴らしい将軍となり、不可能なものはほとんどなにもないと考えるほどになった。そして、ほとんど二〇年の間かれの信念は実現され続けた。一七九九年にかれはフランス政府の長つまり第一の執政官（統領）となった。一八〇四年には皇帝となり、パリにおいて法王ピウス七世から正式に戴冠されたのである。

新生の合衆国はフランス革命戦争の局外に立った。こうして、合衆国は、おそらく一七七〇年代の末に軍事的敗北を救ってくれたと言ってよいフランスとの同盟の継続を、拒否したのである。だが、合衆国は、このように局外に立つことによって、ヨーロッパの出来事からの孤立を自らに課すという、その後の長い伝統を開始したのであった。それまでと同じように、ヨーロッパ内のいさかいのおかげで、合衆国は拡大する機会を得た。ナポレオンは、ルイジアナとミシシッピー川の西岸をスペインから取り戻していた。スペインはすでに弱体化していて、これを拒むことはできなかったのである。だが、ナポレオンは一八〇三年には財源が不足してしまって、ミシシッピー川の西岸のすべての土地を合衆国に売却することを決定した。普通簡単にルイジアナ購入と言われるが、これは合衆国が、一エーカー三セントによって、北アメリカ最大の河川流域とカナダからメキシコ湾にいたる広大な土地を所有することになった事態を指す。この取引は、今日アメリカ合衆国のすべての州のうちの四分の一によって占められている領域を占める取引なのである。

ロシアを除けばヨーロッパのどの国よりもずっと大きなこの地域が、もしもフランスの手中に残っていたならば、あるいはそれがフランスの指導する植民地集団の手に移っていたならば、対立しあう二つの独立したアメリカが生まれたかもしれない。ひとつは、東海岸にあって星条旗を掲げ、もうひとつは内陸部でフランスの三色旗の一種を掲げるものである。そして、もしフランスによる陸上の障害が介在し続けていたならば、合衆国はテキサスとカリフォルニアを併合できなかったかもしれない。その場合には、アメリカ合衆国は大西洋岸にのみ港を持つ中規模の国家にとどまったということは考えられないことではない。

ナポレオンが一八〇三年に売却した土地は、原住アメリカ人の部族や民族が住んでいたところであった。もともとイギリス人支配者が意図していたのは、これらの部族や民族にその住む西部の土地を保持させてもよいというものであった。そしてたぶんフランスの支配者もそうであったであろう。一七六三年に、いぜんとして北アメリカの多くを支配していたイギリスは、白人入植者が越えてはならない境界線をいれた地図をつくろうとした。原住アメリカ人は、西部の土地、ないしは事実上広大な内陸部の土地を、保持することを認められるものであった。だが、それは長くは続かなかった。

まもなく、その境界線は魔法のように西へ移動していった。合衆国が幼い国家になった後、原住アメリカ人とヨーロッパ人を分ける公的な境界線は消えていった。原住民の権利は西方へ追いやられるか、無視された。もしかれらがまとまったひとびとであったならば、この拡大は阻止しえたかもしれない。だが、かれらは統一されたことはなかった。実際には、ヨーロッパの植民者たちが長いあいだこの統一を挫いてきたのである。たしかに、世界の歴史の多くは、不統一というものによって形作られてきたのだ。

合衆国は、独立を獲得したことによって、一つの先例をつくった。それは予期されたよりもずっと伝染しやすい先例であった。西インドの砂糖植民地のひとつが、新しい合衆国の辿った道を、最初に歩んだ国となった。山がちの細長い島であるサント・ドミンゴがそれで、それは東部をスペインに、西部をフランスに植民されていた。西部では植民地はサン・ドマンと呼ばれていた。フランス革命がフランスの植民地支配を一時的に弱体化した。そのうえ、すべての人民は平等であるという一七九一年の革命家たちのメッセージが、フランス植民地の住民たちにも受け入れられた。かれらは決して平等とは言えなかったからである。フランス人の所有する砂糖プランテーションで働くアフリカ人奴隷と、奴隷でも市民でもないムラットたちがそうであった。突然起きた蜂起においては、かれらが指導権を握った。一八〇三年に、一人の黒人が自らを、この新しいハイチ国の皇帝であると宣言した。こうしていまや、アメリカには二つの独立国家が誕生した。アメリカ合衆国とハイチである。

ヨーロッパにおける激動の諸事件によって、さらに多くの国の独立の道が開かれた。一八〇八年にナポレオンがスペインを侵略したとき、大西洋の反対側のスペイン植民地は、スペインの味方につくか、自身の自由を獲得するかの機会を得た。一八一〇年までに、スペイン領メキシコからはるかに下ってアンデス近くのスペイン植民地の港まで、内戦ないしは解放戦争が、海上陸上で戦われ、反乱者が処刑され、無数の報復がおこなわれた。

一八二一年までに現在の中南米の地図がだいたい形作られた。自由なメキシコ、中央アメリカの新しい一団の共和国、その南には自由なペルー、自由なチリ、自由なパラグアイ、ラプラタ川沿いの自由な共和国ができた。最後のものは後にアルゼンチンとウルグアイに分割された。そして翌年には、ブラジルが完全にポルトガルから分離し、君主国となった。三年後には、ボリビアが形成され、解放者シモン・ボリバルにちなんでその名がつけられた。北アメリカでもスペイン人は撤退して、フロリダを合衆国に割譲した。一七七五年に西ヨーロッパの海洋列国が、北の凍ったツンドラからずっと下がって南アメリカの岩石だらけの岬までのアメリカの領有を主張したのに対し、かれらは半世紀後にはそこからだいたいにおいて撤退してしまったのだった。おたがいのいさかいや仲たがいのために、それらの強国は足元を掘り崩されたのだった。それらの植民地の大部分は独立した。

一八三〇年までに、アメリカ大陸はだいたいにおいて独立国からなるようになった。北での例外はブリティッシュ・カナダとロシアのアラスカであった。アラスカでは、ロシア人が毛皮を商い、ロシア正教の宣教師たちが伝道活動をおこない、ロシアの船がときどきサンクト・ペテルブルクから古臭いニュースを運んで到着していた。このアラスカは一八六七年に合衆国が購入することになる。

一八三〇年において、メキシコ湾の南では、独立への運動はほとんど完了していた。来航する船を除けば、ヨーロッパの国旗はほとんど見られなかった。カリブ海においてのみ、ヨーロッパ列強は無上の力を持ち続けていた。イギリスはいぜんとしてジャマイカと西インド諸島の多くを保持していた。フランスはマルティニークその他の島を保有していた。オランダはヴァージン諸島の一部を持ち、スペインは最も豊かな島であるキューバに固執していた。だがこれを除けば、諸国の歴史のなかで、これだけ広大な地域がこんなに早く再編されたことは、たぶんなかったのではなかろうか。それでも、征服者の言語、宗教、社会的・政治的諸制度の多くが、だいたいにおいて温存されたのだった。奴隷制さえ残ったのである。

振り返って見ると、このような出来事は、トランプ一組のように落ち着くべきところに落ち着いているのだが、実際には、先の見えないものであった。そのような出来事の連鎖が影響を与えたのは、アメリカ大陸だけではなかった。アメリカで連鎖した一連の出来事が、今度はオーストラリア、南アフリカその他に影響を及ぼしたのである。

喜望峰の彼方——オーストラリアとニュージーランド

イギリスは、アメリカ大陸での植民地を多く失ったので、その関心を大西洋から転じて、インド洋と太平洋に向けることになった。一七九二年に始まりほぼ四半世紀もだらだらと続いた対仏戦争のあいだに、イギリスは、フランス植民地といくつかのオランダ植民地を占領する機会を得た。オランダはフランスの衛星国になっていたからである。アフリカ南端の喜望峰から南アメリカ南端のホーン（オルノス）岬にいたるまでの大きな弧状の海域において、イギリスは支配権を握ったことはなかった。一七八〇年の時点でのこの海域におけるイギリスの主な占有地は、インド各地での足場でしかなかった。だが、その後の半世紀のあいだにイギリスは地球上のこの広大な地域において、飛びぬけて支配的な植民大国になるのである。

イギリスが支配したのは、戦略的に重要なケープタウン港や南アフリカ海岸、モーリシャスとセイロン（スリランカ）という戦略的な島々、インドの大部分、マレー半島のいくつかの部分、オーストラリアのすべてであり、さらに潜在的ないしは事実上支配したのは、ニュージーランド、太平洋のその他多くの島々、そして今のカナダの太平洋側の大部分であった。

いまやイギリスは、かつてのアメリカにおけるよりも、インドと太平洋において強い立場を築いた。イギリスはいまや、かつてアメリカ大陸において支配していたものよりもはるかに大きな人口を支配することになった。イギリスは、ひとつの大陸ではほぼ敗退したが、新たな大洋に乗り出して、たちまちのうちに世界未曾有の大帝国をつくり上げたのである。

このような出来事によって始まった一つの動きは、二〇世紀の後半に、英語がまさにグローバルと言っていいような第一言語に上昇したということである。英語は、一七六三年には、イギリス諸島（訳注：グレート・ブリテンとアイルランド）以外では、ほんの三〇〇万人ぐらいの人が、第一言語ないしは第二言語として話していたに過ぎなかった。しかも、そのほとんどすべては北アメリカに住んでいたのである。英語が長期的に見てグローバルな言語になる機会を与えられたのは、広大な領土がアメリカ合衆国の手に入ったことと、イギリスがインド洋や太平洋において散在した多数の植民地を獲得したことのためであった。もし、アメリカ合衆国が大西洋岸のみにしがみついた小さな地域に止まっていたならば、そしてもし、インドの大部分がイギリスの支配下に入らなかったならば、英語がグローバルな言語になるという見通しはあまりなかったであろう。

一枚のカードが倒れると、次のカードも倒れるということがあるものである。元来イギリスは、キャプテン・クックが発見したオーストラリア大陸の東側に植民地をつくる計画は持っていなかった。そのような計画は、アメリカ大陸での反乱によって、イギリスが仕方なく抱いたものであった。従来イギリスは、その囚人の多くを、アメリカ南岸の港に送ってきていた。そこで、囚人は事実上奴隷所有者にせり売りされ、囚人は農場の監督官として使用された。だが、結局アメリカ人と決別したので、イギリスは囚人を有効に送れる場所を他に探さなければならなくなった。「有効に」というのがキーワードであった。というのは、イギリスは重商主義帝国であり、労働力を自身の船主や商人の利益にかなうように使おうとしていたからである。

最終的に、クックの『エンデヴァー』という本によって本国にもたらされた報告のおかげで、イギリス政府はボタニー湾を選んだ。それは現在シドニー空港の滑走路になっている砂浜であった。ボタニー湾では囚人たちはすぐに必要な食料を生産するだろうと考えられた。近くには予期しないおまけもあった。シドニーの北東にある無人のノーフォーク島に、背の高い独特の松の木が生えていて、これがイギリスの船に一級のマストを提供してくれそうに見えたのである。また、そこには上質の亜麻の木もあって、それはイギリス海軍にすばらしい帆布とロープを提供してくれそうに思われた。

一七八八年一月に、囚人と海兵隊を運んだイギリスの船隊がボタニー湾に入港した。だが、その暑い月にやって来たひとびとは、すぐにその地が緑のユートピアではないことを発見した。約一八年前の涼しい四月にクックやバンクスは、そこを緑のユートピアだと見ていたのである。そこで、一一隻の船は、ボタニー湾をあきらめて、さらに数時間岸沿いに航海して、垂直な絶壁のあいだの割れ目を苦労して進み、太陽に照らされたシドニー港に入った。そこは、司令官の見るところ、一〇〇〇隻の船が安全に結集できる広さがあった。

新しい植民地は、シドニー港で十分な食料を生産しようと苦労した。植民者たちがブルーマウンテンズと呼ばれる海岸の狭い背骨を越え、内陸の広大な平原に羊の大軍を放牧し始めたときに初めて、オーストラリアは世界の眼に重要な場所として現れたのである。一世代後には、はるかに離れた北半球の寒い冬に直面する何千万のひとびとが、オーストラリアのウールでつくられた衣類を着て、毛布にくるまって寝るようになるのだった。

アボリジニは、海岸線の木々にロープで結ばれたイギリスの船を静かに覗き見、小屋や店が建てられ、ポットで水が沸かされ、銃が騒がしく発射され、火がすぐに起こされ、鉄製の斧――金属はすべてまだ知られていなかった――で木が倒されるのを見つめていたが、かれらは、こうした活動をただ不思議がるばかりであった。ひょっとしたら、それは記録に残る世界史のなかで、最も奇妙な出会いであったかもしれない。なぜならば、ここに出会った新参のひとびとと旧来のひとびとの生活様式は、スペイン人がアステカ人と出会ったときよりも、またオランダ人が初めてケープタウンやジャカルタの港に定着したときよりも、さらにフランスやイギリスの航海者たちがタヒチやニュージーランドの島々に長らく住んでいたポリネシア人と直面したときよりも、はるかに大きな違いがあったからである。

これとは対照的に、オーストラリア原住のひとびとは、過去一万年のあいだに世界の他の大部分の場所で起きていた急激な変化から、当時なおほとんど隔離されていたのである。新参者と原住民とのギャップは、ほとんど深淵のようであった。アボリジニの才能は、ヨーロッパ人のそれとはあまりに違っていたから、ヨーロッパ人はほとんど理解も評価もすることができなかった。アボリジニはいくつかの言語と方言を知っており、それぞれの地域での植物学と動物学の広い知識を持っており、狩りや漁業の微妙かつ単純な技術を身につけており、ほとんどヨーロッパ人が食していたよりもずっと多様な食物を食べていた。だが、当初ヨーロッパ人はそういうことを理解する術がまったくなかった。ヨーロッパ人はまた、アボリジニが、結婚や食事や儀礼や所有概念や土地概念について、ある意味ではストックホルムやワルシャワの貴族たちが従っていた儀礼と同じくらいに洗練された長年の慣行に従っていたということも、理解できなかったはずである。

　アボリジニのほうも、イギリス人の生活様式、法と制度、宗教、マナーやドレス、農業や工業のやりかた、読み書きの行為、樽や袋や倉庫での食糧保存などを理解できなかった。かれらは文明のなかにある科学的知識の深みを覗くこともできなかった。それは、新参者たち――多くが非文明的なひとびとであったが――が残していったものであった。大きな船にしろ、火器にしろ、音のする時計にしろ、よそ者の技術は不可解なものであった。アボリジニにとって家畜というものはまったく新しいものであった。かれらは、羊や牛は白人と一緒に旅行している妻たちではないかと、考えることさえあったのである。

　オーストラリアのアボリジニはその領土をうまく守ることはできなかった。ニュージーランド人と比べると、アボリジニはもっと少ない集団をなして生活しており、あまり組織だっておらず、要塞をつくることもなく、攻撃者に抵抗するために隣の集団と連合することも容易ではなかった。一〇年また一〇年と、白い顔と新しい動物からなる奇妙な行列が、ほとんど人の住まない大陸深くへ進行していった。ときどきかなり多くの場所で銃や槍での戦いがあった。だがもっと悪いことに、天然痘や、はしかや、インフルエンザや、その他の新しい病気が、アボリジニのキャンプを次々と絶滅させていった。ちょうど、ほぼ三世紀前に最初のスペイン人がアメリカ大陸に着いたとき、これらの疫病がアメリカを席捲したのとまったく同じであった。アボリジニを主として征服したのは、疫病とそれによる混乱であった。だが、この悲劇については、科学者はこの時期の科学の水準においては、回答を持っていなかったのである。

第25章　サハラの彼方

何世紀ものあいだ、アフリカの大部分はヨーロッパのひとびとや帝国にとって、事実上到達できない場所であった。ことによるとローマ時代のほうが、その後の時代に比べて、アフリカに接近しやすかったかもしれない。実際のところ、ローマ人は、一九〇〇年以前のどのヨーロッパ強国よりもうまくアフリカに植民していたのではなかろうか、もっともローマ人はアフリカの北辺を植民地化したに過ぎなかったけれども。

サハラ砂漠はひとびとの移動にとって、どの程度障害であったのだろうか。あるいは、どこまでそれは妄想だったのだろうか。いろいろな証拠から見ると、サハラ砂漠は大変手ごわい障害であって、近代にいたるまで、ヨーロッパやアジアの帝国がアフリカの大部分に侵入するのを防いでいたのではないかとされている。事実、アフリカよりもはるかにヨーロッパから遠いアジアの中心部に比べ、アフリカの中心部は何世代ものヨーロッパ人にとって近づきにくいものであった。そのうえ、アフリカはまわりのどの国も完全に支配するには大きすぎた。

砂漠の謎

世界最大のサハラ砂漠は、アフリカの陸地全体の四分の一を占める。岩石と砂が無限に広がるサハラは、アメリカ合衆国を覆いつくしてしまうほどに大きかった。それは陸よりも海にたとえる方がいいかもしれない。それは乾燥した海であった。そこはひとびとが危険をおかして出かけるところで、遠く離れた砂漠の港のあいだを航行するあいだに命を落とすこともあった。海と同じように、商人を襲う海賊も隠れていた。海と同じように、嵐が襲ってくるので、賢明なトゥアレグ人（訳注：ベルベル人系の遊牧民）は刺すような飛砂を防ぐために、口を布のヴェールで覆っていたのだった。

あちこちで、砂漠から立ち上がるように岩だらけの山々がそびえていて、雨を受けていた。だが、雨の多くは突然の土砂降りとなって落ちてきても、太陽と焼けつく地面にたちまち蒸発してしまった。砂漠は移動していた。一〇〇万年のあいだに、縮小したり、拡大したりした。それは気候が少し変化したためであったり、ヤギや牛がとげだらけの灌木や草原の外側を浸食したりしたためであった。

だが、砂漠は決して完全な障害ではなかった。ラクダのキャラヴァンが砂漠を行き来した。何世紀ものあいだイスラムの商人がそこを横断し、たくさんの人を改宗させた。西アフリカの有力者たちがそこを横切って行った。たとえば、一三二四年には、マリ帝国の皇帝がカイロに到着し、そこで、気に入った者に、まるで紙吹雪のように、金をまき散らしたといって、長く語り草になった。ヨーロッパの商人も、考えられている以上によく砂漠を横断した。たとえば、一四七〇年に、フィレンツェの商人たちが砂漠の向こう側にあるティンブクトゥ（訳注：トゥアレグ人の都市）で商売をしていることが観察されている。もっとも、白い肌の人間は、サハラ砂漠の縁にあるこの豊かで、壁に囲まれ、水の引かれた都市においては、めったに見ることはできなかった。

熱帯アフリカの都市ティンブクトゥは、旅人が近寄ればナツメヤシが揺れているのが見える町で、その名を聞いたことのあるヨーロッパ人の耳には、長いあいだ謎に満ちた町であった。その町はアフリカの北三分の一にとっての内陸駅であった。それは、サハラ砂漠を横切るキャラヴァンのための駅であり、スーダンからポーターが頭上に運んだり、ロバや牛の背に載せて運んだりしてきた荷物のための駅であり、南ヨーロッパからときどきやってくる積荷の終着駅であった。そこは、比較的近い西アフリカの海岸からよりも、地中海沿岸やモロッコ内陸の町マラケシュから来る人の方が多かった。一五〇〇年代の末に、マラケシュには、ときどき奴隷という積荷がやってくるほかに、ティンブクトゥの金を積んだラバやラクダが訪れていた。一五人の未婚女性の送り状が特に有名である。当然のことながら、砂漠と高価な通商路を経てきた商品は、金や象牙や美女のように、重さ当たりの価値は高価だったのだ。

アフリカの砂漠がよそ者に対する砦であったように、その河川もそうであった。ほとんどの川は大小の滝や急流で遮られていた。ほとんどすべての大河に見られる荒々しい、泡立った流れは、どんな船も行き来することはできなかった。ザイール川やコンゴ川には早瀬があった。堂々と流れるザンベジ川の流れはヴィクトリア瀑布によって遮られていた。もし、ライン川やドナウ川やローヌ川やエルベ川も滝によって遮られていたならば、ヨーロッパの歴史も変わっていたであろう。

航行可能な川は通商と思想の交換を促進するものである。しかし、アフリカには長くて航行可能な川は一つしかなかった。ナイル川である。おそらく、エジプトが文明の創始者として成功したのは、ナイル川の流域が交通路としてまた食料源として演じた重要な役割、ならびにナイル川が海に流れ込むところがそれ以前の文明の中心地からあまり遠くないところであったという事実に、負うところが大きかったようである。もしナイル川が西アフリカの海に流れ込んでいたならば、その影響はもっと小さかったことであろう。

サハラ砂漠の南では、広大な熱帯アフリカが広がっていたが、ナイルに匹敵する川はなかった。さらに、アフリカ全体として、帆船やガレー船が大陸内部に深く入り込めるような大小の湾や深い入り江が少なかった。ヨーロッパの場合、その三三パーセント以上が半島や島であるのに対し、アフリカの場合、それは二パーセントに過ぎなかった。このことはアフリカにとって大きな不利であって、これに広大なジャングルを加えて考えなければならない。

熱帯アフリカの湿潤な森には、イエバエよりも大きくはないハエで、人の血を吸うツェツェバエがいて、それはあらゆる荷役用動物にとって危険なハエであった。ハエは動物の血液に感染して、睡眠病を引き起こし、動物を弱らせるのである。アフリカのほぼ四分の一の地域において、この病気は家禽類を除くあらゆる家畜を殺したのである。マラリア、睡眠病、その他の熱帯性の病気によって、熱帯アフリカのまわりには壁がつくられて、アフリカ人やよそ者を追い払うか死なせたのだった。特に睡眠病は経済発展の障害となった。そのような広大な地域で家畜がいなくなったので、アフリカ人は食べ物のなかのたんぱく質が得られなくなっただけでなく、役畜を奪われてしまった。そのために、かれら自身が役畜や運搬人や荷馬になってしまった。家畜がいないということは、肥料が少ないということであり、ツェツェバエがいなくて畜産が繁栄している部分のアフリカにおいて得られるような穀物用肥料が入手できないということであった。

過去五〇〇万年のあいだアフリカの中心部が外部と有効な接触ができなかったのには、ほかにも障害があった。たぶん、アフリカはアジアのような植物の多様性に欠けていたのであろう。もしも、中央アフリカや南アフリカが、世界で最初の茶やコーヒー、胡椒やナツメグ、絹や染料、その他多様な産物を産して、地中海沿岸のひとびとの味覚を刺激し欲望を掻き立てていたならば、内部アフリカの地理的障害はそれほど重要ではなかったはずである。障害は、もしなにか価値のあるものが向こう側にあれば、本当の障害にはならないのである。

何世紀ものあいだ、ヨーロッパと同じくらいに、アジアもアフリカに影響を与えてきた。インド洋は東アフリカへの中心的な出入口であり、ペルシア、インド、アラビア、そしてインドネシア諸島から航行してくる船つまりダウ船（訳注：沿海貿易用帆船）は、よく東アフリカのりっぱな港に入ったものである。それらの港はヨーロッパ人がそこに来る前はよくにぎわっていた。ザンジバルの島では、ポルトガル人が最初に通り過ぎたときより五〇〇年あまり前から、ペルシア人が定着していたのである。

世界の交差路に近い場所は有利であった。そういう場所は新しい軍隊に潰されることもあったが、新しい観念に刺激を受けることができた。だが、地中海沿岸や東西の沿岸地帯とは違って、アフリカ中心部はそういう刺激を受けるにはあまりにも離れすぎていたのだった。

奴隷取引

アフリカは長いあいだ問題の商品を輸出していた。それは世界のほとんどあらゆるところで大きな需要があった。その商品とは奴隷である。

だが同時に言っておかなければならないのは、アフリカ以外のさまざまな国や部族の歴史においても、奴隷はアフリカとほとんど同じように重要だったのである。古代中国においては、何百万という奴隷がおり、一九〇八年まで、人を奴隷として売ることは禁止されてはいなかった。インド人もキリストの時代の前後まで奴隷を所有していた。アメリカ大陸の多くの部族やいくつかの国は、コロンブスが来るまで、長いあいだ、奴隷と半奴隷を所有していた。ヨーロッパの農奴も、一種の奴隷であって、それはロシアでは合衆国において奴隷制が終わった時代（訳注：一八六〇年代）まで存続していたのだった。

奴隷は、ギリシアの都市国家においては、よく見られる光景であった。ローマによって支配された領域においては、奴隷は農村の何千という荘園で見ることができた。どの奴隷も実際には、つるはしや斧やシャベルの代用品であり、収穫時の追加労働力であり、建築や道路修理作業団の追加的労働力であり、家の台所の補助員であった。これらの奴隷が、食べる以上のものをつくってくれる限りにおいて、かれらは資産であった。

世界の大部分において、捕虜は殺されるか奴隷にされるかというのが、戦争のルールであった。戦争が頻発するにつれ、世紀を追って奴隷の数は増えた。奴隷になるほうが、もうひとつの選択肢である死よりも、好まれたのである。

初期のキリスト教は、初期のユダヤ教やイスラム教と同じように、奴隷というものは昔から続いてきた有用な制度であり、いじくりまわすべきものではないと理解していた。二一世紀の学識的で心やさしい見解からすれば、奴隷がそんなに長いあいだ疑問もなく受け入れられてきたとは理解ができないことである。だが、この二一世紀というのは、以前には知られていなかった人間の平等や尊厳という理念を受け継いだ世紀なのである。加えて、今日、繁栄した諸国には奴隷を使う経済的必要性はないのだ。技術のおかげで、それらの国は、未熟練肉体労働が不足しているというよりも、あり余っている。さらに、そこには、化石燃料という名の新たな疲れを知らない奴隷がいる。それは昔の文明にはなかったものなのである。

ヨーロッパ人の船がアフリカから奴隷を運び始めるずっと前から、アフリカ人自身が奴隷取引に従事していた。一五〇〇年以降、アフリカの奴隷はおそらくキリスト教徒の地よりも、イスラム教徒の地に多く輸出されていたようだ。そして、イスラム教徒がアフリカにおいて中心的な奴隷商人であった。どうやら、イスラム教がやってくるずっと前から、アフリカには活発な奴隷交易があったようだ。

アフリカの内部では多くのひとびとがその親類によって奴隷にされていた。父親が自分自身の子供を奴隷として売り飛ばすこともあった。兄弟が兄弟を奴隷として売り飛ばすこともあった。よその国や地域で死んだ奴隷の半分は、自らの属していた集団や社会によって奴隷にされて送り出されたひとびとだったのではなかろうか。奴隷は、普通は、債務者、犯罪者、不適応者、反乱者であり、特に戦争での捕虜であった。

一六世紀においては、西アフリカから輸出された奴隷のほとんどは女性で、かの女らはイスラム諸国に売られた。一世紀後になると、奴隷のほとんどは男性となり、ヨーロッパ人の所有する船で、アメリカのキリスト教植民地に輸送された。アメリカへの奴隷貿易を最初に始めたのはポルトガル人であった。かれらは、すでにアフリカ奴隷をヴェルデ岬の島々やマデイラにある自分たちの砂糖プランテーションで使用していたのである。そしてこれに次いで、まもなくイギリスその他の海洋国民が、利益は大きいが無情な奴隷取引に参加することになった。西アフリカのセネガル川からカメルーンにいたるまでの細長い沿岸から、奴隷の大部分が輸送された。最も多かった一七〇〇年代においては、奴隷は年間一〇万人という割合で大西洋を輸送された。かれらは、アマゾン川河口からジャマイカやヴァージニアまでにおいて、砂糖、煙草、綿花のプランテーションで働かされ、生涯二度と祖国を見ることはなかった。ヨーロッパで食べられる砂糖の大部分は異郷で働くアフリカ奴隷によってつくられたものであった。

西アフリカから赤道直下の海域を小さな帆船で航海するのは、苦しいことであった。奴隷のほとんどは、暑くて暗い船倉に、しばしば鎖につながれて、詰め込まれていた。飲み水は乏しかった。かれらはそれ以前に海に出たことがなかった。ヨーロッパ人の船員にとってもこの航海はしばしば運まかせであって、熱帯病で死ぬ者もたくさんあったほどである。

アフリカ出のアメリカ人は何世代も奴隷として生まれた。しかし、奴隷からの脱出の道はほとんどなかった。黒人の母と白人の父――この父は普通は所有者か監督官であった――に生まれた赤ん坊は事実上自由になれた。それ以外の脱出の道は、ただ逃亡することでしかなかった。鞭打ちを恐れて、あるいは鞭打ちの結果、逃亡する奴隷がたくさんいた。犬がかれらを追いかけることもあった。うまく近くの森林や沼地に逃げおおせた奴隷のなかでも、食糧や住み家が保証されていたり、仲間の奴隷たちと慰めの宗教をともにできる奴隷の生活に、ふたたび自発的に戻る者がたくさんいた。

奴隷の生活は、仕事のテンポや、懲罰や、褒賞といった点では、運のめぐりあわせであった。奴隷所有者とその妻と黒人であることの多い監督官の人柄、奴隷の労働を規定する法律を定めている政府の態度に、左右されることが多かった。奴隷の扱いという点では、アメリカ合衆国がブラジルその他の国よりもよかったことは、ほぼ間違いがない。アメリカ合衆国の奴隷の生活を見た人がみな一致して言うには、典型的な綿花プランテーションや米プランテーションでは、奴隷の小屋は少なくともスコットランドやシチリアの貧民と同じくらいの快適さであったという。だが、小屋の外ではまったく自由はなかった。

一八二〇年までに、合衆国の港が全体で受け入れた奴隷の数は、自由なヨーロッパ移民の数よりも、いくらか多いくらいであった。しかし、ヨーロッパ人は——低い死亡率と高い出生率のおかげで——アメリカの人口の大多数を形成することになった。一八二〇年代以降、アフリカからの流入は低下した。それは奴隷という概念と正当性が攻撃を受けたからである。

こう見ると、アフリカは運のないところに見えそうである。それは世界の躍動的な部分から切り離されたように見えた。一六世紀までは、アフリカのセールス・ポイントは、何百人もの奴隷を供給できるというところにあった。それは、熱帯の暑さのなかで働くことに慣れていて、アメリカ大陸の増加するプランテーションから少し船で移動するだけのところに住んでいる労働力であった。しかしいまや、そういう奴隷貿易は危険にさらされることになった。

第26章　蒸気機関と都市化

一八〇一年、毎年の出来事を記録している大衆本『アニュアル・レジスター』が、その前の一世紀は注目すべき世紀であったと断言した。科学と技術は、ほかのどの世紀におけるよりも、前進した。ヨーロッパは、ヨーロッパ内でしばしば戦争をするあいだに、その科学や宗教や文明を、遠く離れた森や渓谷にせっせと広げた。「地球上のものすごく遠くにある未知の地方」へのそのような探索は、それまでおこなわれたことはなかった。『アニュアル・レジスター』が言うには、知識への渇望が、金と征服への渇望に取って代わられたのだった。遠距離貿易がそれほど拡大したときはなかった。既存の海路では航海する船が従来よりもずっと速く航行した。ヨーロッパからインドへの長距離の航海も、もはや苦行として恐れられることはなくなった、と言うのである。

たしかに世界は縮小したが、豊かなひとびとでさえ知識や娯楽を求めて遠くへ旅行することはなかった。女王もその王宮の外へ旅行することはまれであった。少数のヨーロッパの宣教師たちが、見知らぬ国で働くために海を越えたに過ぎなかった。東アジアでは、少数の巡礼者が偉大な仏教寺院を訪れるために旅をすることはあったが、イスラムの巡礼者がメッカでお祈りをするために遠くへ旅することは少なかった。どの国でもまだ多くはいなかった学者たちも、家のなかにいて、書物から世界のことを学んだのである。ロンドンにいた若き詩人のジョン・キーツが「黄金の国を多々旅して、多くのよき国と王国を見た」と書いたとき、かれは読書によって旅をしたと言ったのである。当時かれは生地から遠くへはまったく動いていなかったのだった。

世界で最も旅行したひとびとは、学者ではなく、普通のヨーロッパ人であり、アラブの船乗りであった。かれらは、その移動という点では、当時の航空乗務員のようなものであった。一七〇〇年から一八〇〇年までのあいだにおいて、世界の長距離旅行者の最大のカテゴリーは、旅行しようという意思のないひとびとから成っていた。何百万という奴隷が、捕虜として自分の大陸を横切って移動させられ、また熱帯の海を輸送されて、アメリカ大陸へ渡ったのである。

世界は、何万という小さな、自己充足的な地域から成り立っていた。一晩でも家から離れたところで寝るということは、異常な経験であった。これは中国、ジャワ、インド、フランス、メキシコなどどこでも同じであった――ただ、オーストラリアとそこのアボリジニの場合はそうでなかった――。ひとびとは、その全生涯を一つの場所で過ごした。食べるべき食料や、衣類や履物に使う材料はほとんどそこで手に入った。かれらを興奮させ恐れさせるニュースやゴシップはそこから出ていた。そこでかれらは妻や夫を見出した。

海岸や山のなかで休日を過ごすなどということは、このあとのことであった。健康のために鉱水を飲むためのスパーの町が、ヨーロッパでの唯一特別の旅行者向けの町であった。これらの「水飲み場」では、旅行者は厳密な処方箋に基づいて水を飲み、一日にたくさんの水差しやグラスで水を飲んだのだった。一八〇〇年代の初めには、最も国際的な温泉リゾートはカールスバード（訳注：現在のチェコのカルロヴィヴァリ）であった。それは、急峻な花崗岩の山と松の森に囲まれたきれいな町で、プラハやライプツィヒから数日で行けるところにあった。一八二八年には、平均して日に一〇人程度の人が訪れて、そこの薬用水を飲みに来た。その主泉は今でも間欠的に熱い流れとして出ていて、その水も記憶喪失症を改善する耐え難い味をまだ保持している。

新しい時代の象徴となったのは、温泉地や休暇リゾートではなく、工業都市であった。イングランドの北部には、特に一七八〇年代から、工業都市が出現し、羊毛や木綿を紡ぎ織り上げる器用な機械がたくさん見られるようになった。国外から来た人たちは、マンチェスターやリーズやバーミンガムやその他の工業都市の活気に目を丸くした。だが、かれらは、工場と鉱山を視察して、どれだけの児童が雇われているかを見た途端、あきらめの手を挙げたのだった。一八一五年にヨークシャーの毛織物工場の様子を描いている一人のアメリカ人は、そこでは約五〇人の少年少女が働いていて、朝の六時に来て夜の七時に帰っていたと、記録している。冬にはかれらは暗いうちにやってきて、暗くなってから帰ったのである。最年長の子供でも一〇歳になっていなかった。かれらはみな扱っている原料の羊毛の泥と獣脂でよごれていた。ガチョウの世話や牛の搾乳のような農家の仕事とは違って、新しい工場は疲れを知らない専制君主であって、一日中子供を監督することを要求し、子供たちが疲れ果てて眠ってしまいそうになるときも、監督させたのだった。

蒸気をあげる馬——蒸気機関

新しい工場のなかで展開された機械エネルギーと人的エネルギーは、目を見張らせるものがあった。しばしば早瀬に架かった水車が工場の機械の動力を提供していたが、しだいに、最新型の工場は石炭と蒸気力を用いるようになった。だが、しばらくのあいだ、騒がしい蒸気機関が世界を変えるような兆しはまだなかった。

動力としての蒸気機関が最初に用いられて効果があったのは、イングランドの鉱山においてであった。一六九八年にトマス・サヴェリが、コーニッシュ鉱山でポンプを動かすのに石炭を使った蒸気機関を応用した。一一年後に、デヴォンの鍛冶屋であるトマス・ニューコメンが往復蒸気機関をつくったが、ついにはそれが大勢の兵士や多数の馬がなしうる以上のことをできるようになるのだった。この種のエンジンは、ジェームズ・ワットによって大幅に改良された。一七六九年にかれがつくり出した独特の凝縮器は素晴らしい考案であって、それによってついには同じトン数の石炭から三倍の蒸気つまりエネルギーを生み出すことができるようになった。蒸気機関の進化のうえでのほとんどすべての重要な一歩は、機略に富んだイギリス人が、拡大する新しい工業での日常作業から生ずる実際的な問題を解決しようとして、成し遂げたのだった。

しかし、蒸気機関は、輸送に適用されるまでは、世界的な通商にはほとんど影響を及ぼさなかった。蒸気機関車のきしみ音が最初に聞かれたのは、初期産業革命の中心地である北イングランドにおいてであった。初め、蒸気機関車のシュッシュッという音や汽笛音は多くのひとびとを驚かし、道路を走っていた馬や近くの放牧地で草を食んでいた馬を恐れさせた。また機関車のスピードと力は最初の乗客を驚かせた。かれらは蒸気と煤でほとんど目が見えなくなったほどであった。

陸上で言えば、これはローマの道路以来、おそらく最も重要な新機軸であっただろう。軌道列車が鉄路のうえを馬で引かれたときでさえ――ハンガリーやアメリカ合衆国の最初の軌道車は強力な馬に引かれていた――、貨物輸送の費用は大幅に縮減されたのである。

一八二五年に初めて蒸気機関の列車が走ったのは、イングランドのストックトンとダーリントンのあいだであった。その主たる貨物は石炭などの鉱物であった。フランスが最初の蒸気鉄道を走らせたのは一八二八年、オーストリアは一八三二年、ドイツとベルギーは一八三五年のことであった。その頃までには、イギリスの最初の鉄道はロンドン市に届くばかりになっていた。ヨーロッパやアメリカ合衆国の田舎へ大勢の鉄道建設業者が入りこんで、鉄道用の切り通しをつくったり、粘土と土で大きな盛土を積み上げて、平和な景観を細長く破壊していった。一八五〇年代初めまでには、新世界の辺鄙な地方にも最初の鉄道がつくられていた。たとえば、エジプト、メキシコ、ペルー、ブラジル、東オーストラリアといった具合である。遅れたロシアでも、首都のサンクト・ペテルブルクを内陸都市のモスクワと結びつけることが決定されたのであった。

蒸気の時代になるまでは、帆船や馬車が時間通りに到着するなどということは、想像もできなかった。実際のところ、馬車の場合、それは遠隔の都市であれば時間通りに着いたかもしれない。だが、冬のような日には、洪水や雪や霧のために遅れることが多かった。お天気のいい日でも、道路の込み合った部分では渋滞が起きて遅れたり、馬の事故で遅れたりした。それに比べて、列車は指定された正確な時分に駅に到着するのが普通だった。近代の息もつけないような世界を象徴する真新しい言葉「時刻表」が、一八三八年にイギリスでつくり出されたのである。

すべての人が鉄道を歓迎したわけではなかった。農村のひとびとの多くは、列車の切符などを買える金を持つことは決してないだろうと考えていたから、鉄道になんら意味を抱かなかった。かれらは、通過していく列車のあげる轟音のために、牛が恐ろしがって未熟児を生んでしまうのではないかと恐れた。ジョージ・エリオットはその小説『ミドルマーチ』のなかで、さらに別の恐れのことをこう書いている。「女性は、老いも若きも、列車での旅行は生意気で危険なものと考えていた」。

鉄道の時代が始まったばかりの三〇年間を生きていたひとびとは、世界がすっかり変わってしまったと考えた。小説家のウィリアム・サッカレーは、他の国に先がけてイギリスで鉄道が縦横に通った一八六〇年代に著作活動をしていて、その変化の大きさを以下のように綴っていた。鉄道が日常生活を大きく変えてしまったので、鉄道の土手が過去と現在を分ける壁のように見えた。土手に登って、線路に立ち、「向こう側を見ると、もうなにもない」のだった。自分の生まれた村を出て遠くへ旅することなどほとんどなかった昔の生活様式は、消えてしまったのだ。

黒い蒸気機関車は、生活のほとんどあらゆる面に割って入った。新鮮な卵や肉が遠いところから都市に届いた。都市のファッションがたちまち遠くの渓谷の呉服屋に届いた。ほとんどの国において、日刊の全国紙というものが発行され始めるようになった。なぜならば、高速の郵便列車が新聞の束を、発行のその日のうちに、遠くの都市へ運ぶことができるようになったからである。新聞は安価にもなった。というのは、新聞がドイツで考案された蒸気印刷機で印刷されるようになったからである。

郵便や休暇から戦争にいたるまで、ほとんどすべてが鉄道によって変わった。一八七〇～七一年の普仏戦争が短期間に終わったのは、プロイセンの将官たちが巧みに鉄道を利用してその大軍を結集し、フランス戦線の決定的な地点に下ろす組織的技量を持っていたからである。プロイセンの軍隊がフランスになだれ込んでいたとき、フランスの兵士たちの多くはまだその故郷にいて、軍服のボタンをかけたり、ガールフレンドにさよならを言ったりしていたのである。

蒸気機関が海上輸送を変えるのは陸上輸送に比べて遅かった。最初の蒸気船は外輪船で、石炭エンジンと帆を併用しないと長い航海はできなかった。だが一八四〇年までに、高速の蒸気船が大西洋を定期的に横断するようになった。ちょうど、ヨーロッパ移民がアメリカに大挙して押し寄せた時期にあたる。有名な小説家のチャールズ・ディケンズは、妻のケイトと一緒にアメリカ合衆国に行く決心をして、一八四二年一月にリヴァプールで蒸気船に乗った。荒々しい海と戦いながら——二人とも少なくとも五日間は船酔いにかかっていた——、二人は夜になると、赤くて高い煙突のてっぺんで、炎が躍っているのを見て、びっくり仰天したのだった。実際、蒸気船では火災の事故の恐れが高かったのである。

蒸気船の決定的な利点は、それが無風の天気のなかでも進めたということ、狭い水面を逆行さえできたということ、そして細い運河を進めたということにあった。これらは、大きな帆船には不可能なことだった。蒸気船のおかげで、細長いスエズ運河の建設が可能になったのである。この運河は一八六九年に地中海とインド洋を結合し、アフリカ経由の長くて遅い航海を不要にした。そして、インドが突然ヨーロッパに近く引き寄せられた。というのも、ボンベイと南フランスのあいだの航海は、海路にして五六パーセントも縮小されたからである。フランスの融資家たちのこのイニシアティヴの結果、かつては既知の世界の中心であったが、いまや取り残されていた中東が、ふたたび重要な地となった。四〇年後にイランで石油が発見されると、その重要性はさらに増大するはずであった。

蒸気船が急速な交通革命の最後だったのではない。最初に鉄道を走らせた運転士たちは、列車の先に行ってくれる案内人が必要であると確信していた。かれらは「テレグラフ」（電信・電報）と名づけられたものを採用した。この「テレグラフ」という言葉は、「遠くから」と「書く」という意味の二つの古代ギリシア語の言葉を合成したところから来ていた。電信は鉄ないしは銅でできた一本の線で、高い電柱の列のうえをつながり、鉄道線路の傍を走った。電池の助けを得て、電線は駅から駅へと信号を送った。ある信号は、接近する機関車に線路がふさがっていることを警告するものであり、またある信号は、列車が故障して、緊急の機関車が必要だということを知らせるものであったりした。おそらく、世界で最初の公的な電信は、一八四三年に、ロンドンのパディントン駅とスラウ町を結ぶ英国鉄道にそって、送られたものであろう。

初めはイギリスの鉄道に利用された電信システムは、発明家たちによってたちまち改良された。アメリカ合衆国のサミュエル・モールスは、一八四四年に、ワシントンからボルティモアに行く鉄道用に、モールス信号の最初の版を考案していた。鉄道がない町のあいだにもたくさんの電信の線が引かれた。一八四九年までに、合衆国では電信線の網は一万五〇〇〇キロに延びていた。

次の野心的事業は、電信線を大洋や海峡の底に渡すことであった。よく使われた方法は、電線やケーブルをグッタペルカに包むという手であった。このグッタペルカというのは、インドネシア諸島に産する木の樹液からつくられた弾性ゴムのようなものである。一八五〇年に英仏海峡の海底を電信線が横断した。北大西洋を横切るのはきわめて困難な仕事であった。苦心の末、深海船によって海底にケーブルを敷く作業は、一八五八年に完了し、歓呼で迎えられた。それによって、伝言はたったの二週間で運ばれるようになった。大西洋を横切る恒久的なケーブルは、最終的には一八六六年に設置された。この後一〇年間のうちに、陸上と海底の電信網によって、アジア、アフリカ、南アメリカのほとんどすべての主要都市が結ばれることになった。

電信線と電信ケーブルは一八七〇年代の中頃までには、オーストラリア植民地の最も辺鄙なところにまで、だいたい届くようになった。電信ケーブルは大股でアジアを横切り、さらに陸上と海底によって、インドネシア諸島を横切った。そしてオーストラリアの北岸のダーウィン港に着くと、電柱の列を伝って乾燥した荒れ地を南へ向かい、南岸のアデレードに到着した。さらに、電信ケーブルはタスマニア海の下を横切って、ニュージーランドにいたった。こうして、オーストラリアやニュージーランドのどんな辺鄙な港からも、ほとんど例外なく電信をロンドンに送れるようになったのである。

運が良ければ、ひとつの伝言は二四時間で世界を回ることができるようになった。一八七一年二月一六日は、魔術的で記録破りの夜であった。今はパキスタンにあるが当時は英領インドにあったカラチから、ひとつの電報がロンドンに送られた。いくつかのステーションを通って、それは五〇分でロンドンに着いた。これに比べて、翌日の太陽は、ほとんど九〇〇〇キロになろうというその長い距離を横切るのに、四時間半もかかるはずであった。このことから、一人のイギリス人ジャーナリストは、電報の速さのことを「太陽が負けた」という題でレポートしたのだった。もし蒸気郵船であったなら、同じ郵便がロンドンに着くのに数週間を要していたであろう。

今では、遠大な発明を一人二人の孤立した個人の仕事であると考えるのが、ほとんど普通になっている。しかし、発明というものは、個人のあいだでの競争の産物であるとともに、チーム・ゲームの産物でもあるのだ。蒸気機関や、鉄道や、電信や、製鉄所や、繊維機械を考案し改良しようという努力は、多くの国の進取の作業場でおこなわれたのである。大きな変化のうちにも、今では忘れ去られているひとびとが合わさって貢献してつくられたものもある。だが、ほんの数名の発明の英雄だけが、記憶に残っているのである。

これまでの世界の歴史のなかで、この細い電線ほど、すべての土地を結びつけるのに大きな役割を果たしたものはない。それは、ステップや平原、ジャングルや氷河、工場のある郊外や山中の村々、そして海底までも横切って、各地を結びつけたのである。一八七六年、国際的な電信網が世界の最も辺鄙なところにまでいたろうとしていたとき、北アメリカで電話が生まれた。近くにある商社同士がおたがいに話ができるようになった。かれらは近くの電話に直接ダイヤルできるわけではなく、長い列をなしてすわった女性に頼らねばならず、女性たちは、中心となる電話交換所で働いていて、プラグとスイッチの列を前に、手動で一つの電話を他の電話につないでいたのである。だから、女性たちが家に帰ると、電話線は静かになった。

だが、長距離の電話で話をすることは難しかった。声に雑音が入って聞きにくかった。電話ケーブルにとって海はまだ障害物だったのである。イギリスとフランスが海底の電話線で結ばれたのは一八九一年のことであったが、それ以上に大きな海にはまだ電話線は渡せなかった。まだ数十年のあいだ、長距離電話を使えたのは、大きなビジネスをしているひとびとか、高収入のあるひとびとだけであった。

黒煙の都市への突進——都市化

家族農園というものが、いぜんとして無数の夢や希望の焦点であった。特に土地が安くて広い「新世界」においてはそうであった。政府が社会的安心を与えてくれるようになるまでの何世紀ものあいだ、農園自体が——もしそれが十分に大きければ——社会的安心の主たる形態であった。食料と住居と衣類用原料を提供してくれることによって、農園は家族をまとめておくという役割も果たした。というのも、息子や娘は結婚するまでそこで暮らして働くことができたし、両親は、かりに老年まで生きるとして、老年になってもそこに住むことができたからである。チリからトランスヴァールにいたるまでの国々において、苦闘している新しい農夫たちは、旱魃やペスト、あるいは債務や低価格にくじかれることがあったが、農園主になろうという夢は持ち続けたのだった。

一八二〇年あたりのマサチューセッツの農園の生き生きとしたスナップ写真が残っている。冬が始まり、午後の光が弱くなったなかでも、ウイッティアー家の小さな農園は活気にあふれている。女性たちは台所で働いている。納屋では、年老いた馬が「穀草を求めていななないている」。牛舎では牛がこの夏につくられた干し草をもらっている。雄鶏がクックと鳴いていて、東の風が吹き、大雪が来そうである。鋸で挽かれた薪用の木や枝が積み上げられ、一日の仕事がほとんど終わったあとに家族が集まる部屋の暖を取る用意ができている。このような素朴な場面が、ほぼ半世紀後に初めて活字になったジョン・グリーンリーフ・ウイッティアーの詩「雪に閉じ込められて」に描かれている。

ほとんど同じような農園の場面が、オハイオからスウェーデンを経て、シベリアにいたるまで広がっていた。しかし、ウイッティアーの詩こそ、数多くの農家が、自分たちの絶え間のない仕事のおかげで、永い冬のために必要なものすべてを手にしたときに感じる、あの心地よい安心感を伝えているのである。家族が座って、叔父さんが煙草を吸って、お母さんが手繰り車で羊毛を紡いで、物語が朗読されている。最後にベッドにつくべき九時になった。

ところが、ウイッティアー家が一家団欒しているときにも、ヨーロッパでは人類史上まれにみる変化のひとつが起こりそうな気配が生まれた。それは今でもつぎつぎと諸国をつかまえている変化である。いくつかの国では、大部分のひとびとはもはや土を耕さなくなったのである。ヨーロッパではイギリスとベルギーがたぶん最初に、労働力の大部分をもはや食糧生産のために必要としなくなった国であろう。これはおそらく世界でも最初と言っていいであろう。イギリスでは労働力の三〇パーセントしか農業に必要ではなくなったのである。オーストラリア、チリ、アルゼンチンでは、同じくらい小さな比率の人口しか農村産業に従事していなかった。これらの国では、いまや、自給以上の食糧が——そして羊毛や皮革が——生産されていたのだ。約一万年前にゆっくりと登場し、事実上地球の全体に広がったひとつの生活様式が、日常的な労働の主たる供給源ではなくなりつつあったのである。ほとんどの農場は以前よりは多くのものを生産したが、より少ないひとびとの労働しか必要としなくなっていたのである。

この食糧供給の増大を示す単純な物差しは、あの一八世紀のフランスであれほどよく見られた深刻な飢饉が、一八〇〇年以降はまれになったという事実である。一八四〇年代のアイルランドやライン川下流での飢饉は、西ヨーロッパで最後の致死的な飢饉であった。

ヨーロッパでは別の傾向も見られた。一〇〇〇年から一二五〇年のあいだの温暖期以来のどの時期に比べても、急速に人口が増大していたのである。伝染病が減って、病気と戦う知識が増えていた。さらに、ヨーロッパの大部分において、農地一ヘクタール当たりの食糧生産が、増大する人口を養うに十分な勢いで増加した。一七五〇年から一八五〇年のあいだにヨーロッパの人口は八〇パーセント以上も急増した。これは驚異的な増加率であった。ただし、その後、第二次世界大戦後になって、第三世界の諸国の人口がもっと驚異的な増加を見せることにはなる。

ヨーロッパ全体で、都市が大きくなって、いくつかは中国最大の都市と同じくらいに大きくなった。一八〇〇年までに、ロンドンの人口は一〇〇万人を超え、一八六〇年までに三〇〇万人になった。世界でいまだかつてない大都市になったのである。ある計算によると、二〇世紀の初めには、ロンドンは一〇〇〇万人に近い人口を持つはずであった。そのロンドンは、イギリスだけでなく遠くの国から船で運ばれる小麦、バター、ジャム、ベーコン、羊肉、りんごを消費したのである。西ヨーロッパの人口増の大部分は都市において生じていた。一六〇〇年のヨーロッパには人口一〇万人あまりを擁する都市が一三しかなかったのに、一九〇〇年にはそのような都市は一四三も数えたのだった。

この台頭する都市自体は汚くて、ほとんどの家は小さかった。一八五〇年において、最もきれいな都市でさえ、ほとんどの家には清潔な上水は来ていなかった。大きな都市は普通は川の傍にあって、料理や洗濯のための水は、汚れた川や近くの井戸から汲みだされていた。ほとんどの人は、木製の手桶つまりバケツに水を入れて自宅まで路上を運んだ。水が足りなかったので、衣類が頻繁に洗濯できたわけではなかった。いずれにせよ、身体を洗うことは、大事な脂を落としてしまい、病気が体内に足掛かりをつくるのを許すことだと信じられていた。

下水は川に流され、下流へと流されて、水を汚し、それが次の都市で使われた。公衆衛生が十分でなかったので、致命的な伝染病が広がった。一八二三年にアジア発のコレラが初めてロシアの東部に現れたが、九年後には猛烈な種類のコレラがニューヨークに達し、街中を不安にした。コレラは、ヨーロッパを何度も襲い、一〇年に一度は多くの共同墓地が死者であふれた。公衆衛生の比較的不十分な国に属するロシアでは、一八九二年にコレラのために二五万人もの人が亡くなった。

しだいに技術が進んで、都市にきれいな水を供給する貯水池がつくられ、都市の日常の汚水を流す地下管やトンネルがつくられた。医学の発達によって都市における死亡率も低下した。ドイツの細菌学者ローベルト・コッホが、唾の一滴のなかに何百万もいるという小さな細菌が病気を治すという画期的な発見をしたのは、一八七〇年代中頃のことであった。一八八二年には、かれはベルリンにおいて、結核菌を突き止めたと発表した。この結核というのは、古代ギリシアのヒポクラテスによって発見され、長いあいだ「人間の死の司令官」と言われてきたものだった。

蒸気の時代がやってきて旅行が容易になったので、医学的発見が電光のように広げられていった。コッホはエジプトに急いで行って、コレラという最新の疫病の研究をしようと思ったが、かれが着いたときにはコレラは終わったところであった。だが、その後かれは郵便船に乗って、できたばかりのスエズ運河を通って、コレラの本場であるインドへ行き、そこで一八八三年に、強力な顕微鏡の助けを得て、コレラを運ぶ細菌を発見した。その一五年後、インドで働いていた軍医であるロナルド・ロスは、従来信じられているようにマラリアは湿った空気や淀んだ水から発するのではないということを発見した。そうではなくて、マラリアは、かれが名づけた「ハマダラ蚊」に咬まれることによって広がるというのだった。こうして、かれはあらゆる熱帯病のなかで最も悲惨な病気の原因を見つけ出したのである。

このような創意に富み、自信に満ちた一大世紀の反映として、ヨーロッパ内外の多くの社会では、死というものは、もはやいつ来るかもしれない「神」の行為とはみなされなくなった。多くの社会では、人類は自分自身の未来をつくり、創作する存在であると、やや楽観過ぎる見方が広がったほどである。「神」は自らの天国において、挑戦を受けていた。挑戦したのは、技術者、造船業者、細菌学者、外科医、その他の新技術の英雄たちであり、また、いまや貧困や奴隷制を含め世界長年の病気の多くに取り組んでいるのだと吹聴する政治指導者たちであった。

第27章　平等への取り組み

奴隷制の廃止

奴隷制を廃止しようという十字軍は、ある意味では、思いやりにあふれたひとびとの平等主義の十字軍であった。しかしながら、奴隷所有者に対する勝利は、思いやり以上のものに依拠していた。大西洋の両側での十字軍は、しだいに豊かになっていく諸国民によって指導されていたが、それらの国民はもはやその富の大部分を奴隷制には依存していなかったのである。こうして、一七九〇年代に、デンマークは西インド諸島での奴隷貿易を廃止し、革命フランスはその植民地での奴隷制を廃止した。これらのヨーロッパ諸国がその熱帯植民地においてまだ働いていた奴隷を解放するのは比較的容易であった。その経済はアメリカ合衆国以上に奴隷労働に依存することが少なかったからである。

合衆国は奴隷制を放棄するのが遅かった。奴隷制への攻撃の先頭に立ったのは、裕福な北部の諸州であって、それらの州は、奴隷ではなくて、製鉄所、工場、自由な農場、造船所に依存していた。そのおかげで合衆国は工業大国になりつつあった。そして一八六〇年までに、その鉄鋼生産――いまや工業的成功のバロメーターになっていた――はイギリスとフランスに次ぐ世界第三位になっていた。いまやアメリカは奴隷制を廃止できたはずであるが、政治的・経済的コストがまだ高かった。ほとんどが献身的な教会メンバーであった改革運動家は、喜んで代償を払う気であったが、実際の負担は奴隷所有者自身と、奴隷制に依存した経済を持つ諸州が負わねばならなかった。

合衆国では新たな奴隷の輸入はすでに禁止されていたから、プランテーションは奴隷の息子や娘に依存しなければならなくなっていた。南部の亜熱帯の諸州では、奴隷労働はいぜんとして日常生活にとって重要なものと考えられていた。そして一八六一年に、南部の一一州が反乱を起こした。それらは合衆国から分離して、南部連合国という独自の国家をつくった。この緊迫した状況のなかで、エイブラハム・リンカーンが旧合衆国の大統領に就任した。その一か月後の一八六一年四月に南北戦争が勃発し、サウス・カロライナ州のサムター要塞での南部連合国の勝利をもって始まった。

リンカーンは必ずしも奴隷制の廃止を第一義的な目的として戦争を始めたわけではなかった。かれは当初は、最も古くて重要な諸州の分離に直面して、国と国の統一を守るために戦争をしたのだった。リンカーンは妥協の道を探し続けた。国が一つに残れるのならば、場合によっては、奴隷制の継続を認めてもよいと考えていた。かれはたんに国がみじめに分断されるのを避けようと望んでいただけであった。

今から見ると、この最も有名な世界の民主主義者が、奴隷制というひどい悪平等を不承不承にせよ容認しながら、民主主義として知られる一種の政治的平等を言い続けるのは、やや不思議なことである。しかし、近代的な意味での民主主義はまだ幼年期にあり、一方ではまったく対照的に、奴隷制は長年の制度になっていた。さらに、合衆国は連邦的原理にのっとって建国されていた。つまり、さまざまな州は結束することによって力を得ることができるが、その政治的・経済的相違を固守することもできるという原則である。連邦制の核心は、敵対者も反対者も共存できるということであるが、リンカーンはその共存状態を固めなければならなかったのである。かれの考えでは、一八六一年において、奴隷所有南部の罪は、奴隷制を支持しているというところよりもむしろ、南部が連邦制と合衆国の存在自体に反対しているという受け入れがたい事実にあったのだった。

奴隷制に反対する戦争の英雄リンカーンは、貧しい家の出であった。かれの両親は一八一六年に、暖かいケンタッキーから北のインディアナへ引っ越して、そこで小さな農場を営んだ。当時八歳であったエイブラハム・リンカーンは斧の使い方を覚え、木を切り倒して、それを割って柵木をつくるという骨の折れる仕事に熟達した。この当時、簡単な農場フェンスが北アメリカの平原じゅうで何万とつくられていたのである。若き法律家として政界に入ったとき、かれの支持者たちはかれのことを「柵木割り」と呼んだものである。だが、そのときまでには、リンカーンは、農夫の息子という子供のころの履歴よりも、むしろ自力で受けた教育のほうを自慢に思うようになっていた。

かれの両親は分離派バプティスト教会の礼拝に通っていた。これは北アメリカで広がっていたプロテスタンティズムの数ある分派のひとつで、その信者の大部分の人たちと同じく、かれの両親は競馬やダンスやアルコール飲用や奴隷所有に反対していた。かれらが奴隷制に反対したのは、その宗教にも基づいていたが、同時にかれら自身の経済的利害にも基づいていた。ケンタッキーのような奴隷州では、リンカーン家やその他の小さな白人農場主は、安くて道義に反する奴隷労働を雇用している大農場主と競争するのが難しかったのである。

民主主義国におけるほとんどの政治家と同じように、大きな仕事のために必要な民衆的支持を呼び起こそうとするならば、リンカーンも時流に従わねばならなかった。かれは、奴隷制というトピックについてさえ、時流に乗ったのである。かれは奴隷制については明確な見解を持っていたが、黒人と白人との平等というものは主張しなかった。

一八六二年に、かれは黒人のための独立した国家をアフリカにつくるという考えを支持していた。それは「人類のため」になるというのである。だが、黒人の指導者たちが「ノー」と言うと、かれはその「ノー」を受け入れた。その一年後に、かれはついに北部州に住む黒人に自由――まだ理論的な自由であったが――を授与したのだった。だが、かれはその時南部州における奴隷制を廃止はしなかった。実際のところ、奴隷制が廃止されうるためには、国の憲法が修正されなければならなかったのである。

ゲティスバーグでの戦いの勝利の後、北部軍の死者は近くの戦没者墓地に再埋葬され、一八六三年一一月一九日にその除幕式がおこなわれた。墓地での式典のために、リンカーンは新しい黒服を着て、実際よりもさらに背が高く見えるようにシルクハットをかぶった。シルクハットには、喪をあらわす黒い帯が巻かれていた。それは、戦場で死んだひとびとを追悼するのではなく、最近短い病ののちに死んだかれの若い息子ウイリーを偲ぶためのものであった。リンカーンは長い演説を聞いたのちに立ちあがって、自ら演説をした。それはほぼ三分ぐらいのものであった。

かれの演説の言葉がその後長く残ることになると知ったら、かれ自身が驚いたことであろう。結局のところ、その演説はほんのいくつかの文章から成っていたに過ぎなかった。だが、それは永遠の響きを持っていた。それは、その後生き続けることになるひとつの文章で締めくくられていた。それは、「われわれは、これらの死者たちを無駄に死なせてはならないということ、この国が、神のもとで、自由を新たによみがえらせるということ、そして、人民の、人民による、人民のための政治を地上からなくすことはないということを、固く決意するものである。」というものであった。

だが、人類の自由がどう拡大したかという歴史のなかで見るならば、国の統一を守るというリンカーンの立場は、奴隷制に反対するかれの活動よりも、ずっと影響力が大きかった。もしも、一八六〇年代以降、合衆国がなにも共通するもののない二つの国に分かれていたならば、そのときには北アメリカが世界の諸事件に与える影響力はもっと弱くて、第二次世界大戦の結果も違っていたはずであった。

一八六五年に四年間にわたる戦争に勝利したのち、リンカーンはくつろいで、ワシントンの劇場で演劇を観ていた。そのときにかれは暗殺されたのである。奴隷制はアメリカ大陸ではすでになくなる運命にあった。それはアメリカ合衆国ではその年に廃止され、キューバやブラジルでもしだいに批判が強くなっていた。もはやアフリカからの新しい奴隷はここへ来なかったし、奴隷の家族に生まれた新生児は自由であることが宣言されていた。そしてついに、一八八六年、キューバで奴隷制が廃止され、その二年後にブラジルで最後の奴隷の解放がおこなわれた。もっとも、アフリカの多くの部分と、アジアのいくつかの散在した地点では、奴隷制が存続した。また、モーリタニアのアフリカ人国家の砂地の平原では、奴隷制が公的に廃止されたのは、一九八〇年になってからであった。一九九〇年代になっても、諸国民は奴隷制を非難し続けているが、それはあちこちにしぶとく残っているのだ。

中国の反乱

一八一五年から一九一四年までの長い平和の時期において起きた最も深刻な戦争は、国家間よりも、国家の内部で戦われた戦争であった。さらに言えば、その戦争は、大国の内部で戦われたので、その最終的な帰結は、世界の列強の力と均衡に重要な潜在的影響をもたらした。アメリカの南北戦争はいまでも広く知られている——テレビや映画でその記憶が再生されている——が、太平天国の乱は中国以外ではほとんど知られていない。アメリカの南北戦争では死者は六〇万人を超えたが、中国のこの乱では死者はたぶん二〇〇〇万人を超えたのではなかろうか。それは第一次世界大戦よりも多くの死者を出したことになる。

この貧しい農民たちの蜂起は、人口が急増して農地が少ないという時代において起きた、平等を求める抗議の叫びであった。中国の農民の大部分の栄養や居住は、アメリカ合衆国の大部分の奴隷のそれよりも貧しかった。しかし、貧困や困窮がすぐに蜂起につながるわけではない。もし貧困が実際に反乱につながるとすれば、世界史は反乱ばかりになってしまう。なにかきっかけが必要なのであり、太平天国の場合、それは洪秀全が与えたのだった。

洪は、賢い中国の青年が持つ大志を懐いていたが、一八二八年から一八四三年までのあいだに四回も文官試験（科挙）に落第した。そのため、名誉ある官吏ではなく、村の教師にならざるを得なかった。そのうち、かれはアメリカ合衆国の一宣教師に魅せられることになった。その宣教師は、南部バプティストで、知らず知らずのうちに、この挫折した教師のなかの大志をよみがえらせた。洪は、キリスト教の考え方を受け入れて、それを中国の愛国主義に包み込み、ひとびとを「太平天国」へと導きはじめた。中国語で「偉大なる平和」は「太平」と呼ばれ、その名前がかれの導く反乱に与えられたのだった。

歓迎一色の農村部を行軍するあいだに、洪の軍隊が当初勝利をおさめることは決まりきっていた。一方、混乱した政府は軍勢を集めていた。驚きは洪の側に起きた。町から町が、都市から都市がつぎつぎと、たぶん合わせて六〇〇ほどが、洪の軍勢のもとに降って、その軍勢の数はついには一〇〇万人近くになった。

この素人の神学者兼軍司令官は、孔子とイエスの教えをかれなりに混合したものを説教した。そのなかには平等主義の要素も入っていた。だから、もしかれが都市ではなく農村を支配下に収めていたならば、土地の大規模な再分配をおこない、コミューンを打ち立てていたかもしれない。しかし、転機となった一八五六年に、反乱軍の上層が個人的な争いのために分裂し、粛清によって手薄になってしまった。そしてその後は、洪軍はあまり勝利しなくなった。一四年近く戦ったのちの一八六四年六月一日、洪軍の敗北が眼に見えるようになった。そしてその日、洪は自殺を遂げた。しかし、太平天国は揺るぎないと思われていたものを揺り動かしたのだった。このあと、中国の多くの知識人や体制不満派の心のなかに、反乱の展望というべきものが広がった。洪の戦う実例が、民族主義者の孫文に深い影響を与え、かれは半世紀後に、清帝国を打倒することになるのだった。のちに民族主義者の共和国を転覆することになる共産主義者も、洪の巻き起こした大風に助けられたのである。

社会的実験の時代

平等という木の種は、数千年のあいだ地中に寝ていたものである。ストア学派として知られるギリシアの哲学者たちは、すべての人間は、奴隷であれ自由人であれ、理性の力を持ち、善意を示す能力を等しく持っており、この特質こそが人と他の生き物とを区別するのだと強く主張していた。ローマ帝国と自然法の概念も、ひとびとが共有する権利というものを強調し、二一二年には、帝国のほとんどの自由な男性は法の前で平等となった。

このような平等という観念は、中世にはあまり影響力を及ぼさなかったが、ルネサンスと宗教改革によって復活させられた。ルネサンスは個人的特性というものを強調したのであり、宗教改革は、謙虚に聖書を読む者はすべて、神の言葉をかれら自身で解釈する資格を持ち、さらには自分自身の司祭や牧師になる資格があるということを強調したからである。平等ということが強調されると、それはすべての者に対する教育というものの強調につながった。学校を建てたプロテスタント諸国は、すべての児童は可能性を持っており、読み書きはそれを解き放つための鍵であると考えていた。アメリカ合衆国における民主主義は、何十万という教養人に負うところが大きかった。自分たち自身の宗派を支配していたかれらは、自分たちも地方議会に参加を認められるべきであると信じていたのである。

一九世紀後半のヨーロッパにおいては、ときどき経済的平等の要求が声高に叫ばれた。それは農村よりも都市において声が大きかった。というのは、非公式な抗議運動を組織することは、農村よりも都市におけるほうが容易だったからである。平等の要求は、富の大きな格差によっても拍車をかけられた。以前は王族や貴族や大地主や大商人がしばしば群を抜いて豊かだったのだが、生涯に大きな財産をなした工場主が台頭してくると、工場主の富は大部分がかれらの従業員の汗水によってつくられたものではないかという意識が高まった。経済改革の要求は、不景気の時期における失業の増加と、都市での失業は農村での失業よりもひどいことになるという事実とによって加速された。農村では少なくとも薪は集めることができるし、親類が食べ物や寝るところを与えてくれるかもしれなかったからである。

こうして、強力な抗議運動は都市に見られるようになった。そして革命の年である一八四八年には、抗議運動はまさに成功しようとしていた。かつての抗議運動の多くは、パンが高くなったときに安いパンを求める程度のものであったが、新しい改革運動は包括的で洗練されていることが多かった。共産主義となるものを打ち立てた若いドイツ人カール・マルクスとフリードリッヒ・エンゲルスは、急速に変化していくヨーロッパ経済が辿る方向のいくつかを見抜いてみせた。マルクスは、工業諸国では新しい機械と技術が巨大な富とともに大きな貧富の差をつくり出すということを、鋭い洞察力をもって予言した。一八七五年までに、かれは劇的な表現で平等を強調するようになった。つまり「各人からは能力に応じて、各人に対しては必要に応じて」というわけである。

経済改革者は行動が必要だと指摘する必要はなかった。イタリアでは、たくさんの児童が冬でも裸足で歩いていた。ドイツの大都市では、一部屋しかないアパートに家族全員で住んでいる家族がたくさんあった。ロシアの農村では、火を燃やし続ける燃料が不足していたので、無数の家族が冬の寒さのなかで震えていた。一八八〇年代に工業都市において失業が一〇パーセントを超える年が何年か生じたとき、その失業者は働く意欲はあって、長い重労働の経験のある人たちだった。いまや、好況と不況が緩やかに交代するのが、工業ヨーロッパの経済の特徴になっていて、失業水準もヨーヨーのように上下したのだった。

初めは、平等の要求は経済面においてよりも、むしろ政治面において聞かれていた。選挙権の要求は、土地を貧しい者にも豊かな者にも平等に再分配せよという要求に比べて、革命的ではなかった。さらに、投票権はヨーロッパにおいてもまれなものであった。一八〇〇年には、世界の諸国民のほんのわずかの比率の者が、議会というもの——わずかな力しか持たないにせよ——を持っていたにとどまったし、ほんの限られた数の市民が選挙権やこの少数の議会への被選挙権を持っていたにすぎなかった。議会政治という点では英語世界が前面に出ていた。ただ、一九世紀の初めにおいては、イギリスのテムズ川岸のいわゆる「議会の母」と言われるところは、アメリカ合衆国と比べると、民主主義という点ではずっと遅れていた。

一八五〇年代の末に、オーストラリアの五つの植民地のうちの三つの植民地が政治の実験室になった。そこではほとんどすべての人が投票権を得た。それには秘密投票の権利も議会の下院に立候補する権利も含まれていた。この当時、ヨーロッパの五つの大国、つまり、イギリス、フランス、ドイツ、オーストリア、ロシアは、オーストラリアとカナダとアメリカ合衆国に比べると、民主主義の追求と実践という点ではるかに遅れていたのである。

一九世紀の末には、オーストラリアとニュージーランドは、いぜんとして民主主義を拡大する先端を走っていた。実際、投票権が拡大され、議会の議員有給制が実施されたおかげで、一八九九年一二月には、クイーンズランドにおいて世界で初めての労働党政府が選出されたのであった。これが先触れとなって、ヨーロッパのほとんどの国で社会民主的な政府が断絶的に統治する時代がやってくるのだった。

平等に新たな関心が向けられたことから、女性は一定の利益を受けたが、女性の投票権は実現が遅かった。ワイオミングのアメリカ領において女性が最初に投票権を獲得した。この抜本的変革は一八六九年におこなわれた。その狙いは、銃のはびこる男性的なこの領土により多くの女性を引き付け、辺境の社会により柔らかな色調を与えることにあった。翌年には近くのユタ州でも女性が投票権を得た。ただ、ユタ州は、だいたいがモルモン教の社会で、多くの家長は数人の妻と暮らしていたから、フェミニズムの安息地に分類することはできないかもしれない。また、ユタの新法の効果は、もっぱら、ユタに新たにやって来たひとびとを犠牲にして、古くから住んでいるモルモン家族に多くの投票権を与えるというところにあった。

女性に医学学校への入学を認めるということも、大胆な一歩であった。合衆国では、医学を勉強したいという願望に取りつかれたエリザベス・ブラックウエル女史は、さまざまな個人的チューターを雇ってようやく、一八四七年の一一月に二六歳にして、ニューヨーク州の小さな町にあるジュネーヴ・カレッジの医学校に入学を認められた。だが、かの女の入学は時期尚早であった。当初かの女は実習の授業に出ることも、男性と一緒に人体を観察することも認められなかったのである。それでもかの女はついにニューヨークに貧しい女性向けの診療所を開設したのだった。

ヨーロッパでさえ、一世代後においても、職業をもって働く女性は、教師を除けばまれであった。世界的評価を受けた最初の女性科学者は、おそらくポーランド生まれの物理学者マリー・キュリーであろう。かの女は、一八九八年にフランスにおいて、自分の発見のひとつを説明するのに「放射性の」という言葉をつくり出したのである。当時、世界中を見ても女性議員はまだいなかった。たしかに最大の帝国の公的支配者であるヴィクトリア女王は、すでに六三年間も統治していて、この「在任期間」はその後の民主主義国のどの女性首相も経験することのない長さではあったが、これを除けば一九二四年になって初めて、世界最初の女性首相であるニーナ・バングが、デンマークに生まれたのである。

西ヨーロッパにおける福祉国家の動きも、平等を求める流行のひとつの表れであった。もし一国内のすべてのひとびとが価値ある存在であるのならば、ひとは、病気になったり、歳をとったり、恒久的に職を奪われたり、絶対的な貧窮に陥ったとき、政府によって面倒をみてもらってもいいではないかというのである。ドイツでは一八八〇年代にビスマルクが国民保険の計画をつくり、デンマークやニュージーランドやオーストラリアの一部では、一九〇〇年までに老齢年金が実施された。オーストラリアは、労働組合の圧力を受けて、工場労働者の最低賃金という大胆な考えを導入した。さまざまな国で、低所得者の税を軽減し、高額所得者の税を増加するように、税制改革がおこなわれた。福祉のためにだれかが払わなければならないとすれば、豊かな者が選ばれるのが受けのいい選択であった。

繁栄した都市においても、通常の所得を得ている家族の多くでさえ、今日の水準から言えば、不安定な生活をしていた。イギリスのヨークという都市では、所得の最低段階にあるような五人家族の場合、ビールや煙草、半ペニーの新聞、手紙の切手といった贅沢はできなかった。この家族は、十分な週間所得がなくて、教会の献金皿に小さなコインを載せられなかった。また、クリスマスのとき、親は自分でつくらない限り、子供たちにプレゼントをあげることはできなかった。かれらは、月曜日になると日曜日の衣装を質屋に出して、給料日がくるまでの食糧を買うお金を工面しなければならなかった。家業を営んでいる家族の場合、仕事上の事故や病気の発作があったときには、所得が破滅的に失われた。夫が死んでしまうと、未亡人は――もし空き部屋があれば――下宿人を入れたり、洗濯物を受け入れたりしなければならなかった。そして運が良ければ、かの女は再婚できた。

だが、ひとつだけ慰めになることがあった。これらの家族は、普通、その祖父母が農村で経験していたよりも高い生活水準にあった。また、かれらの寿命はより長く、生活はより快適で、かれらはより多くの教育をうけることができたのである。

平等への高まる要求は、子供たちへの初等教育という目標や、すべての青年は軍役に就くべきだという原則となって現れた。それはまた、宗教の領域にも現れた。それまでは、ほとんどの政府は、公認宗教の信者を強く優先してきていた。イギリスでは一八二〇年においても、法律上は宗教の不平等が強調されていた。カトリック教徒とユダヤ教徒は国会に議席を持てず、バプティストとほとんどのメソジストは大学で教えることができなかった。非国教徒は、自分たちの教会で自分たち自身の牧師によって結婚することができなかった。しかしながら、イギリス諸島では、一九世紀が終わるかなり前に、すべての宗教の信徒はほとんどの点で平等になった。もっとも、これはヨーロッパのすべての国でそうだったわけではない。

ヨーロッパで平等の要求が盛り上がったために、世襲的な権利というものがしだいに疑われるようになり、なんらかの形の共和主義が好まれるようになった。たとえば、ヴェネツィアは何世紀ものあいだ、強力な貴族共和国であった。しかし、強力なアメリカ合衆国や南米の一連の新共和国の登場によって、世界全体においてより共和的な時代が始まった。フランスは、王政を廃止してまたそれを復活したのち、一八七〇年に明確な共和国になった。おそらく世界で最も続いた君主国と言ってよい中国も、一九一二年に共和国となった。ほとんどのヨーロッパ諸国では、君主制は、その権力が著しく落ちていたとはいえ、まだ続きそうに見えたが、第一次世界大戦末期の大混乱のなかで、ヨーロッパの三つの大君主国が消滅した。そして、それらは復活することはなかった。戦後につくられた新しい国は、ほとんどが共和制を選択した。

人種間の平等

平等へのこのような渇望はこの時代の顕著な特徴であった。しかし、平等は、さまざまな形と大きさの瓶に詰められてラベルが貼られ販売されたのだった。平等というラベルが貼られた瓶のなかには、著しい不平等が入っているものもあった。ナショナリズムはそうした瓶のひとつに入っていた。ある国のすべての市民は、血縁でつながっている人たちのまえでは一体感と平等を感じるが、平等は他の国のひとびとにそう簡単に広がりはしなかった。平等の熱烈な評価は広がってはいたが、それは必ずしも他の社会階級に属するひとびとにまで広がりはしなかったし、新しい移民にも広がることはなかった。

平等への関心は、多くのヨーロッパ人が抱く人種への関心と衝突することがあった。一九世紀後半の特徴は、人種の魅惑に取りつかれたことであり、それはいくつかの要素の異常な混在から発していた。一九世紀というのは、人間性についての一般法則の追求――そしてそういう一般性が見つかるという確信――が強く広がった時代であった。同時に、長らく地理的にも文化的にもはなればなれだったひとびとのあいだの接触が急速に進んだため、そのあいだに存在する大きな相違に関心が向けられたのでもあった。その相違はおそらく今日存在する相違以上のものであったであろう。人種についての発言の多くは、中立的であったが、なかには攻撃的なものもあった。

西ヨーロッパのひとびとは、蒸気機関と義務教育のこの時代に自分らが達成した進歩に魅惑されていた。かれらが立っている高台から見ると、かれらが精神的にも肉体的にも生来的に優れた存在であり、このあともそうであろうと考えるのは、簡単なことであった。かれらは、自分たちの文明が中央アフリカの文明はもとより中国の文明よりもはるかに進んでいると、疑問の余地なく考えていた。実際、それは、物質的な意味では、はるかに進んでいたのではあるが。

ヨーロッパ文明のうちの自分たちの流れにはなにか特別のものがあると信じていたひとびとの多くは、精神的にはロマン主義者で、しばしば気前の良いひとびとであった。多くのひとびとは、自分たちの植民地にいる有色人種に、自分たちの文化を広めることに熱意を持っていた。このような人種的・民族的観念の盛り上がりが大変深刻な危険をもたらすものであるということは、ヨーロッパのほとんどどこにおいても正しくは認識されていなかった。

ユダヤ人は、究極的にはこの観念の波の盛り上がりの悲劇的な犠牲者になった。しかし、一九〇〇年の時点では、この波が有害にならざるを得ないという兆しは、ロシア帝国以外では、ほとんど見られなかった。ユダヤ人は、多くのヨーロッパ諸国において、公的生活の前面に登場することが初めて認められた。かれらは当時の平等主義的な波の特別な受益者であるように見えた。たしかにドイツはどちらかと言えば友好的に見えて、何千というユダヤ人がドイツの都市に移住して来た。そこでかれらは、職業・文化生活を優雅なものにし、音楽・絵画・文学に優れたものをつくり、りっぱなシナゴーグを建てた。

ユダヤ人の中心的拠点は中・東欧にあった。バルト海から黒海にいたる、一二〇〇キロ以上の長さに延びる広大な帯状の地域において、ユダヤ人は、その主な地区のどこでも全人口の平均一〇パーセント以上を占めていた。この地域の大部分を支配していたのがロシアであった。ロシアは、他の大部分のヨーロッパ諸国とは違って、ユダヤ人の権利を厳しく制限した。ユダヤ人は「居住地域（訳注：ロシア語でチェルター・アシェドラスチ）」と呼ばれる特別の地域に住まねばならなかったし、いくつかの職業に就くことができなかった。

ユダヤ人は、土曜日に礼拝に行ったから、すぐに識別することができた。かれらは宗教のためには、かれら自身の言語であるヘブライ語で読み書きし、日常の会話では、中世ドイツ語の方言であるイディッシュ語を主に話した。ヨーロッパのいくつかの社会では、かれらはキリスト教的偏見のターゲットとなった。というのは、かれらは、キリストを磔刑にしたとされるひとびとの子孫であるとみなされたからである。ヨーロッパの神学者や知識人のなかには、キリストはユダヤ人ではなかったとさえいう人がいるくらいであった。

ユダヤ人は、しばしば銀行家として、金貸しとして優れていた。反ユダヤ主義のなかには、特に深刻な失業の時期には、経済的勢いを持つものがあった。それは、きわめて小さな集団である富裕なユダヤ人や、東欧の小さな町で動いているユダヤ人金貸しに向けられた。一九世紀末には、ユダヤ人は、芸術にせよ、科学にせよ、医学にせよ、法律にせよ、西ヨーロッパでの人口に不釣り合いなほどに傑出していた。ユダヤ人の少ないイギリスでは、かれらは高官になることができた。一八七四年から一八八〇年までイギリスを統治した保守派の首相であった雄弁なベンジャミン・ディズレイリは、イタリアとポルトガルのユダヤ人の子孫であって、かれの父は若いときにはシナゴーグにしばしば通っていた。

このようにゆっくりとした平等の広がりはあったが、アフリカやアジアに住む数億のひとびとは、そこから得るものはなかった。ヨーロッパの大部分における平等と自由の要求は、他の大陸のいくらかでの一定の自由の喪失をともなった。アジアやアフリカの実に多くのひとびとが遠く離れたヨーロッパの君主や議会に支配されているなかで、カイロやタシケントや上海やカルカッタにおいて平等のことを納得のいくように話し合うことは容易なことではなかった。おそらく人類史の上で初めて、平等というものが美徳として広く称賛されたといえよう。だが、皮肉なことに、何億というひとびとが、平等を説くうえで抜きんでていたヨーロッパ諸国の植民地支配のもとで暮らしていたのであった。

第28章　最後の地球探検

一九〇〇年のビルマにおいて、ラングーン川のそばの普通の店主でさえ、ヨーロッパで起きていることについて知っていた。アフリカの村々の学校の教師は、中国についてなにがしかを知っていた。中国など、かれらの祖母たちは聞いたこともなかった国のはずである。遠く離れた土地についての最小限の知識は、いまや、多くの学校のカリキュラムのなかに組み込まれていた。色つきの世界地図はあたりまえになった。間違いなく、ナポレオンの時代には、ヨーロッパでもごく少数の人を除いて、世界地図などを目にした人はいなかったはずである。だが、一世紀後には、ヨーロッパのほとんどの生徒たちは、そのような地図や地球儀を見たことがあり、各大陸の川や山脈の名前を暗誦することができたのである。

地球探検の最後の時代がやってきていた。一九世紀のあいだを通じて、たえず大きな地理学的発見があった。ナイル川の水源の発見、それまでは登頂不可能と思われていたマッターホルンその他の山の初登頂、アマゾン川やミシシッピー川やコンゴ川の水源の発見、オーストラリアの灼熱の内陸の探検、グリーンランドにある世界最大のフンボルト氷河の発見、ニューギニアの森林に覆われた河川の遡行などである。未踏の象徴的地点のひとつが南極であったが、これも一九一一年にノルウェーの探検家ロアール・アムンゼンによって到達された。これはイギリスの探検家ロバート・スコットに先だつことほんの五週間前のことであった。スコットは雪のなかで亡くなった。だが、こうしてヨーロッパ出のひとびとによって発見され地図に描かれるようになったこれらの辺鄙な地点は、これらの土地の原住のひとびとにとっては長年見慣れたものであった。ヨーロッパ人はそれらの真相を明らかにし、地図に書きいれただけのことなのである。

世界史を長期的に見る新しい見方は、遠くへ旅した少数のひとびとのなかから生まれてきた。チャールズ・ダーウィンは、一八三〇年代にイギリス海軍の船に乗ってゆっくりと世界を回って、東太平洋のガラパゴス諸島のような、普通は到達できないようなところまで訪れ、その生物学的進化論につながる知識を得たのであった。この進化論は一八五九年に初めて出版されることになる。

東南アジアの多くの海峡や島のあるところでは、もう一人のイギリス人自然学者が独自にダーウィンの理論を発見して、多くの種の動植物の生息地を分ける明確な境界線の存在を推定した。教師であり測量技師でもあったアルフレッド・ラッセル・ウォーレスは、二〇歳代半ばに博物学に取りつかれた。国内にいていろいろな蒐集をすることを好むヨーロッパのコレクターのためということもあって、外国の鳥を蒐集しようと決心して、かれは一八四八年に蒐集・保存のためにアマゾン川へ船で出発した。その帰路、かれの船が火災を起こし、かれの集めた見本や動物学的ノートが失われてしまった。

だが、ウォーレスは挫けることはなかった。かれは、インドネシア諸島を目指して島から島へと渡り、けばけばしくて普通でない生き物をすべて見本にして集めた。一八六二年に収集保存作業をほぼ終えて帰国した際、ゴクラクチョウを初めてヨーロッパにもたらした。かれの注意深い目と優れた記憶力によって、かれは東南アジアとオーストラリアのあいだに、特に明確にはバリ諸島とロンボク島のあいだに、深くて恒久的な海の境界があるということを証明できる諸事実を集めることができた。この境界線はいまではウォーレス線として知られているものである。

当時はまだ、海の新しい次元が探索を待っているということは、認識されていなかった。人間の眼は、少なくとも晴れたお天気のもとでは、陸上の高い山々は見ることができるが、海底にある山脈は見ることができない。というのは、海が太陽光線を遮ってしまうからである。教育のある人でも、地球の表面のうちで海が陸地の二倍以上を占めているということを知っている人は少ない。まして海底深くに山脈が存在するということは、知られていなかった。イギリスの木造船HMSチャレンジャー号は、世界の辺鄙なところにある海底を音響で打診する設備を備えていた。この船は一八七二年に出港して、長い鉄線を系統的に船からおとして、海の深さを測った。チャレンジャー号が見つけた最初の発見は、大西洋の海底深くに横たわり、南北に海底を走る湾曲した山脈であった。この大西洋中央海嶺は、いかなる地点においても、アメリカ大陸やアフリカ大陸に接近してはいなかった。

一八七四年にチャレンジャー号はさらに南へ探検に出かけて、蒸気船として初めて南極圏を横切った。船の科学者たちは、凍った南極海の底を浚渫《しゅんせつ》して、かつて氷河によって平らにされた大陸の岩の破片を見つけた。この発見は、南に大きな大陸があるということを強く示唆するものであって、南には小さな陸地か島々しかないのではなく、南極大陸が存在するということを、これまでのなによりも説得的に示す証拠となった。

海はまだ神秘に覆われていた。現在はばらばらに分かれている各大陸は、昔はたがいにくっついていたのだろうか。若いドイツ人気象学者アルフレート・ヴェーゲナーは、グリーンランドへの旅行を終えて、大きな重要性を持つ画期的な意見を発表した。一九一二年に、かれは大陸移動説を発表したのである。かれの言うには、もともとはひとつの巨大な大陸しかなかった。熱帯のアフリカと南アフリカは昔は一緒だったが、南北アメリカはずっと一緒だったのではない。そして、ヒマラヤ山脈は大陸同士がゆっくりぶつかる圧力で上昇したものであり、現在の諸大陸はその場所に固定していたのではなくて、ゆっくりと離れたり近寄ったりしているのだ。しかし、かれの卓越した考えもばかげた考えだとみなされてしまい、かれの死後久しくして、一九六〇年代になってようやく評価されることになった。

地球についての知識が広がり、ロマンを求める運動が進むと、世界には自然愛好者がはっと驚くような未知の場所が散らばっているのだということが認識されてきた。古代ギリシア人はかれらなりに世界の不思議をリスト・アップしていた。だがそのほとんどすべては、ギリシアの芸術家や建築家がアテネやアレクサンドリアといった都市の小さな半径内につくった建築物であった。これに比べて、一九〇〇年には、旅行者の多くは、ギリシア・ローマや中国やインドの壮大な建物よりも、自然の壮大な眺めのほうを好むようになっていた。ナイアガラの滝、スイスのアルプス山脈、ヒマラヤ山脈、香港の港、ケープタウンのテーブル型の山、カリフォルニアのヨセミテの木々、ニュージーランドのミルフォード・サウンド、ビルマのイラワジ川をあげる人たちがいるかと思えば、さまざまなカラー絵葉書のセットを蒐集する人たちもいた。これらの驚異的自然をこわしてはならないという見方は、今日よりも確信に満ちていたのだった。

運のいい旅行者のなかには、ニュージーランドの北島の火山性テラスと岩階段に眼を丸くした人もたくさんいた。ひとつの広いテラスは、薔薇のつららのような水晶に飾られた微妙なピンク色をしているのである。もうひとつのテラスの水は、イギリスの歴史家A・フルードによって以下のように不思議そうに描かれた。「この水の色合いはわたしがいままでに見たことのないものであり、この後も永遠に二度と見ることのないものであろう」。それはかれの好きなスミレやイトシャジンのような色でもなく、サファイヤやトルコ石の色でもなかった。英語の散文の名手でもあったかれは、「あの超自然的な素晴らしさ」を伝えるすべが見つからないと告白したほどであった。だが、一年後に、このピンクと白のテラスは、近くの火山から降ってきた石と灰と熱泥によって、完全に破壊されてしまった。

一九〇一年に、オーストラリアの乾燥した中央部にあって、最寄りの鉄道からもずっと離れたところで、ひとつの超自然的な糸が二〇世紀と遊牧時代とを結びつけてくれた。ボルドウィーン・スペンサー教授とF・J・ギレンがアボリジニのダンスを初めて映画撮影用カメラでとらえ、蓄音器の蠟盤にかれらの狩りの歌を録音したのである。二人の学者は蓄電機や電気を持っていなかったので、カメラのハンドルを回して絶えず動力を供給しなければならなかった。さらにかれらは、重いカメラを長い時間セットしたままの状態で保持して、カメラが絶えず一定の方向を向いているようにしなければならなかった。スペンサーは、裸足の足をふみならし土ぼこりをあげながら、昔の雨乞いのダンスをしている半裸の男たちのグループにカメラを向けることに決めた。だが、ダンサーたちは、賢明にも自分たちの子孫（スペンサーら）には関心を持たず、突然「広い半円形になって休眠状態」に入り、ゆっくりとカメラの視界から消え去ってしまった。こういうわけで、貴重なフィルムの大部分は無駄になったのである。

だが、これは注目すべき機会であり時のシグナルであった。ここでは、紀元前一万年に世界中を支配していたがいまや廃れつつある生活様式の代表が、最新の技術進歩と直面していたのである。ダンスをしているアボリジニたちは、おかしな闖入者たちではなく自分たちこそが宇宙の鍵を握っているのだという感覚を保持していた。かれらがダンスをしているときに発する声は、千鳥の鳴き声をまねしたものであった――かれらは物まねが素晴らしく上手であった――。アボリジニたちは、その鳴き声のまねをすると、長いあいだ干あがってしまって乾いた土地に雨が降るように誘惑できると信じていたのである。

世界が小さくなってくると、かつては地上全体に全権を握っていた狩猟採集民の生き残りのひとびとが、最も劇的な損害を受けたのだった。のちにはかれらの子孫の大部分は、広い世界にふたたび認知されておそらく利するところもあったであろうが、いまこの強力で理解不可能な新しいヨーロッパ的生活様式――自分たちの生活様式から何年間も離れている――に初めて直面した世代は、ただもう目を丸くしただけであったろう。かれらは何千年のあいだその土地を使ってきたのだった。かれらの未来は永遠のものに見えていた。その意味では、かれらはものすごく特権的であった。かれらは、ほかのどの人間社会よりもずっと長いあいだ、少数のひとびとが広大でしばしば魅力的な空間を所有するという贅沢を基礎にして、伝統的な生活様式を保持してきたのだった。しかし、かれらは食料を育て住まいを建てるための世界で最も希少な資産を、非効率的で貴族的な形で独占していたので、昔からの遊動的生活様式は、ついに終焉を迎えることになった。

過去一万年における人類の物質的前進と人口の増大は、だいたいのところ、土地や植物や動物や原料を、熟練した巧妙な形で利用することによって、実現されたものであった。その大部分は、農場や牧場のための土地を集約的に利用することによっていた。いまや、オーストラリアや北半球の冷たい周辺やアフリカ南部の乾燥地域では、最後の遊牧民たちが、脇によけろとか参加しろと要求されている。しかも、論駁の余地のない性急さで、ときには暴力をもって、それを求められている。いったいどうやってかれらは参加できるのだろう。かれらは心安く参加できるための技術や態度や価値や動機というものを持たないのである。

海をわたるひとびと

新しい航路が諸大陸を結びつけ、前例のないくらい早く安全に諸大陸を結合しつつあった。航海が安くなり、荷物輸送の費用が削減された。石炭、小麦、原綿、銑鉄、石油などのばら荷が、世界の一端から他の端まで安価に輸送されるようになった。だが、数世代前には、胡椒や象牙や金といった貴重品だけが船で長距離を輸送できたのだった。ホーン岬の灯台守の子供たちは、もし通過する船に関心を持っていたならば、お天気のいいときには、チリの乾燥した海岸からドイツへと硝酸塩を運ぶために、堂々とした高いマストを立てた貨物船が点々と行進していくのを見ることができたはずである。当時硝酸はドイツで肥料として珍重されるようになっていたのである。子供たちはまた、オーストラリアからイギリスへ梱包された羊毛を運ぶ船や、アメリカ合衆国の北西海岸からオレゴン材をヨーロッパへ運ぶ船を見たであろう。アメリカを横切る近道であるあの素晴らしいパナマ運河が完成するのは、一九一四年になってからであった。

この時期に自由移民や半自由移民が未曾有の規模で生じた。ドイツ人やアイルランド人が合衆国へ、イタリア人やイベリア人は南アメリカへ、日本人はハワイへ、イギリス人はカナダとニュージーランドへ、中国人はマレー半島やジャワへ、ウェールズ人はパタゴニアへ、そしてインド人はフィジーやナタールへ群がって出かけたのである。

文化を運んだ人も、未曾有の数で世界を動き回った。キリスト教の宣教師や医学の使節が、男女を問わず、中国、インド、ドイツ領南西アフリカ、仏領インドシナなど、入ることが許されるところならどこへでも入りこんだ。実際のところ、これらのひとびとは、ヨーロッパの全盛期には、ほとんどすべての地に入ることが許されたのだった。アフリカでは、有名な探検家の一人がリヴィングストンであった。かれはスコットランドの工場労働者であったが、キリスト教の宣教師になった人物である。また、アルザスに生まれた医学使節のアルベルト・シュヴァイツァーは、その生涯の大部分をガボンにおいてハンセン病や睡眠病の犠牲者を助けることに費やした。ベルギー生まれのダーミアン神父は、ハワイでハンセン病患者を助けているあいだに命を亡くした。フットボール選手を英雄と称えることがいいこととは思われていなかった時代に、かれのような宣教師が、民衆的な英雄となったのである。音楽家も世界中を回った。一九世紀から二〇世紀への交に、イタリアの若きテノール歌手ウェーンリコ・カルーソは、その一年を、ブエノス・アイレスとニューヨークとヨーロッパに分けて活躍していた。グローバルな帝国のおかげで、プロたちは世界中を駆け巡れたのである。

このような多面的な過程が、二〇世紀の末になって、グローバリゼーションという名前を与えられることになった。一九世紀のそれは、たしかにインターナショナルでグローバルではあったが、同時に猛烈にナショナルでもあった。世界はひとつになりつつあったが、いぜんとして分割されたままであった。地図はヨーロッパの支配する帝国に寸断されていた。世界の大部分は、一八五〇年までに、ヨーロッパの諸帝国に分割されていて、その再分割のための最終段階が、その後の五〇年間に進んだのであった。この時期に、ニューギニアや東アフリカのような遠い植民地がドイツによって獲得され、熱帯コンゴがベルギーに奪われ、北東アフリカの一部がイタリアの手に落ち、ニューカレドニアとインドシナの大部分がフランスに取られ、中央アジアの岩山や平原の広大な地域がロシア帝国に吸収され、オーストラリアの周りの一連の島々と大陸の大部分がイギリスの手中に入ったのだった。これによってイギリスは抜きん出て大きな植民地領有国となった。アメリカ合衆国でさえ、遠慮しながら競争に参加して、アラスカを購入し、キューバからフィリピンにまで広がるスペイン植民地を獲得した。こうして一九〇〇年までに世界の大部分は植民地列強に支配されることになった。

色付きの世界地図に赤で点や線が描かれた。このやり方がイギリス帝国を象徴するために地図製作者たちが広く用いたやり方であった。一九〇一年に死んだヴィクトリア女王は、かつてのモンゴル人でさえびっくりしたであろうような帝国を支配したのであった。かの女の帝国は歴史上初めての太陽の沈まぬ帝国となったのである。

ぼんやりとした知識の帝国

たしかにローマ帝国はその大きさと寿命という点では驚嘆すべき帝国であったが、一九〇〇年までに繁栄したいくつかの帝国はそれよりも大きかった。ロシアと合衆国と中国は、古代ローマ帝国よりも大きな領土を持っていた。同じように、イギリスとフランスの海をまたぐ帝国は、ローマの植民地全体よりも広い面積を持っていた。ただし、ヨーロッパ人による植民地の日常生活の支配は、ローマの帝国内での支配よりも、おそらく浸透度は薄かったであろうが。

帝国には二つのカテゴリーがあった。ひとつは、ローマ帝国やイギリス帝国のような物理的な帝国で、植民地や従属国から成るものである。もうひとつのカテゴリーは、ぼんやりとした知識の帝国である。一九世紀には、ヨーロッパは、新しい植民地の領有によってよりも、むしろ知識の帝国を通して、その影響力を拡大したのである。

同時に、ぼんやりとした知識の帝国は、逆方向にも拡大してきた。これはいっそうぼんやりとしたものであった。一九〇〇年頃、強力な知識の川が、アフリカとアジアからヨーロッパの文明へとゆっくりと流れていった。芸術では、西アフリカの芸術に大きな影響を受けて、フランスのキュビスムが現れた。ジャック・ロンドンやルディヤード・キプリングのような作家は、イヌイットやインディアンに美点を見ていた。西の社会のいくらかの部分において自然への尊敬が新たに現れたことは、地球の反対側で自然に近く住んでいるいわゆる「原始的」なひとびとが、それまで無視されてきた美徳を与えられたことを意味した。一九〇七年に国際的なボーイ・スカウト運動が創設されたのは、ケンブリッジやテュービンゲンの書物と同じくらいオオカミから学ぶことができるという信念を反映するものであった。

世俗的な知識が日の出の勢いで広がったが、それは、宗教的衝動に負うところが大きかった。すべての人はかれ自身の聖職者であり、かの女自身のそれでさえあるべきだという考えを、プロテスタンティズムのある宗派が唱道したとき以来、読み書きの力が重要になった。プロテスタントのプロイセン、オランダ、スコットランド――いずれも人口や領土は比較的小さかった――は、読み書き能力と一般的な知識の追求において、先頭を走った。スコットランドの学習場所からは、国内で効果的に活用できないほどの数の有能な若者が輩出された。そこでかれらは、ぞくぞくと南のロンドンへ移動した。そしてロンドンでは、おそらく世界で最大であろう書籍出版業を発展させ、そこが祖国を離れたスコットランド人の故郷のようなものになった。教育を求める点では、ユダヤ人も先頭に立った。知識産業におけるかれらの役割は、その人数の少なさから想像されるよりもずっと大きなものであった。たしかに、知識はかれらの財産であり、かれらの称号なのであった。

昔から世界の大部分において、土地所有ということが、所得と社会的地位と政治的権力を土地所有者に与えてきた。だが、いまや知識というものが、土地の経済的役割に挑戦してきたのである。もっとも、知識は土地の地位を深く侵食するまでにはいたっていなかったが。一九〇〇年までに、合衆国やフランスやイギリスやドイツでは、土地や鉱物やその他の自然資源の所有から生計を立てていたのとおそらく同じくらいの数のひとびとが、知識によって利益をあげて満足な生計を立てていたと思われる。知識が新たなフロンティアになっていたのである。半世紀前にカリフォルニアやオーストラリアにおいてゴールド・ラッシュがあったのと同様に、いまや事実上、知識ラッシュが起きていたのである。

知識を拡大する能力は、指導的国民の品質証明であると言ってよかった。そしてこの時期以外において、有益な知識がこれほど蓄積された時代はなかった。物理学者のアルベルト・アインシュタインは、二〇世紀の前半の天才と広くみなされている。だが、だれが確信を持ってそう言い切ることができたであろうか。なぜならば、この優秀だが控え目なドイツ系ユダヤ人が編み出した学術理論は、ほとんど理解する者がいなかったからである。いまや、知識の各分野が専門家の分野になってしまい、おたがいを区別しあう高い塀を飛び越える専門家は、ほとんどいなくなってしまったのである。

専門化はヨーロッパの成功の秘訣であったが、それは、専門家自身に大きな危険をもたらすものでもあった。それは、かれらの研究のおかげを被っていた文明よりも、専門家に危機をもたらした。だから、ときには、こういう不平もささやかれたのだった。もし、知識というものが、さらに知恵というものさえが、本当にそれほどに重要なものならば、なぜ大部分の専門家はそのように小さな濃縮された知識片を所有していることで満足しているのだろうかと。もっとも、この考えは異端だから大声では言われなかった。

このような知識の侵入は、どの地も避けることはできなかった。日本は隠れている時期があったが、その孤立の時期においても、その活力と創造力を維持していた。一五〇〇年代末に、ヨーロッパとの最初の接触期の終わる頃、日本は、おそらくヨーロッパのどの国よりも多くのマスケット銃を製造していたようだ。一八五〇年代になって、日本はふたたび世界に手を広げ、外国船に港を開くようになった。一八六〇年代には、日本はフランス方式で陸軍を、イギリス方式で海軍をつくり始めた。一八七六年に帯刀を禁止することにより、またひとつ封建的過去を放棄したのだった。鉄道の建設——建設には猛烈に反対する者もいたが——は、そのことをもっとよく現わしていた。日本の再生は活発で断固としたものであった。一八九五年に中国との短期戦に勝利し、世界が驚いたことに一〇年後にはロシアとの短期決戦にも勝利したのである。

これに対して、長いあいだ誇り高き自己陶酔に陥っていた中国は、いささか不名誉な形で陶酔から目覚めた。中国の港の多くにおいて、ヨーロッパ人は自分たち自身の法律をつくった。そして上海が急速にヨーロッパ的都市に変化していった。かつては全能であった中国の王権は、急速に崩壊した。中国は、アフリカの運命を辿って、ヨーロッパ列強に分割されてしまいそうにさえ見えた。

それは、中国とヨーロッパのあいだの関係における大変な逆転現象だった。もし、たとえば一四〇〇年に王権と文化に対するそのような屈辱があったとしたら、中国こそ、ダブリンに仏教の使節を派遣したり、ハンブルクやコンスタンチノープルにおいて税関を運営したり、ひとびとが行儀よく振舞わないとヨーロッパを分割すると脅したりしたことであろう。

世界中において、これまで閉じられていた門がほとんど開放された。しかし、メッカの門はそうではなかった。それはいぜんとして非ムスリムには禁じられた都市であった。そうであっても、正規の巡礼に出かけるアラブ人の多くは、いまや、色鮮やかなマンチェスター製の織物を好むようになったのだった。

北西ヨーロッパの台頭

数千年にわたって、世界には、新しいものを生み出し経済的な力を持った永続的な中心としては、二つの中心があったに過ぎなかった。ひとつは、東アジアであり、今ひとつは地中海世界、特に東海岸に近い陸地であった。後者の比較的小さなゾーンのなかに、紀元一五〇〇年以前に影響力の大きかった西方の帝国、エジプト、メソポタミア、ギリシア、ローマ、ヘレニズム帝国、ビザンツ帝国が入っていた。東地中海は、西方の三つの最も有力な宗教、つまりユダヤ教と、その子孫であるキリスト教とイスラム教の生誕地であっただけではなく、西方の重要な新機軸の大部分の揺籃の地であった。それは、農耕と冶金から始まって、読み書き、算術、さらには国家にいたるまでの新機軸の揺籃の地であったのである。

北西ヨーロッパが、世界の舞台において、昔の東地中海や小アジアの帝国でさえ達することのできなかったような支配的な地位に上昇するということは、紀元一六〇〇年には予測もつかないことであった。この上昇は不可避的なものではなく、振り返ってみれば、いくつかの強い要因がそれを促進したことがわかる。北西ヨーロッパは、アメリカ大陸の発見と、喜望峰経由でのインド、東インド、中国にいたる長距離航路の開通とによって、優位に立ったのである。たしかに、北西ヨーロッパはこの有利さを各国で共有していた。なぜならば、大西洋を渡ってくる新世界の富を活用するという点では、イタリアの西海岸やスペインの地中海岸もまた、アムステルダムやロンドンと同じように恵まれた地位にあったからである。

プロテスタンティズムが、北西ヨーロッパの新しい動力の一部となっていた。この宗教運動は主にアルプスの北側で盛んであった。そこは、ローマからは離れており、また、教皇に親近感を持ち教皇を支持することに経済的・感情的な利害を有している他のイタリア都市や公国からも離れていたので、宗教改革の成功が比較的容易だったことは、ほぼ確かであろう。さらに、宗教改革は、その当初においては、北西ヨーロッパの数地域ですでに繁栄しつつあった繊維を中心とする交易と資本主義を擁護するひとびとによって受け入れられ、促進されたのであった。さらに、いくつかの注目すべき例外はあるが、プロテスタントの信条は、成長しつつある科学・技術が必要とする探究心に対してより同情的であった。

地理的立地が北西ヨーロッパの台頭を別の意味で後押しした。この地域は冬が長くて寒かったので、大量に燃料を消費した。イギリスやベルギーやその他の北西ヨーロッパの地域は、安い薪に欠乏し始めたので、それらは沿岸の浅い炭床に目を向けた。たまたまこの北西ヨーロッパは、イタリア、ギリシア、エジプト、肥沃な三日月地帯、その他の地中海東岸やペルシア湾岸の陸地よりも、石炭が驚くほど豊かであった。そして、石炭採掘のほうは、かならずしも自動的ではなかったが、蒸気機関と石炭利用の溶鉱炉を発展させた。このうち、蒸気機関は、それまで経験したもののなかでは最も強力なグローバリゼーションの仲介者であった。なぜならば、それは、直接・間接に、自動車や航空機のエンジンを生み出し、ガスと石油の時代を切り開いたからである。

そういうわけで、大小さまざまな要素が混ざり合って、北西ヨーロッパが、温かくて乾燥した地中海や中東にとって代わる手助けをしたのである。北西ヨーロッパは、世界がおそらくそれまで見たこともないような知的・商業的冒険心をもって、その地理的地位を活用したのである。

アメリカ合衆国も、同じような冒険心を発揮した。いや、さらにもっと効率よく発揮した。豊かな資源と力強い知識を持つこの国は、潜在的には北西ヨーロッパよりも豊かであり、一九〇〇年までには、ヨーロッパのどの二国を合わせたよりも多くの人口を持つようになっていた。また、ヨーロッパは分割されていたが、アメリカ合衆国は一体であった。二〇世紀を形作るうえで、北アメリカの一体性の増大とヨーロッパの不統一の増大ほど重要なことはなかった。

第29章　世界大戦

世界の歴史は、ほとんどが氏族同士、部族同士、国家同士、そして帝国同士の戦争によって占められていたように描かれても、それはけっしておかしくはない。記録のあるものないものを含めると、すでに過去一万年前から無数の戦争が起きていた。たしかに平和のほうが戦争よりも正常な状態である。しかし、戦争と平和はその原因においては結びついているのである。だから、印象に残る平和の時期というのは、それ以前の戦争の帰結とその帰結の実行状態に依存していた。ある地域の諸国間の平和は、戦争か戦争の脅威によってつくられ同意された上下関係の結果であることが多い。だが、一九一四年のヨーロッパには、そのような同意された上下関係は存在しなかった。

ヨーロッパでおこなわれた最後の大戦争は一八七〇~七一年の普仏戦争であった。だが、これはすぐに終わった。そこで、将来起こりそうな戦争のパターンは短期戦であろうと考えられていた。第一次世界大戦に臨んでも、当初、戦争自体はいろいろな問題をすぐに効果的に解決するだろうと信じられていた。両陣営ともに勝利を期待していた。しかも、両者ともに短期で勝つだろうと考えていた。というのは、軍事技術が以前に比べてもっと決定的になっているように思われたからである。

こう着した戦争

戦争は一九一四年八月（訳注：正しくは七月二八日）に始まった。そしてクリスマスかその直後までには決着がつくだろうと思われた。ドイツとその同盟国オーストリア＝ハンガリーが東ヨーロッパでロシアとぶつかり、北フランスの平原でドイツ軍が英仏軍と戦い、オーストリアがセルビアと戦ったとき、戦争は早期の決着にむけて急速に進んでいるように見えた。ドイツは当初は勝利を収めたが、損害も大きかった。最新の機関銃や、馬に牽かせた大砲の火力はものすごく破壊的だったので、敵に向かって突進していく兵士たちは、何千人単位でなぎ倒され、それに代わって突進する兵士たちも何千という単位でなぎ倒された。ほとんどの戦場では、兵士たちは、自分たちを守るために数か月のうちに何百キロに及ぶ塹壕を掘り、有刺鉄線の壁をつくらなければならなかった。兵士がまっすぐ立っても近くの敵から見えないほどに深い塹壕の長い列は、まさに一種の盾であった。

そういうわけで、敵対する両軍は、もはやそれまでの戦争のように速やかには動けなくなり、戦争は防衛戦になった。軍隊が塹壕の盾を離れて前方を急襲しても、ほんのわずかな土地片を手に入れることができたに過ぎず、向こうの塹壕線から砲弾や銃弾を雨あられと受けて、後退をよぎなくされるのだった。そういう日には、死者が数万を数えるのだった。

一九一四年の最後の数週間には、ほとんどの戦線で戦争はこう着状態に陥った。一九一四年だけで終わると考えられていた大戦は、一九一四〜一五年にわたる大戦となった。それでも数か月が刻々と過ぎて行った。一九一五年の四月に、こう着状態をなんとかしようと、英仏軍はオーストラリア軍とニュージーランド軍とともに、ダーダネルス海峡の入口にあるガリポリ近くのトルコの海岸に新たな戦線を開始した。かれらは、トルコを数週間で破り、開放されたダーダネルス海峡を南ロシアの港への海上ルートとして利

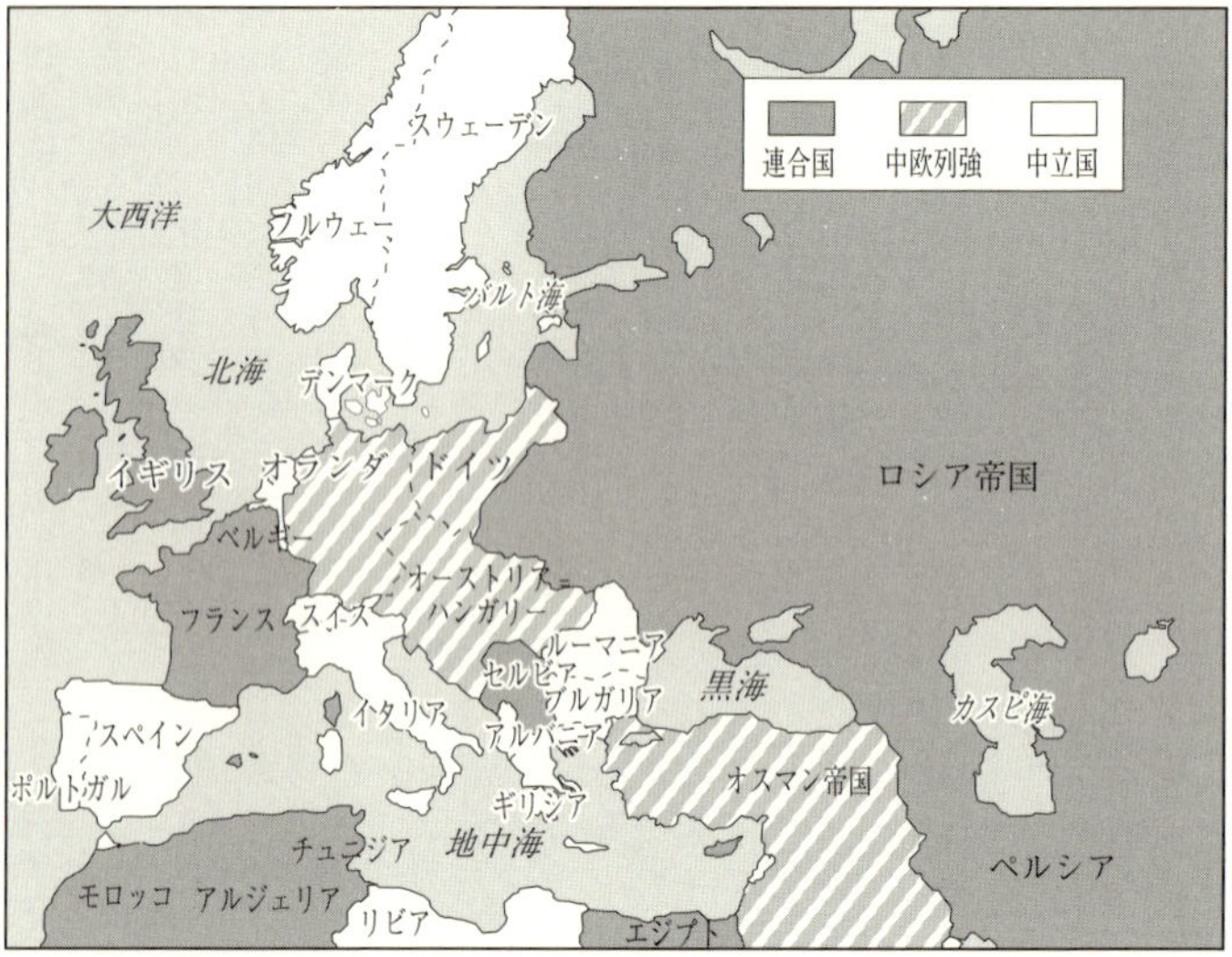

戦時の欧州（1914年後半）

用し、巨大なロシア軍の装備のための武器弾薬を輸送することができると考えていた。その代わりに、ロシア軍が東部戦線でドイツ軍に圧力をかけることが期待されていた。しかしながら、トルコ軍は塹壕を掘って盾とし、この戦線をこう着させたので、英仏軍は年末には撤退をよぎなくされた。

　このような軍事的こう着状態は、ほんの少数の者を除いて、すべての有能な将軍と机上の戦略家の予測を覆すものであった。世界史上このようなことはそれまでになかった。戦争については、一般的には軍事指導者を非難するのが普通である。しかし、当初、交戦国の大部分において、兵士の母や妻や恋人たちまでが、戦争を支持していた。それは、宣伝のおかげで、絶えざる流血は消耗した敵国の敗北によって見事に終わるだろうとかの女らが信じたからであった。

　この戦争は、意外性や不確実性に満ちていて、「もし……」がたくさんあった。もし、一九一五年にロシアを下支えすることができていたら、ツァーとその閣僚たちはその落ち着きのない国を統制し続けることができたかもしれなかった。しかし、その後に続く三年間の戦争によって、すでによろめいていたツァーの足が切断されてしまった。そして、一九一七年に、二つの革命が相次いで起こって、レーニンとかれの率いる共産主義者が政権を握った。こうしてロシアは戦争から離脱したのである。

一九一八年の初め、ドイツはまだ戦争に勝利するか有利な講和を結ぶための軍事的機会を有していた。遅れて参戦したアメリカ合衆国は、まだ強い影響力を行使しそうには見えなかった。さらに、ドイツの主要同盟国であるオーストリア＝ハンガリー帝国は、まだイタリアに対する山脈戦線をしっかりと保持していた。ドイツは士気をふるって攻勢をかけ、一九一八年三月には、おおいに前進してパリの近くまで攻めよせた。

だが、戦運はしだいにドイツに不利な方向に向かった。食糧と原料の入手力、武器弾薬と兵力の供給力において敵国に劣ったので、ドイツは苦しくなった。ついに、戦線がハンマーでへこまされた。一九一八年九月までに、ドイツの同盟国はみなほとんど意気消沈してしまった。ブルガリアは降服した。中東でその長年の帝国を守ろうと戦っていたトルコ人も、降伏間際であった。オーストリア＝ハンガリー帝国は、ばらばらになりかけていて、一〇月には、ユーゴスラヴィアとチェコスロヴァキアが独立の共和国の樹立を宣言した。ドイツ自身では、冬が近づくにつれ、民間人はもとより兵士の士気も低下していった。食糧と衣服が欠乏した。敵側の封鎖がダメージを与えてきたのだった。一九一八年一一月三日に、キール軍港の水兵が反乱を起こした。一一月九日には、ミュンヘンで社会主義革命が起き、ドイツ皇帝ヴィルヘルム二世がベルリンで退位を表明した。二日後の一一月一一日、ドイツとその同盟国は休戦協定に署名した。

この戦争は、兵士にとって、これまでの世界が知っているどの戦争よりも悲惨な戦争であった。ただし、民間人にとっては、太平天国の乱のほうがもっと悲惨であったが。第一次世界大戦において命を落とした八五〇万人の兵士と水兵のうち、その所属はドイツが最も多く、ついでロシア、フランス、オーストリア＝ハンガリーで、そのあとがイギリスとその帝国であった。これに加えて、二〇〇〇万人以上の兵士が負傷した。だがこの死傷者のリストには、戦争の直接的な結果として死亡した五〇〇〇万人ほどと思われる民間人は含まれていなかった。モスクワの混みあったアパートから、ニュージーランドの羊小屋にいたるまで、何百という炉棚のうえに、額に入った白黒の写真が置かれ、まじめな青年や笑顔の青年が写っていた。それはいまやみなが「大戦」と呼ぶ戦争で亡くなった青年たちであった。だが、ひとびとは、もっと大きな戦争が二〇年もしないうちにやってくるとは認識してはいなかった。

大戦がなかったならば、おそらくロシア革命はなかったであろうし、共産主義者が勝利することもなかったであろう。またこの戦争がなかったならば、ウィーン、ベルリン＝ポツダム、サンクト・ペテルブルクにおいて、実力派の君主たちが華やかに支配し続けていたであろうし、スルタンも同じく消滅するはずのオスマン帝国を統治していたであろう。もし大戦がなかったならば、おそらくヒトラーという名前も聞かれなかったであろう。なぜなら、かれはドイツの敗北という苦しみのなかから立ち上がってきたのだから。同じく、ムッソリーニがイタリアの独裁者として台頭したのも、イタリア国民の戦後の深い幻滅を利用してのことであった。

一九一九年にヴェルサイユで開かれた講和会議でおこなわれた議論には、大きな希望とともに報復の欲求も渦巻いていた。民族主義者の多くは、この機を捉えて自分たち自身の国家を樹立したいと望んでいた。会議は地図作製者たちのピクニックであった。ヨーロッパは、戦争前夜には二〇か国しかなかったのに、いまや三一の国家を持つことになった。新しい国のなかには小さな国もあれば大きな国もあった。ちょうどハンガリーとポーランドの例がそうである。大部分の国は民主主義を試してみたが、必ずしも成功しなかった。なかには独裁制になってしまう国もあった。

戦争が一九一四年に予想されていたよりもずっと長くなったために、ヨーロッパの大部分において、ナポレオンの敗北以来九九年にわたる比較的平和で繁栄し文明化されてきた時期に育てられた楽観主義は、大きなショックを受けた。それでも多くのヨーロッパ人は元気を取り戻した。国際連盟と呼ばれる恒久的な外交の場が、ジュネーヴに設けられた。ひょっとして、平和の議会としてのそれは、その当時までのあらゆる国民の歴史において最も勇気ある実験であったかもしれない。だが、自由主義者と理想主義者の希望の星であったそれは、結局はたんなる討論クラブになってしまった。

大戦がなかったならば、イギリスとヨーロッパは金融面で支配し続けたであろう。しかし、戦争中に両者は債務国となった。戦争遂行の金融を支えたのはアメリカ合衆国であった。特に同国は戦争が始まっても中立を守っていた時期に、債権国となったのだ。やがてやってくる世界大不況の原因のひとつは、一九二〇年代におけるアメリカ合衆国の新たな金融力であった。合衆国は、世界的な指導国家としては比較的経験が少なく、好不況の循環も甘く見て、トランペット吹きの役を演じているウォール・ストリートでの株取引を眺めて喜んでいた結果、安定した基礎を欠く世界を慢性的な不安定に陥らせてしまった。一九三〇年の経済恐慌のもうひとつの原因は、イギリスが金融的に一九一四年以前の世界を回復しようとして、安定した物価を切望したことであった。しかし、このような試みをあまり批判してはいけないだろう。あのような大戦の大惨事のあとでは、失われた過去の平和な破片を集め直そうという強い試みは、ほとんど避けられないことだったからである。

一九二〇年代には、多くの国において、景気の悪い月の失業率は一〇パーセントを超えた。それは一部には、急速な変化によって引き起こされた不均衡にあった。新しい工業地域と工業が、繁栄したり衰退したりし、農業から工業への労働力の移動が続いた。だが、農業よりも工業のほうが深刻な不況の影響を受けやすかった。農業では、価格が低下したときには、農業者はずっと低い労賃で仕事を続けるか、あるいは、少なくとも自分たち自身の食料は生産することができた。だが、自動車やタイヤや繊維工業では、不況がやってくると、労働者は家に止まり、食べるものもなくなってしまった。加えて、政府と経済学者は、不況をどう扱うか確信がなかった。当時広がっていた原則は、人はなにもすべきでなく、経済は、高失業と低賃金と低利潤という形の薬を飲んだ後は、速やかに自分で回復するであろうというものであった。

一九二九年一〇月のウォール・ストリートでの株式市場の暴落は、いまや、火災警報と見ることができた。金融の信頼が落ち、ひとびとは購買をやめ、それによってさらに仕事を減らした。失業が増えて、どん底の年であった一九三二年には、いくつかの工業諸国で失業率が三〇パーセントを超えた。これほどの規模の経済不況は先例のないことであった。それは共産主義とファシズムを後押しした。そしてそれは第二次世界大戦につながった。実際、第二次世界大戦は、しだいに未完の第一次世界大戦と見られるようになってきているものの帰結なのであった。

ドイツのヒトラーとロシアのスターリンが次の大戦の形を決めた。二人は一九三九年に戦争が始まったときに、決定的な重要性を持った指導者であった。実際一九三九年というのは、二人が選んだ時期であった。そして二人は一時的に同盟した。

アドルフ・ヒトラーは、オーストリアの川沿いの町の生まれで、父はそこの税関の下級役人であった。画家を目指していたかれは、ウィーンの反ユダヤ主義と、第一次世界大戦勃発時のミュンヘンに泡立っていた愛国主義を、いくらかずつ吸収していた。ドイツ軍に入隊して、西部戦線での武勲によって鉄十字勲章を受けた。一九一八年には、追いつめられたドイツ軍の多くはまだ士気を固く維持しているのに、祖国内において士気が崩壊しているのを見て衝撃を受けた。そこでかれは、民間人の生活に戻るや、その裏切り感のはけ口として、過激派の政治に手を出すことになった。一九一九年、三〇歳のときに、かれはバイエルンの小さな政党である国民社会主義ドイツ労働者党（ナチス）の党首となった。かれの党は、独自の軍隊を持つようになり、それがマルクス主義者やその他の左翼政党を市街戦によって凌駕していった。

ヒトラーは自分のドイツをよく知っていた。かれの雄弁は、巧妙な指導性を込めていたので魅力にあふれていて、かれは、その雄弁によって、一九一八年に自分たちの国と自分たちの世界が不当に粉砕されたと感じていた多くのドイツ人の心を熱くした。かれは肉体的・感情的に大変なエネルギーをもって演説したので、二時間も演説すると、かれのシャツは汗でびっしょりになった。新しく使われるようになった屋外のスピーカーとラジオが、かれのメッセージを広げる助けになった。ヨーロッパの指導者のほとんどは、こういう革新的なものをまだ利用していなかったのである。

一九三〇年初めの世界恐慌は、不安を広め、混乱の兆候を助長した。ヒトラーはこういう恐れをうまく利用した。多くのドイツ人はヒトラーを、法と秩序を守ってくれる者とみなして歓迎した。共産主義に対する恐怖のために、かれは、小農民や小商店主らからしだいに支持を獲得していった。かれとかれの雄弁はドイツの誇りに訴えかけ、ドイツは長いあいだ優勢であった戦争というゲームにおいて不当な負け方をしたのだという、広汎に広まっていた憤りにつけこんだのだった。

一九三〇年の選挙において、ヒトラーの党は得票数を増大した。一九三二年にはその得票数はまた倍増して、ドイツ最大の政党となった。翌年の一月には、それは小さな右翼諸政党の連合を合わせて、ヒトラーが正式に首相に任命された。かれはすぐに事実上の独裁者になった。ユダヤ人の迫害、労働組合の弾圧、市民的権利の剝奪が進められた。一九三四年に、高齢の大統領が死んだので、大衆的な同意を得て、ヒトラーが完全な支配権を握った。

実際のところ、かれは権力を握る用意は十分にはできていなかった。かれは行政や事務仕事が好きではなかった。政権につくまでは、かれの最も高い公職は、軍隊内の伍長という低いものに過ぎなかった。

東の独裁者

ロシアの支配者ヨゼフ・スターリンは、その本当の名前ではない（訳注：本名はヨシフ・ヴィサリオーノヴィチ・ジュガシヴィリ）。組織家で煽動家であったかれは、政治活動を問われてシベリアの牢獄で刑に服していたが、一九一七年の二つの革命が成功するとすぐに、「鉄の男」を意味するスターリンという名前を採ったのである。共産党の新聞『プラウダ』の編集員となったかれは、消息通として、しだいに力を持つようになっていった。一九二四年の一月にレーニンが死んだ後、政権を握ったかれは、個人的にライバルと思われる者たちを粛清し始めた。かれは軍事力を強化し始め、経済のために一九二八年から大胆な第一次五か年計画を開始した。新しいソ連は、いぜんとして多くの経済的困難や不平不満を免れなかったが、公的には失業はなく、事実上すべての遊休労働力が働けることを保証されていた。ソ連の国民は大恐慌を免れ、そのことがソ連の威信を大いに高めたのであった。

スターリンは、たくさんの発電所や工場や鉱山をつくって、ロシアを工業大国にすることに成功した。かれは、これまでどの支配者も試みたことのない全面的な農業変革をおこなった。かれは個人農業を集団農業に変えたのである。それは驚くべき大変化であった。なぜならば、ロシア国民の場合、どの時代のヨーロッパ国民に比べても多くの人が農業に従事しており、しかもその大部分はその土地に農民的所有意識を持っていて（訳注：この点は論争されている）、スターリンの集団農場には嫌悪感を懐いていたからである。集団化政策に抵抗した農民は追放されるか、飢えさせられるか、殺されるかであった。

スターリンは、自分が非情でなければ、共産主義は滅びるし、自分自身も滅びるかもしれないと信じていた。平和時においてさえ、かれの警察国家は仲間の国民を大量に殺すことを命じたり承認したりした。それでも、スターリンの支配下では、ツァーの支配下におけるよりも、愛国心が強かった。第二次世界大戦におけるロシア兵のスタミナと勇気は、目覚ましいものがあった。

ヒトラーとスターリンは共通するところが多い。そのなかには、二人とも部外者でありながら権力を握るようになったという事実がある。ヒトラーはオーストリア人であり、スターリンはグルジア人であった。また、二人とも、三五歳の頃には事実上無名で権力はなかった。二人とも、その競争相手からはひどく過小評価されていた。ヒトラーが一九三〇年代にドイツを再軍備させたのには、フランスもイギリスも不意打ちを食らったが、スターリンがロシアを再軍備させたのもそうであった。両方の指導者とも、その国民や世界に対してもっともらしい嘘をつくという才能を磨きあげた。二人は、宣伝の影響力がラジオや映画で誇張される時代において、宣伝の大元帥なのであった。

スターリンとヒトラー、それに一九二二年に権力を握ったイタリアの独裁者ベニート・ムッソリーニは、三人とも同じように、第一次世界大戦の結果を書き変え、必要ならばその戦争を続けたいという強い決意を持っていた。一九三九年に始まった戦争は、かれらが長年待望していた、注文通りの好機なのであった。

伝統的にヨーロッパでは、普通は長い大戦のあとには長い平和の時期がやって来たものである。大きな戦争があっても、重要な国家間の明確な上下関係を設定することによって、多くの問題は外交によって解決が可能であった。さらに、平和が戻った最初の数十年は、戦争の現実と恐るべき人的損害があまりにも鋭く記憶されているのが普通であった。それゆえ、諸国間の紛争を解決する方法としては、外交が選ばれたのだった。ちょうど長いナポレオン戦争での決定的勝利が、広範囲のヨーロッパ世界に長い期間にわたる相対的平和を導いたように、第一次世界大戦の終結も、もっとバラ色の平和の時期を導くものと――すべての戦争を終わらせるための戦争であったと楽観的に――見られたわけである。だが、振り返ってみると、この戦争の悲劇は、その楽観がまったくの的外れであったことであった。勝利はすぐに消え失せ、次の戦争が準備された。

なぜ勝利がそんなに短かったのか。勝利者たちと世界平和にとって不幸なことに、第一次世界大戦を勝利に導いた結集力はすぐに雲散霧消してしまった。アメリカ合衆国は、一九一七年に最初の戦闘要員を送り出す以前から、重要な工業力を発揮していたが、戦争が終わるとすぐに心理的に後退してしまった。そして、孤立政策に戻り、ヨーロッパに対して耳目を閉ざしてしまった。大戦初期に海軍力を発揮した日本もまた後退した。こうして、大戦での勝利を助けた二大国が、その勝利を保持することに強い関心を持っているにもかかわらず、その力を敗戦国に対して行使することを止めてしまったのである。こういうことは、大きな戦争のあとには、決して起こらなかったことであった。加えて、同じく戦勝国であったイタリアが、連合国によって約束されていたアフリカのドイツ植民地その他の戦利品を得られなかったために、幻滅してしまった。このため、イタリアは、やっと結ばれた平和条約の土台を掘り崩した三番目の戦勝国になった。その四番目はロシアであった。ロシアは一九一八年三月までは戦勝国の側にいた。だが、その三月には、戦争で消耗し革命が進行したので、ドイツとの戦争から離脱した。そして戦争の結果、ロシアは、ラトヴィア、エストニア、リトアニアを含む広い領土を失うか放棄した。それゆえ、ロシアは一九一九年にできあがった新しいヨーロッパを転覆させる動機を持つことになったのである。

一九一八年に戦勝国側にあった大国のうち、イギリスとフランスだけが、平和条約を守り、ドイツの武装を解除し、それを続ける強い動機を残していた。こうして、戦争での勝利が、信じられないくらいに弱体化したのである。

そういうところに大恐慌がやってきた。そして、戦争で戦った工業諸国のなかの多くの国において、無力感が広がった。大恐慌はヒトラーに力を与えた。かれは、平和条約をひっくり返すことを決意していたからである。かれが再軍備を始めたとき、国際連盟はあまりにも弱体で分裂していたので、介入できなかった。一九三六年三月、ヒトラーはラインラントを占領することによって、平和条約をまたもや馬鹿にした。もしフランスとイギリスが速やかに共同で行動していたならば、ヒトラーの兵士たちはふたたび出て行ったかもしれなかった。

ヒトラーは再軍備を続けた。アウトバーンの建設と自動車産業の復興は、ドイツの失業をなくす点では、再軍備とほとんど同じくらいの貢献をした。ドイツ人の士気と自尊心が急速に高まった。一九三八年三月にヒトラーの軍隊がオーストリアに入った。一〇月には、かれはチェコスロヴァキアのドイツ語圏を突然占領した。一ページまた一ページと、かれはヴェルサイユ条約を破っていった。第一次世界大戦での最大の敗北国は、ヨーロッパ内での失地をほとんど回復したのである。

一九三九年にヒトラーがポーランドを侵略したとき、新たな戦争が始まった。ソ連がその侵略に加わった。ポーランドは、フランスとイギリスが約束していた援助を与える前に、潰されてしまった。一九四〇年と一九四一年に、ヒトラーは、同盟国であったイタリアとルーマニア、中立国であったスペイン、ポルトガル、トルコ、スウェーデン、スイスを除いて、中央ヨーロッパと西ヨーロッパのほとんどすべてを占領してしまった。さらにかれはスターリンの不意を突いてロシアに侵入し、一九四一年末にヒトラーの前衛部隊はモスクワ郊外に至った。しかし、ドイツ軍はさらに遠く進めば進むほど、その兵站線が脆弱になった。結局、ヒトラーのロシア侵略は、これまでかれが有利に進めてきた戦争のゆっくりとした転換点になったのだった。

第二次世界大戦は、明確に区別できる二つの戦争から成っていた。ひとつはおもにヨーロッパで戦われ、もうひとつはおもに東アジアで戦われた。アジアの戦争のほうが早かった。それは一九三一年に日本が満州を侵略したときに始まり、一九三七年に日本が中国の東半分を占領し始めたときに一層激しくなった。ヒトラーが一九四〇年に西ヨーロッパで驚異的な勝利をあげたために、東南アジアにおけるイギリス、オランダ、フランスの植民地、以前のスペイン領フィリピンにおけるアメリカ基地の脆弱性が露呈された。日本はその弱みにつけこんだ。そして、一九四一年一二月、日本は、ビルマと香港から真珠湾にいたる領土や基地を、突然攻撃したのだった。

ただちに、ヨーロッパとアジアの二つの戦争は一つに結びついた。そして、ドイツと日本が一方の陣営で戦い、アメリカ合衆国、イギリス、中国、その他世界のほとんどの国々がもうひとつの陣営で戦った。第一次世界大戦が第一義的には窮地にあったヨーロッパの戦争だったのに対し、今回の戦争はまさに世界戦争だった。

平時にせよ戦時にせよ、世界が小さくなったことをこれほど映し出した出来事はなかった。飛行機とラジオが大陸を飛び越えて渡った。太平洋は、ガレー船の時代の地中海と同じように、簡単に横断された。また新しい機械化戦の時代がやってきた。それを象徴したのが、一九四二年五月に東オーストラリアに近いコーラル・シーでの天下分け目の戦いにおいて、戦っている日本艦隊もアメリカ艦隊も双方をまったく見ていなかったという事実であった。双方はただ戦闘機を発進させて、戦艦を爆撃し、勝利を決したのだった。

五年以上もの戦争のあと、一九四四年末の数か月までに、戦争の終わりが見えてきた。ドイツも日本も完敗が見えていた。しかし、敗戦が六か月後になるのか、三六か月後になるのかを予測することは難しかった。人間の起こす出来事のなかで、平和の始まりほど予測しがたい出来事は、そう多くはないものである。

第30章　原子爆弾と月

二〇世紀の初めには、物理学はおそらく最も威厳のある科学であったと言うことができるだろう。物理学は、長く隠されてきた物質の世界を次々と開いて検査する魅惑的な科学となった。しかしながら、名声の一部は後知恵としてついてきたものであった。もし原子爆弾が発明されなかったなら、物理学はそれほど畏敬の念をもっては見られなかったであろう。

長いあいだ、原子が究極の構成単位であると言われてきた。原子は非常に小さいので、かりに一〇〇億個の原子が整列しても、ほんの一メートルの長さにしかならないだろう。アイザック・ニュートン卿は、一七〇四年の著書『光学』で、原子は大変硬く基礎的なものなので、決して細分化されず、「神自身が最初に創造したものを、一般的な力では、分割することはできない」と書いていた。だが、さらに小さくてさらに複雑な、原子核と名づけられる単位が、その後に発見された。エネルギーをつくり破壊を引き起こす原子や原子核の巨大な力は、第一次世界大戦の開戦時には予見されていなかった。移民したニュージーランドのアーネスト・ラザフォード、デンマークのニールス・ボーア、そして他の西ヨーロッパ諸国の物理学者たちによる研究の後でようやく、はっきりとその力が見えてきたのであった。

ドイツは物理学において先んじていたので、その科学を戦争に利用することに精力的だったと思われるかもしれない。しかしながらドイツは、民族の浄化を知識探求より上に据えた。物理学における多くのスターたちはユダヤ人で、かれらは、賢明にも一九三〇年代に海を渡って避難した。アメリカ合衆国は遅れて原子核研究の先頭に立つことになった。一九四二年の一二月には、管理下での核分裂に成功したが、そこにはまだ実験と研究の長い道のりが続いていた。

アメリカ合衆国が最初の原子爆弾のテストをする前の一九四五年の五月、ドイツはついに制圧された。しかしアメリカ合衆国は、日本を打ち負かすために研究を推し進めた。一九四五年七月一六日、最初の爆弾がニューメキシコの砂漠でテストされた。爆発は砂漠の表面を半径一キロメートル近くにわたって溶かし、ガラス化した（訳注：砂は数千度の高温でガラス化する）。ここに戦争の歴史上最も異常な武器が登場したのである。「これは日本の軍隊に対して使われるべきか」という質問にたいして、容易な答えはなかった。結局選ばれた答えは、今日まで激しく議論されてきている。アメリカ合衆国の政治指導者たちのあいだには、真珠湾への仕返しがしたいとの欲求があった。核科学者たちの心中では、かれらが一生懸命につくり上げた武器の有効性を試すことは、理解できる決断であった。アメリカ合衆国の将軍たちはその心中では、日本は最後まで戦うから、最終的な敗戦にいたるまでには、おそらく五〇万人ほどのアメリカ人の命が失われるかもしれないと恐れていた。

一九四五年の七月においてもなお、約五〇〇万人の日本人兵士が、征服していた中国、インドネシア諸島、マレーシア半島、台湾、現在のベトナムなどを含む占領地を死守する気であった。日本国内の軍需品工場はまだ生産力が高かった。日本は五〇〇〇機以上の神風飛行機と、自らの生命を犠牲にして敵の空母や空軍基地に突っ込んでいく覚悟の勇敢な操縦士たちを所有していた。日本はまだ敗戦を認める意志はなかった。

今日、多くの歴史家が、アメリカ合衆国が日本に原子爆弾を投下した決定を、人類の醜行の新たな一歩

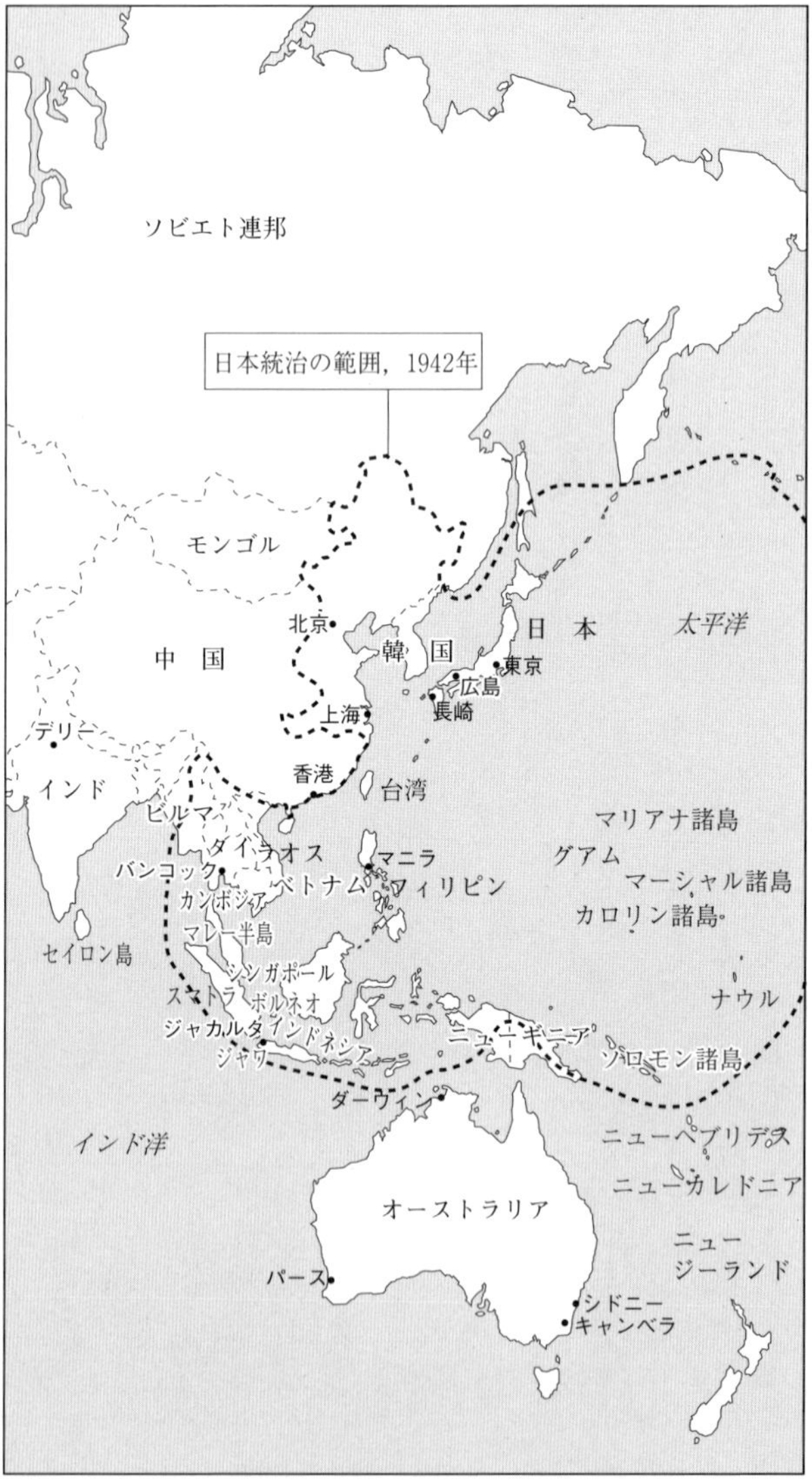

アジアにおける日本の拡張（1941～42年）

だとして非難している。かれらは、原爆が市民を虐殺する新たな時代を開始したと指摘する。だが、たぶん新たな時代はすでに到来していたのではないかとも言われている。すでに、在来型爆弾によっておこなわれたドイツと日本の都市への空襲は、恐るべきものであった。それ以前の五月、東京への一度の空襲が八万二〇〇〇人の市民を――つまり、最初の原子爆弾で殺された日本人の数の一〇分の四を――殺していた。だから、もし戦争がもっと続き、高性能爆薬爆弾だけが使われたなら、空襲と空爆と、そしてたぶん終局の日本列島侵攻とによって、大勢の日本人市民が殺されたであろう、と。

この議論はワシントンのトルーマン大統領によって公然と主張された。しかし、ひとつの決定的な要因が見逃されていた。原子爆弾が爆発するときには、通常の爆弾ができないことをするということである。それは放射能が遺伝子の損傷を引き起こすことで、日本の戦時世代の失敗や罪のために生まれてくる子供たちを罰することになるということであった。しかし、仮に放射能が科学者たちによって完全に理解されていたとしても、かれらはそれでも、原子爆弾は日本人に対して使用されなければならないという同じ結論に達したかもしれない。ほとんど六年間にわたって恐ろしい総力戦がおこなわれてきた。勝利は延期されてはならないのだと。このような議論はいつも、数十年先を見ているひとびとよりも、短期的視野のひとびとに対して説得力があるものである（訳注：以上の議論にはアメリカの対ソ戦略の観点が抜けている）。

一九四五年八月六日、アメリカ合衆国の重爆撃機がマリアナ諸島から日本に向けて飛び立ち、この爆弾を投下した。広島の大部分がほとんど溶鉱炉となり、九万人近い日本人が死んだ。東京では、降伏する意志はなかった。三日後、二度目の原子爆弾――アメリカ合衆国の兵器庫では最後の原子爆弾――が長崎に落とされた。そのときでさえ東京からは、熱望された降伏のメッセージは出されなかった。ようやく五日後に、日本の天皇は、かれの国が降伏したことを、自らラジオで放送した。かれの声がこのとき実際初めてラジオで聞かれたということは、天皇の超然さや威厳を示していた。ここに、マルコーニやヘンリー・フォードによって形作られた時代において、神聖な力の遺産を行使している天皇がいたのである。

第二次世界大戦の最初の公的な発砲は、北部ヨーロッパ平野で起こったが、いまや講和の書類は、東京湾に停泊する戦艦のうえで署名されたのだった。戦争中に一億七〇〇〇万人以上が軍隊に登録された。たぶん一一〇〇万人のロシア人兵士が死んだはずである。この死傷者の数は、第一次世界大戦で戦った二つの陣営の総数より多かった。ドイツ軍と日本軍を合わせた死者の総数は、ほぼ五〇〇〇万人に達した。今回の市民の死者数は、前回の世界大戦のそれを小さく見せるほどであった。中国ではたぶん二〇〇〇万人を、ロシアでは一一〇〇万人を数えたであろう。

戦前のヨーロッパ全体におけるユダヤ人の人口は、ドイツの人口よりも少なかったにもかかわらず、ユダヤ人の死者の数は、ドイツ軍と爆撃を受けた都市のドイツ市民の死者の数より多かった。皮肉なことに、かつては、多くのユダヤ人はドイツにいれば安全だと感じていた。実際、ドイツ系ユダヤ人の多くは、法曹界や大学や医学界において名誉ある地位についていた。ある者は希望を抱いて、問題の多い土地からドイツに移動してきていた。そして多くはパレスチナで拡大しつつあったユダヤ人居住地へ移住する機会を拒否していた。イスラエル国家はいまだ誕生していなかったのである。しかし、ドイツ人指導者たちは、遅くとも一九四二年までには、かれらが支配するすべての土地において、ユダヤ人を絶滅することを決定していた。そして少なくとも五〇〇〇万人が殺された。

この粛清計画は、ナチスの指導者によって「ユダヤ人問題の最終解決」と名付けられた。それは後に「ホロコースト」という簡単な表現になった。残忍さや憎悪という点では、この出来事は珍しくはなかった。数世紀にわたる人間の歴史では、寛容や善意のみならず、大規模な残虐行為もおこなわれていたからである。しかしホロコーストは、その虐殺の規模と、老齢者や若年者をも容赦しなかった点において、恐怖を覚えさせるものであった。それが人類の進歩という考えから見て衝撃的であったのは、世紀の初めには、多くの公平な目にとって、世界で最も文明化され洗練されていると映っていた国によって、計画され実施されたからであった。

核兵器の存在も人類の進歩という考えにとって衝撃的であった。世界のほとんどのひとびとは、もし他のすべての兵器に大きく勝るこの兵器を、アメリカ合衆国だけが所有しているのなら安心だと感じたであろう。しかし、ソ連は安全だとは感じなかった。同様の兵器を所有しなければならなかった。少なくとも一九四九年には、ロシアは秘密のうちに、かれらにとって最初の原子爆弾を試した。トルーマン大統領は、一九五一年、さらに強力な兵器である水素爆弾で応酬した。

ふたたび地球をつなぎ合わせる

一九四五年以降、ヨーロッパは二つに分断された。民主主義が西半分を支配した。ソ連がドイツの一部を含む東半分を支配した。ユーゴスラヴィアとアルバニアという二つの共産主義国家が、西側に飛び出たポケットを形成した。共産主義と民主主義的資本主義のあいだの緊張は、「冷戦」と呼ばれたが、振り返ってみると、戦争よりはるかに平和のほうを多く包含していた。

戦勝国に占領されたドイツは、その力のほとんどを失っていた。イギリスやフランスやオランダでさえ、一九三九年よりその力は弱っていた。戦時の損害は大規模だったので、かれらは資金調達のために多額の負債を重ねるか、外国資産を売却した。さらには、かれらの誇りの源泉であり、そして増加する可能性がある歳入の源泉でもあった海外植民地が、独立を求めるか独立をつかみ取りそうに思われた。

だが、ほとんどの指導者は、かれらの国がいまや影響力を著しく低下させたという事実を直視したがらなかった。いぜんとしてヨーロッパは、自信に満ちた最盛期になると内部で対立しあうという、昔からの権力国家の足跡を辿っていた。ギリシアの都市国家はたがいに自滅的な戦争をおこない、その結果まとまって優位性を失った。ローマの皇帝は内部闘争と国内の戦争によって衰退した。イスラム教とキリスト教も分裂によって衰退した。中国や南米のインカ皇帝は、まさに自信に満ちたときに、内部の争いによって分裂した。ロシア共産主義と西側資本主義のあいだの戦後の衝突は、ヨーロッパ的争いの長い歴史における新たな段階であった。しかし、ヨーロッパは団結の強化によって衰退から救われたのであった。

この団結は、伝統的な敵同士であった西ドイツとフランスを含む石炭・鉄鋼の無関税貿易地域提案という単純な形で始まった。一九五二年にその地域が発足したときには、それは六か国から構成されていた。それは、一九七〇年までには、アメリカ合衆国という古い共同市場よりも多くのひとびとや通商を包含する、歴史的に最大の共同市場となった。一九九三年に、経済のみならず政治的な共同体にもなったときには、西のポルトガルとアイルランドから東のギリシアとフィンランドまでの一五か国に拡大し、そのあいだにわずか二か所の間隙を残すだけになった。欧州共同体（EU）として知られるそれは、現在事実上新しい国家を構成している。

ヨーロッパは、ほとんどすべての海外植民地を失ったが、こうして復活した。植民地というものはいくつかの点で負担になっていた。植民地がつぎつぎと獲得されていった過去四世紀半のあいだには、一般に植民地は負担とはみなされていなかった。一九四五年の時点でさえ、海外植民地を所有することは威信を意味した。植民地は簡単には解放されなかったのである。

第二次世界大戦の勃発時には、世界人口のおよそ三分の一はまだヨーロッパの植民地支配下に置かれていた。だが、戦況の変化、特に一九四〇年と一九四一年におけるフランス、オランダ、そしてイギリスの軍事的苦境は、ヨーロッパの支配を揺さぶった。その戦闘は、ヨーロッパの植民地領有列強が無敵ではないことを示した。多くの植民地で、反抗勢力が機会を捉えた。戦後になると、左翼が以前より強くなったヨーロッパの議会において、植民地を所有していた国々の道徳性が問題とされた。

最初に解放された大きな植民地はインドであった。その解放運動の指導者はマハトマ・ガンディーで、二〇世紀の最も著名な政治家の一人である。一八九一年、二〇歳代であったガンディーは、ロンドンで弁護士となり、洒落た服装をしてダンスや演説法を学んだ。一八九〇年代の末までには、かれは南アフリカで弁護士として成功するようになったが、やがて禁欲生活を始め、かれ独自の服をつくり、母から学んだ習慣である断食をするようになった。一九〇七年に、トランスヴァール議会がアジア系居住者に登録カードの携行を強いたとき、ガンディーは初めて「不服従運動」というやり方を採用した。結果としてかれは合計二四九日を牢獄で過ごした。一九一五年にインドに戻ったかれは、支配国であるイギリスに対する市民的不服従の戦略をもって、インド独立運動を組織した。白いショールに腰巻、サンダル履きで、しばしば新聞写真に歯のない笑顔を投げかけるかれは、インド以外の世界中のひとびとにとって最も有名なインド人となった。かれは他のだれよりも国内の結束を試みたが、それは成し得なかった。

インドが独立した一九四七年、それは二つの別々の国、つまりヒンドゥー教のインドとイスラム教のパキスタンに分割されたのだった。さらに後にはバングラデシュも第三の国になった。一九四七年の分割をめぐる激動のなかで、約一五〇〇万人が難民として避難し、自らの選択したインドで安全に暮らすことができた。ガンディー自身は、独立の最初の嵐の年の犠牲者となり、好戦的なヒンドゥー教徒に殺害された。

インドは一九五二年に最初の全国的な選挙をおこなった。それは文字を読める者も読めない者も、実質的にすべての成人が投票できるものであった。ここに政治史上驚くべき出来事のひとつがあった。それは、古代ギリシア都市における小さな民主制議会のために最初に考案された統治制度を、世界第二位の人口を持つ国が実施しようとしていたということである。古代ギリシアの頃は、世界全体の人口が、民主主義インドが最初の選挙をおこなうこの年の人口より少なかった時代だったのである。

中国もまた解放された。中国はかつて独立を完全に失ったことはなかったが、最近の一〇〇年間にはあまりに弱体化して、ロシア人、イギリス人、フランス人、ドイツ人、そして特に日本人をはねのけることができず、かれらに対して、租借地を与えたり、領土を譲渡したりせざるを得なかった。中国はまた、内戦によっても弱体化していた。長いゲリラ戦のあいだ賢明に共産党員を率いた毛沢東は、反抗者を台湾島だけに残し、一九四九年に最終的に勝利を収めた。

世界最大の人口を持つ新しい中華人民共和国は、およそ五世紀以前に保持していた権威をじょじょに取り戻していくと期待された。しかし、住民と権力の関係はしばしば不安定で複雑であった。共産主義中国は、政治的には大国となったが、経済的にはしばらくは劣等生であった。地方は貧困のなかにあり、経済的な進歩は事実よりもスローガンの繰り返しであった。

現在〝偉大なる操舵手〟として知られる中国解放の指導者（訳注：毛沢東のこと）は、幸運にも人民の心は空白であり、その心には消すことのできないメッセージを刻み込めるものであると信じていた。一九六六年、かれの国は文化革命の大きな舞台となった。言いかえれば、巨大なスケールで上演される道徳劇の舞台となった。そこでは、政治的な不道徳や誤りがあると判断されたオピニオン・リーダーたちには、死刑や投獄や地方追放が科されたのだった。五世紀前にはひとびとの才能を利用しておそらく世界を先導していたはずの国が、今度は、多くの教師や芸術家や知識人を計画的に、豚の世話や、手作業による作物の収穫や、灌漑用水を踏み車で汲み上げる単調な作業に送りこんだのである。一九八〇年代になってようやく、中国は、三〇年前の共産党プロパガンダの誇りであった「大躍進」を開始することができたのであった。

第二次世界大戦後の一〇年間で浮上したもうひとつの驚くべき国は、インドネシアであった。一九四〇年にはインドネシア諸島の人口は約七〇〇〇万人で、日本の人口よりわずか三〇〇〇万人少ないほどであった。半世紀を過ぎた頃のインドネシアの人口はほぼ二億人で、それを超える国は中国とインドとアメリカ合衆国だけとなった。それはまた、世界で最もイスラム教徒の多い国でもある。

スカルノ大統領はインドネシアという国をつくり、それからそれをほぼ破壊した。バリ島のヒンドゥー教徒の母とジャワ島のイスラム教徒の父のあいだに生まれたかれは、言語の才能を伸ばした。最終的にかれは、十分な教育を受けたオランダ語のほかに、英語、フランス語、ドイツ語、日本語、ジャワ語、バリ語、そしてスンダ語を話した。もちろんかれはアラビア語も学んだので、コーランを勉強できた。同時にかれは、新興の国々を率いたほとんどのひとびと以上に、技術に精通し、一九二五年にはジャワのバンドン大学の工学部を卒業した。

自信に満ち、生き生きとして、魅惑的な演説家であったスカルノは、世界全体で植民地への反抗がまだ頻繁ではなかったときに、オランダの支配に抗議した。かれは一三年のあいだ、牢屋に入れられていたか、出生地のジャワから追放されていた。日本が一九四二年にオランダの東インド諸島を占領したとき、スカルノはそれを歓迎し、かれを支持するひとびとのリーダーになったのみならず、日本の顧問ともなった。日本が敗れた後、かれはオランダに対する戦いを再開し、一九四九年に独立を勝ち取った。かれは一九五五年には議会の選挙を容認したが、決定的な結果を得られなかったので、結局〝指導される民主主義〟を選択した。それはかれを指導者とするもので、民主主義をあまり透明にしないものであった。だが、結局、新しい国家の創設者の大多数と同様に、かれもその地位から転落してしまった。

こうして、一九四五年から一九六〇年のあいだに、世界の四分の一の人口を持つ植民地が自由を得た。新たな国々のほとんどの指導者は国を統治した経験がなかった。その官僚も訓練されていなかった。これら諸国の借金への切望は返済能力を大きく超えていた。隣国との戦争やその準備のために、鉄道、ダム、病院、学校、都市を建設するための資金が吸い上げられてしまった。幼い国々の天然資源を開発する熟練した企業家は、ほとんどいなかった。

「第三世界」――貧しい非同盟の新興諸国を指すためにフランスでつくられた名称である――は、平均収入であろうと識字能力のレベルであろうと、すべてにおいてリストの三番目にあった。だが、ある一面だけは一番であった。それは人口増加で、「第三世界」では世界史上どの国も経験したことがないほどの速度で人口が増加した。医学知識の普及、医師や看護師の増加、幼児向けワクチン、マラリア撲滅運動、公衆衛生の改善が死亡率を減少させたが、出生率は高いままであった。一九五〇年から一九八〇年にかけて、新たな考えと新しい避妊薬によってヨーロッパの出生率が抑制された期間に、さまざまな貧困国の人口は実質的に倍増した。主たる課題――ことによると人類史上他のどの段階でも経験したことのないような手ごわい課題――は、もっぱら急速に増加し続ける人口をどのように養っていくかということであった。米やその他の食用植物の新しい品種をもって「緑の革命」と呼ばれたものは、最初の応急処置にはなったが、人口はまだ増加し続けた。中国が、世界史上最もまれな実験のひとつとなる、一家族につき子供一人という制限策を試みたとき、その人口はすでに一〇億人に近かった。

非植民地化の最も活発な場であったアフリカ大陸は、間もなく、多過ぎるほどの国と、大統領府と、外

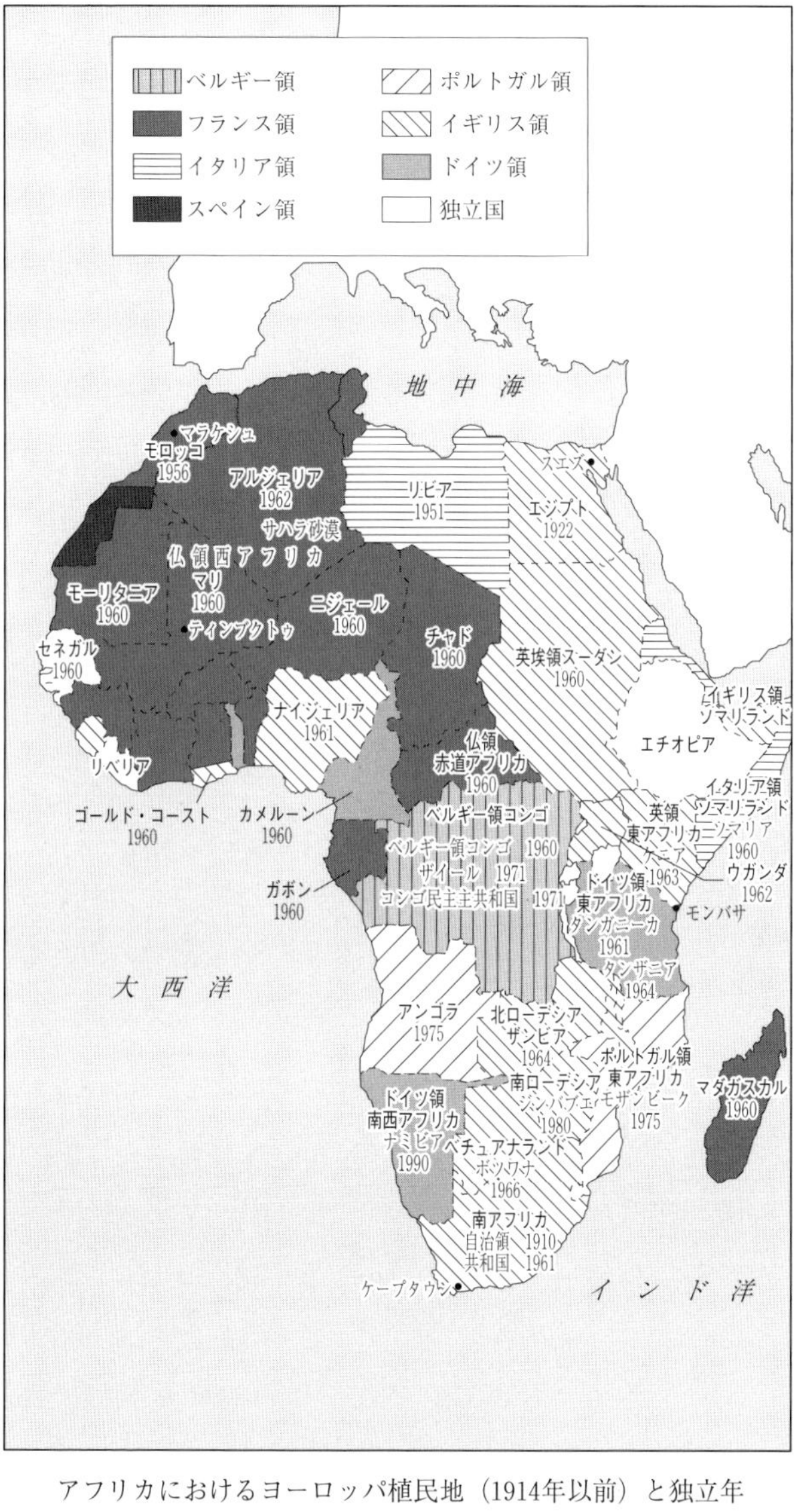

アフリカにおけるヨーロッパ植民地（1914年以前）と独立年

国の都市で豪華に暮らす大使たちを、擁することになった。一九八二年までに、アフリカに五四か国が存在することとなり、それはアジア全体の二倍以上の多さであった。多くのアフリカ諸国は、それぞれが一〇〇〇万人以下の人口しか持たなかった。高等教育を優先したアフリカの国はなく、一九八〇年にはアフリカ全土の大学数はアメリカ合衆国のオハイオ州の大学数より少なかった。ブラック・アフリカ（訳注：アフリカ大陸で黒人が多く住む地域や黒人が政治的主導権を有する地域）は部族主義によって害されており、南アフリカの白人居住者でさえ、「アパルトヘイト」（訳注：南アフリカ連邦において一九四三年から導入された人種差別隔離体制のこと）と呼ばれた独特の部族主義の形態を考案した。普通の一〇年を取ってみると、その間にほとんどのアフリカ国民の生活水準は変わらなかった。

ヨーロッパと北アメリカとその他ヨーロッパ人が主に居住した地域を除けば、戦後の経済的成果は、当初の期待を満たさなかった。ただ、東アジアは目覚ましい例外であった。日本は、一九四五年から一九九〇年のあいだに、どのヨーロッパ諸国をも超える経済的成功を収めた。そのほか、シンガポール、マレーシア、タイ、香港、韓国、台湾もまた印象的な成長を始めた。そのほとんどは、中国人を先祖とする大きな集団を擁しているところであった。それとは対照的に中国自体は、人民から経済的動機を奪うことによって、三〇年のあいだでかろうじてよろめきながら歩を進めるに留まった。戦後史における著しい対比は、中国自体の不活発さに比べて、海を少し越えた資本主義国に住んでいたわずか数百万の華僑が組織的な活動力を見せた点にあった。

軍事において、アジアはもはや無視できなかった。一九四五年の時点で、中国やインドが四半世紀以内に独自の核兵器実験をし、イラクや北朝鮮のような小国が核兵器への野心を追求し、パキスタンが二〇世紀の終わりに独自の核兵器を所有することなどを予想した中立的な科学者はいなかった。

月へ

第二次世界大戦は、新しい推進力の必要性に拍車をかけた。一九四四～四五年の占領下のフランスにおいて、ドイツが強力なロケットを使って真っすぐ海を越えてロンドンに飛ぶミサイルを発射した。平和時になると、これと同様のロケットによって、高所から地球のあちこちへ増幅された信号を発信できる無線送信機が打ち上げられた。

一九六二年七月一〇日は、二〇世紀のどの日にも劣らず重要な日で、衛星がテレビ画像を送信して、ヨーロッパとアメリカ合衆国のあいだの電話による会話を実現した日であった。衛星はすぐに世界をつないだ。それは世界の通信に決定的となったほか、天気予報や、鉱物探査や、船舶や航空機の位置確定など、多様な仕事に不可欠となった。一九九一年のペルシア湾では、アメリカ合衆国が遠方の標的に向けて兵器を先導するために衛星を使用した。標的のいくつかは、数千年前に栄えた初期の渓谷文明の場所に配置されたものであった。

新しいロケットによって、宇宙空間の探索ができるようになった。この最も新しい世界を探索する競争においては、ソ連がリードした。一九五七年一〇月に、ソ連は最初の宇宙船を打ち上げ、地球の軌道に乗せた。乗員はいなかった。翌年にはソ連がスプートニクⅢで二匹の犬を軌道に送った。二匹の犬は地球の上空五〇〇キロメートルを、窮屈でも誇らしげに回ったのであった。

宇宙に人を送るという高価な競争においては、ロシアが二三日だけ勝って、一九六一年四月一二日、ユリ・ガガーリンが宇宙カプセルで地球の軌道を回り世界を感動させた。それは、人類の競争の歴史における注目すべき一日であり、宇宙においてそれを越える偉業はその後もなかった。人を月に立たせるという勇敢な夢は、一九六九年七月二〇日にアメリカ合衆国によって達成された。そのとき大勢のテレビ視聴者の前で、扱いにくいスーツを着たニール・アームストロングとバズ・オールドリンが、宇宙船から降りて月面を歩いた。一九七六年にはアメリカ合衆国の宇宙船が火星に着陸した。火星は地球との距離において月より一〇〇〇倍遠く、これはヴァスコ・ダ・ガマの船がジブラルタルではなくて、ついにインドに到達したことに等しかった。

宇宙探索は、アメリカにとってもソ連にとっても大成功であった。しかし結局、不調のソ連経済は、軍事や科学技術における国家の高い目標を支えきれなかった。最新のミサイル、巨大な軍隊、宇宙競争、そしてアフガニスタンでの苛立たしい戦闘による国民の士気喪失などすべてが重なって、ソ連を弱体化させた。非効率な経済はこれらの贅沢を賄いきれず、ソ連の生活水準は西ヨーロッパから大きく立ち遅れた。その間、一九八〇年の造船所におけるストライキで鼓舞されたポーランドの市民や、チェコスロヴァキアの市民は、共産主義に反抗し始めた。もはやモスクワからは効果的な報復は来なかった。

東ヨーロッパ諸国はソ連から、そして共産主義から切り離された（訳注：一九八九年から一九九〇年の間に）。ソ連を構成していた国々でさえ脱退を許された。一九九一年一二月には、ソ連自体の存在が終わった。その崩壊は、遅ればせにやってきて予言できなかったものではあったが、非植民地化の過程におけるもうひとつの歩みであった。イギリス、オランダ、フランス、そしてポルトガルは、一九四五年から一九七五年のあいだに海外の帝国をほとんど失ったわけであるが、ロシアは一挙に陸続きの帝国を失ったのであった。

ソ連が成功しているときには、ロシア語が主要な国際語になる可能性があるように見えた。それはすでに世界第二位の勢力圏の外交用語であった。一九五〇年には、ロシア語は中国で教えられた主要な外国語であった。それは未来の言語と見られ、アフリカの若い社会主義者も熱心に勉強した。しかし、二〇世紀末までにロシア語は失権してしまった。

世界共通語としての英語の人気は、二〇世紀のあいだに増大していたアメリカ合衆国の影響力の一指標に過ぎない。二〇世紀の最初の四〇年間には、世界における合衆国の影響力は、その大きさや潜在力が示唆したより小さかった。合衆国は主要な貿易国ではなく、外交政策においても孤立主義的傾向があったからである。

一九四〇年代と一九五〇年代は、合衆国が世界に継続的に深く影響を与えた最初の二〇年間であった。その年代が同様にロシアの年代とも呼ばれたのは、ヒトラーを打ち破ることと共産党が中国で勝利することに、ロシアが大きな役割を演じ、そして宇宙競争で初期の先導役として勝利したからである。大英帝国が、それぞれの大陸やほとんどすべての重要な海路に植民地を有していたときでさえ、経済的、軍事的、政治的、そして文化的事象において、合衆国の現在の力と完全に匹敵する影響力を及ぼしはしなかった。

合衆国の力は、考え方、態度、そして革新から成る「ぼんやりとした帝国」に依存するところが大きかった。その考え方は、だれが所有する土地であるかにかかわらず、外国に簡単に舞い降りた。第一に、その影響の多くは、電話や電気、飛行機や安価な車、核兵器や宇宙船、コンピューターやインターネットのような革新からやって来た。第二に、それは、ジャズ、風刺漫画、ハリウッド、テレビ、そして人気のある文化に由来した。第三に、その影響は、技術や経済の変化に関する興奮、そして創意や個人的起業への信念からやって来た。それはまた、民主主義の信条に関する最も熱心な伝道師であった。軍事的および経済的な権力は合衆国の成功にとって必須であった一方で、こうした考え方の帝国の力はたぶんもっと普及力があったのではないだろうか。

合衆国の地球的な役割は、たぶん西ヨーロッパで始まったヨーロッパ拡張の長い期間の最終章であったといえよう。それは、特に大西洋沿岸において、一五世紀に始まった過程である。ヨーロッパはゆっくりとその外へ拡張した。最終的に、その文化帝国は北半球のほとんどを横切り、遠く南半球に南下する長い地帯を形成した。ヨーロッパ人の歴史において都市ワシントンはたぶん、ローマ帝国の最終段階にとってのコンスタンチノープル――コンスタンティヌス帝の初期の都市――に匹敵するであろう。というのも、今後の一世紀には、ヨーロッパ人が、かれらの考えや発明を世界に決定的に刻みつけることはなさそうだからである。

第31章　ぼやけていく境界

人間の歴史において、あまりにも明白なのでめったに論評されることがないひとつの深くて大きな変化がある。それは、かつては非常に大切だった区別が、じょじょにあいまいになってきているという変化である。季節はあいまいになり、夜と昼の違いや、夏と冬の違いもぼやけてきた。夜の闇は重要ではなくなり、ひとびとの行動に対する月の影響も弱くなった。仕事とレジャー、都市と地方なども、大きな区別ではなくなった。

狩りをする人や農民にとって、永いあいだ、季節は非常に大切だった。春夏秋冬は、ひとびとが食べるもの、おこなうべき儀式、そして日常生活における快適さや困難さを決定していた。西暦一八〇〇年には、多くのひとびとはまだ農業や畜産で暮らしており、季節の変化によって多大なる影響を受けていた。したがって冬には、卵、果物、肉でさえ――もし塩漬けにしなければ――ぜいたく品であった。夏の豊作が、冬の耐乏生活を救ったのである。

「フルーツはない、花もない、葉もない、鳥さえいない、一一月」と詠んだのはトーマス・フードだった。

一〇〇〇年前につくられた宗教的な写本は、それぞれの季節がどのように区別されるかをはっきりと示していた。それは月ごとに風景や仕事の絵を描き、その仕事がある意味でその月に趣きを加えていた。だが、今では、どの仕事もどの月に典型的な仕事だなどと言うことはできなくなっている。

今日、毎月の典型的な仕事というものは――仮にそのような仕事があるとするなら――、娯楽に関する仕事になりそうである。たとえば、クリスマスツリーを立てたり、サッカーの決勝戦を観戦したりすることである。これとは対照的に、一一〇〇年前のビザンツの写本は、バルカンや小アジアにおける月ごとの平日の仕事を選んで載せている。四月には、冬のあいだに備蓄された干し草を食べて生きた羊の群れを、羊飼いが畜舎から若草の丘に連れて行く準備をしているようすが描かれた。五月は、花を運ぶことによって表現された。六月には、干し草作りの準備のため青々とした草を刈る人が描かれた。一〇月までには夏も終わりに近づき、捕鳥者が、囮《おとり》の小さな鳥を手首に乗せて、越冬移動する前の食用大型鳥を捕獲するのだった。一一月には、農夫は翌年の作物のための種まきの耕作準備をした。そのように、実際の仕事は地域ごとに変化するものの、年間の仕事は季節によって整然としたかたちできまっていたのである。

戦争中の戦闘ですら、季節に影響されていた。北半球における国際的戦争は、いつも春か夏に起こった。一八四〇年から一九三八年のあいだに、全部で四四の戦争が、冬と夏がはっきりと区別される北半球で起きていた。それらのうちほんの三つだけが冬に始まったが、二六件は四月から七月の暖かい時期に始まっていた。春が訪れると、敵を攻撃して打ち負かすチャンスがやってくるのだった。というのは、川が容易に渡れるようになり、田舎道が泥や氷でふさがれることがなくなり、日が長くなり、そして行軍する軍隊は花盛りの田園で食物を盗んだり買ったりすることができたからである。中国においては、短期決戦のための伝統的な時期が秋とされていた。それは、作物を収穫することができ、川は容易に渡れ、開戦地にすばやく進軍できる乾いた土地もあるためであった。

旅はいつも季節に左右されていた。アジアでは、アラブのダウ船であれマレーのプラフ船であれ、毎年の季節風の始まりや終わりが、商船の出航の合図とされていた。ヨーロッパでは、冬嵐が通り過ぎるまで、ほとんどの旅が延期されていた。一六世紀、ドイツの巡礼者は、アルプスの雪が溶けるとすぐにドイツを離れ、六月か七月にはヴェネツィアから聖地へ出航したものである。

ヨーロッパでは五月一日が、寒暖や貧富の境界線とされた。ひとびとは前夜の夜中には、ひとびとは太鼓をたたき、カウホーンを鳴らしてその日を歓迎した。ひとびとはメイポールの周りでダンスを踊った。ときには性的な戯れが過ぎて、宗教改革の時代には説教者に非難された。メーデーメーデーには突然、牛乳とクリームが一杯出てきた。イギリスのある地域におけるメーデーのハイライトは、シェリー酒やポートワインの入ったバケツの上に直接牛の乳を搾るイベントであって、温かい滑らかな牛乳がお酒をより豊潤にさせた。

五月一日の祭りは、膨張する都市部にも広まった。一八世紀のロンドンは、乳搾り女がその日を取り仕切った。一世紀後には、それは煙突掃除夫の団体に移った。かれらは暖かい夜の到来とともに、冬のあいだに家の煙突に積もった「すす」を計画的に掃き出したのである。ヨーロッパ大陸では、社会主義者と労働組合主義者がメーデーを勝手に使うことになる。だが、その日は長いあいだ、期待と復興の日であったので、かれらの選択は当然であった。中国の冬が過酷な地域では、町の市場の新鮮な花の光景がメーデー同様に役立った。早咲きのシャクヤクが好まれ、八世紀においても「五片の絹」という高値で売れた。

だが、五月がやってきて、牛乳、肉、卵、バター、そして花々があふれるようになる興奮も、汽船や鉄道や缶詰工場や冷凍機などの革新によって、色あせてしまった。一九世紀の後半には、遠隔地からヨーロッパへの食物の流通が始まった。すでに一八五〇年には、イギリスで食されていたパンの四分の一が、アメリカやウクライナで生産された穀物からつくられていた。同じ頃、缶詰食品が大西洋を渡ってヨーロッパに運ばれた。まずは牛肉、羊肉、魚の缶詰に続き、野菜やフルーツ、そしてジャムの缶詰がやって来た。一八八〇年までには、冷凍牛肉と子羊の肉が、遠く離れたブエノス・アイレスやシドニーからヨーロッパに輸出されるようになっていた。

二〇〇〇年の繁栄した都市では、どの大きなデパートもバラを陳列していた。それらは季節外れだが、はるか遠くから空輸されたものであった。イチゴやパイナップルも同様である。しかし、それ以前の時代においては、黄河流域であれエーボン川沿いであれ、季節外れの果物や花を求めることは問題にならなかった。

ぼやけていく夜と昼の区別

人類史の大部分において、昼と夜のあいだの区別は、夏と冬の違い並みにくっきりとしていた。暗闇になるとひとびとは、ほら穴や、バークシェルター（訳注：動物たちから身を守る簡易な小屋）や、小屋や、家のなかに留まった。野生動物への恐れがあったので、ひとびとは室内に集まったり、護身用の燃えさかる炎の近くに集まったりした。夜は不吉なものにも関連づけられた。悪魔が乱行すると考えられ、魔女が真夜中にほうきの柄に乗って飛ぶと言われていた。少なくとも二つの主要な宗教は、夜を、静寂と暗闇のなかで神のお告げがある時として理解した。ムハンマドはある夜更けに、天からコーランの大部分を会得した。初期のキリスト教徒は、静かな状況で祈ることができる夜に祈ることを徳行とした。多くのひとびとは、真夜中の時刻にキリストが復活すると期待していたのである。

町や都市が重要になるにつれ、闇の恐怖がいくらかなくなった。しかし、コロンブスやルターの時代でさえ、都市の主要道路は、日が暗くなった後にはわずかに明かりが灯された程度であった。ヨーロッパの典型的な家では、本を読むには灯りはとても薄暗かった。いずれにせよ、ほとんどの家庭は、本を持っていなかったのではあるが。

多くのヨーロッパの町では、夜の一定時刻になると、家の灯りを消すか覆い隠すように法律で定められていた。家族が寝る前には、灯りを安全な状態にしなければならなかった。この単純なルールは、木造住宅が密集する多くの町で、火事から身を守る一助となった。イギリスでは、フランスから来たばかりのウィリアム征服王が、午後八時に消灯令の鐘を鳴らすように命じ、その時刻以降は火の使用が禁止された。世界の歴史の大部分において、夜の訪れは扉を閉めるようなものだった。夜にも継続された職業はほとんどなかった。夜警人は孤独な仕事であった。

だが、一九世紀のあいだに、ヨーロッパ、オーストラリア、北アメリカ、アジアのいくつかの町に、異常な変化が生じた。それは、夜と昼が明らかな対照ではなくなったことである。史上初めて、家のなかで夜に人工的な明かりが灯り、しばしば日中の自然光よりも明るく輝いたのである。それは豊富な鯨油や、地下にある油田から採掘された灯油、そしてガスや電気の発明によるものだった。必要とあれば日中の活動の多くが、夜の早い時間帯まで続けることができた。さらに一九〇〇年までには、大都市の道は電気で照らされ、路面電車や鉄道の交通網で結ばれ、それによってひとびとは夜も社会的活動をするために、ちょっとした距離を移動できるようになった。

灯りを供給する新しい方法によって、冬には熱も提供された。家のなかは夏と同様に暖かくなった。久しくウールが暖かな服や毛布の主要素材であったが、二〇世紀の終わり頃までには、家や職場での暖房が広まったうえ、非常に安価な化学繊維が現われたため、冬服としてのウールの需要は低下した。

夜と昼のあいまいさは、新しい電気的通信によって、予想もしなかった形で助長された。電気的通信によって、即座のコンタクトが可能になり、それによって昼間の地域にいる人が、すでに夜の地域にいる遠方の人と話すことができるようになった。電波によるメッセージの伝導方法を発明したイタリアのエンジニアであるグリエルモ・マルコーニは、一八九七年に、狭いブリストル海峡を越えて、目に見えないメッセージを送った。実験によって、じょじょにメッセージの範囲が拡大されていった。四年後には、マルコーニはニューファウンドランドで、大西洋の対岸にあるコーンウォール地方の発信機から送られたわずかな無線電信メッセージを受信した。それは鮮明なメッセージというより音の連続ではあったが、人をわくわくさせるものであった。

従来の電報は人の声を運ぶことはできなかったが、無線電信は短距離間で声を運ぶことができた。最初の公衆無線局は、一九二〇年にピッツバーグのアマチュアによって設立された。ラジオには、蓄音機で録音した音楽を再生するという新たな機能が加わったので、多くのアメリカ人は、自分の無線装置を購入したり組み立てたりして、それを聞いた。近代の発明は、羽ばたくように生まれることはまれで、一九二〇年代の蓄音機も不気味でときにガリガリという音を発した。だが、ラジオの伝送力は改善され、一九三九年までにはロンドンからの朝のニュース放送が、常に鮮明ではないものの、夜のニュージーランドで聞くことができるようになった。

この間一九二六年に、発明の才能があるスコットランド人、ジョン・ロジー・ベアードが、最初の白黒テレビ画像をロンドン市内の部屋から送り出した。かれの発明は劇的ではあったが、ある意味でそれ以上の発展は見込めないものだった。次の四半世紀のあいだ、イギリスとアメリカ合衆国以外の人は、ほとんどテレビ放映画像を見なかった。だが一九六〇年代までには、ほとんどの繁栄した国々において、テレビは、衛星を利用して夜と昼の違いをぼやかし始めた。オーストラリアの視聴者は夜に、世界の遠方で豊富な日光を受けて開催されているオリンピックの試合を見ることが可能となった。つまり、夜と昼は、場所さえも変化させたのである。

月は、長いあいだ特別な重要性を持っていた。アッシリアでは紀元前九世紀の初頭まで、三日月が王の象徴であった。イスラエルは太陰暦を使用していた。イースターやラマダーンの儀式の日は、満月によって決められていた。三日月はイスラム教のサインでもあり、現在ではパキスタンやトルコ、そしてほとんどのイスラム国家の国旗に描かれている。

夜が刑務所のようであったとすれば、満月はその門の鍵を開け、重要な活動が起こることを許すものであった。幾つかの作物は、満月の明かりのもとで収穫することができた。陸軍や海軍の重要な戦闘のタイミングは、月の明るさに関する知識に影響されることがあった。古代オーストラリアの儀式的な踊りは、いつも満月の下でおこなわれていた。南アフリカやカナダの農村のひとびとが今も記憶しているのは、農民が満月の夜に儀礼的な踊りやフリーメイソンの儀式をおこなって、そのあと参加者は月に導かれながら、整備されていない道を徒歩や馬で帰宅したことである。その時代、田舎の家庭は、満月のときを知らせてくれる印刷版の年間暦を所有していたものである。

夜の天空はとても近くに感じられたので、何世代ものひとびとに親しまれてきた。星は、個人や国家の未来を予言した。何世紀ものあいだ、農民は、月と同様に星にしたがって作物を植えていた。一九四八年一月四日、ビルマ国民は、午前四時二〇分が吉兆の時刻だという占星師からのアドバイスを受けて、共和国の誕生とイギリスからの独立の時間を決定した。だが、最近四世紀のあいだに、望遠鏡とラジオが、星の神秘さと不思議さのいくらかを解き晴らしてしまった。

大都市では電気によって日が長くなったので、星の威厳も弱まることになった。数え切れないほどの年月のあいだ、夜空は、地球の表面にばらまかれた何千万のひとびとの目にとって、おなじみの神社仏閣であった。しかし二〇世紀に入って、人類史上初めて、大都会を包み込む人工の明かりが、上空の星の輝きを曇らせたのである。あるバラード歌手が「永遠の星たちのすばらしい栄光」と呼んだものを曇らせてしまったのである。実に、もし有史以前の狩人一家が復活し、晴れた夜の東京に降り立ったならば、かれらはまず高い建物と群衆に驚き、次いで夜空はもはや明るくないのだと気づいて困惑することであろう。

昼間も一変した。昼間の仕事は、繁栄した西側諸国において新たな道を辿った。一世紀前でさえ、食べものや寝場所や着るものをつくるためのきつい仕事は、大部分の大人や多くの子供たちにとって一生の仕事であり、怠けたり運が悪いと、その結果飢えてしまったり、死んでしまうことさえあった。しかし、機械や新しい生産技術が、多くの仕事を一変させた。労働時間は短くなり、休みは増え、重いものを持つことや、絶え間なく腕や足を使うことが要求される仕事はほとんどなくなった。

いまや、余暇の増加は、特に裕福なひとびとにとっては、経済生活の発電機となった。急成長した産業の多くは、観光、スポーツ、レクリエーション、芸術、その他多くの娯楽追求を中心舞台とした。西暦一〇〇〇年のヨーロッパで人気の英雄は、戦士や聖人であったが、二〇〇〇年になると、世界の多くの地域において、それは、運動選手、俳優、歌手、芸術家、その他余暇に係る英雄が多くなった。

大群衆と大都市

西洋における観戦用スポーツの復活と広がりは、仕事と余暇、夜と昼、冬と夏の再編成を反映していた。イギリスとオーストラリアは、観戦用のスポーツに病みつきとなった最初の国だった。この観戦用スポーツへの病みつきは、当初、地方よりも都市で、農村よりもバーミンガムやメルボルンで起こった。それは比較的短い時間で大きな富が生産されるようになったことを反映しており、したがって、商業都市や産業都市では、土曜日ないしは水曜日に半日の休暇を与えることが奨励されたのである。

最初、観戦用のスポーツの興隆は、古い様式を反映していた。近代スポーツ観戦の最初の地となったプロテスタントの国々においては、そのような活動を安息日にすることが禁じられていたため、日曜日にはおこなわれなかった。プレーヤー自身についても、プロとアマチュア、労働者階級の人と上流階級の人のあいだには、はっきりした区別があった。それぞれの人気スポーツにきちんと振り分けられた季節は、夏と冬の古来の対比を反映しており、サッカーは冬に振り分けられたが、クリケット、テニス、野球、陸上競技、ボウリング、漕艇は、暖かい月に振り分けられた。

だが、二〇世紀の後半になると、観戦用スポーツは、季節や暦、安息日、夕暮れなどによって従来課されてきたいくつかの条件を無視することができるようになった。強力な電灯の出現で、日中の試合を夜間の試合にすることができるようになった。屋根つきスタジアムができて、夏と冬の対比が曖昧になった。プロテスタンティズムの衰退で、日曜日は非宗教的となり、買い物だけではなくスポーツにも使うことができるようになった。さらに国際的な旅行が容易になり、スポーツ文化が広がったので、プロ選手は年間を通して同じ競技をすることができ、季節の変化に従って半球から半球へと移動するようになった。

観戦用スポーツが、ほとんど国際的な言語になりつつあるということは、余暇の驚異的な広がりを映し出している。一九〇〇年には、国際的な熱狂を刺激したスポーツ競技はほとんどなかったが――復活したオリンピックはまだマイナーな祭典であった――、現在では、国際的なスポーツの大会は一月から一二月までいつでもおこなわれていて、伝統的には戦争に注がれていた国のプライドや攻撃性のいくらかを、一時的に集める焦点になりつつあるかのようである。

人類の歴史を通して、ほとんどすべてのひとびとは土の近くで暮らしていた。したがって、かれらの人生は、冬と夏の交替、月の満ち欠け、雨と干ばつ、そして毎年の収穫によって大いに影響を受けていた。だが、世界中のほとんどのひとびとの故郷としては、拡大し続ける都市が、しだいに農村地方に取って代わった。そして、いまや大都市は、数百年以前には最も大きかった都市をも小さいものに感じさせるほどに大きくなった。一九九五年には、少なくとも二五の都市に各々七〇〇万人以上の住民が住んでいた。これらのうちのわずか四都市——ロンドン、パリ、モスクワ、イスタンブール——だけがヨーロッパにあった。対照的に、最も大きな都市のうち一三都市はアジアにあり、もう七都市は、南米の四都市を含んだアメリカ大陸にあった。アフリカはただ一都市、ナイル川にあるカイロであった。今後二〇〇〇年のあいだに、これらの都市のいくつが大都市として残るだろうか。高層ビル群の都市は、創作物のなかで最も耐久性があるようだが——高層ビル群は、われわれの時代のスフィンクスとピラミッドであると言ってよい——、いつか遠い時代には、これらの高層都市の大部分は、たぶんニネヴェやカルタゴと同じ道を歩むのではなかろうか。

都市は、世界の人口の急速な増大ぶりを反映している。二〇世紀を見るひとびとは、それ以前のいかなる世紀のひとたちよりも、世界的な人口過剰を脅威とみなしていたが、考えてみれば、一八〇〇年には、人口の専門家であるロバート・マルサスほど博識な学者でさえ、世界の人口を正確に推定する手段をほとんど持たなかったのである。かれの時代には、世界の多くはまだまばらにしか調査されておらず、人口は数えられていなかったのである。

知られている限りでは、キリストの時代の世界の人口は三億人を超えていなかった。基本的に、そのときの人口は、今日のアメリカ合衆国の人口とほぼ同じだった。一七五〇年までには、世界の人口はたぶん八億人になったようだ。これは中国の現在の人口よりはるかに少なかった。その後、劇的な増加の時代が到来した。世界の人口は、一八〇〇年頃に一〇億人を超え、そして、続く一二五年間で二倍になった。最も注目される増加の時期は一九二七～七四年に到来し、そのときには約四〇億人へと倍増した。次の四半世紀には、さらに二〇億人も増えた。一九九〇年代には、人類の起源からイギリスでの産業革命の開始にいたるまでのどの時期におけるよりも多くの人が、世界の人口に追加されたのだった。

今日では、自然は、古くからの大切な味方であり、急上昇する人口と強力なテクノロジーから保護されるべきものと考えられているが、それまでの長いあいだには、自然は友人であるとともに敵ともみなされてきたのだった。人類の最初の登場以来、自然やその極端な事象、洪水、干ばつ、野獣、見えない病原菌、嵐、暗い森、そして気まぐれな海は、しばしば恐れの対象であった。自然は、たった一撃で、人類が戦争その他の形で自ら招いた損傷より多くの損害を、一年のあいだに負わすことができた。黒死病の流行によって、その六世紀後に勃発した第一次世界大戦による死者より多くのヨーロッパ人が死亡した。数世紀のあいだで、火山噴火、津波、地震などにより何百万人もの命が失われた。しかし現代の数十年においては、人間のテクノロジーのほうが異常な自然現象より破壊的であるように見えることが多くなっている。

新しい神と古い神

宗教が最も活発に花を咲かせたのは、日常生活が危険で、ときには苦痛でさえあったときが多かった。宗教が全盛であったのは、洪水、干ばつ、その他の自然災害が破壊的な状況をもたらしたときであった。そういうときには、飢餓が日常にあふれ、ほとんどの人が早死にしてしまったのだった。宗教が全盛だったのは、ひとびとが土地で生計を立てていて、待ち遠しい収穫が、ペスト、干ばつ、土壌疲弊、嵐によって容易に挫かれてしまうことを知っているときであった。考えてみれば、歴史上の大部分において、人間の生命は危険だったのである。宗教は、国家や、地域や、家族の生活において、思いもよらない出来事に対する答えを提供してくれた。宗教は、深くて時には不可解な切望を満たしてくれたので、力と霊感の源にもなった。

宗教は、ほっておけば崩壊したかもしれない多数の社会を結びつける絆であった。強力な君主は、宗教を掲げることによって利益を得た。かれらは、公認宗教を使って、自ら神の系統を引いていると宣言することさえできた。したがって、君主の言うことを聞かないことは、間接的に神に従わないことを意味していた。宗教は旧体制の支柱であったため、一七八九年のフランス革命、一九一七年のロシア革命、一九四九年の中国革命は、いずれも古い宗教を打倒しようとした。

だが、二〇世紀になると、宗教はあらたな困難に直面した。社会の繁栄とひとびとの長寿化にともない、宗教の魅力が部分的に弱まったのである。ヨーロッパとアメリカの一部地域では、教会通いが減り、教会で説かれる道徳律や性的おきて全体の受容も減少した。

しかし、世界全体としては、宗教はその力を保持した。キリスト教もイスラム教も、前世紀よりはるかに多くの信者を獲得し、そしてかれらの礼拝堂は地球全体に点々と広がった。仏教は、もはや中国ではそれほど有力ではないが、多くの国で活力を保持した。インドでは、ヒンドゥー教徒とジャイナ教徒、パルシー教徒とシーク教徒は、決して存在感を失うことはなかった。ユダヤ教は存続し、そのことを喜んでいる。アフリカでは、たぶんヨーロッパのいかなる時代におけるよりも多くのひとびとが、熱心に宗教を信仰している。おもしろいことには、まさに世俗的な傾向の高まりと和解することを拒否するような教会――そして、来世の重要性に対するかれらの信念を断言し続けた教会――が、最も活発になる傾向にあった。

イスラム教は休むことはなかった。神はただひとつであり、その名はアラーであった。そのほとんどの伝道者は、世俗主義、消費主義、唯物主義に反対し、ニューヨーク、パリ、モスクワ、シンガポールにおいて広がっているような、安息も神もなくなっていくと見える文化に反対した。イスラム教のなかでは、福音主義の過激派が目立った存在となった。かれらは典型的ではなかったが、かれらの活動がしばしば話題になったので、典型的なように見えた。かれらは、ユダヤ教とキリスト教に対して執拗に敵対した。かれらは、世俗化された西欧世界を、頽廃的《たいはいてき》であり、あまりに寛大で寛容すぎるとして非難した。反対にかれらは、逆行的で狭量的だと非難された。そのような根深い論争は、人間の歴史のなかでは何度も起こったことである。西洋では、文化的、宗教的な多様性が――たぶん史上初めて――多くのひとびとから最高の美徳として認められるようになったのに対して、多くのモスクでは、それはほとんどこのうえない罪のようにみなされた。

イスラム教は、主として農村地方や村の宗教であったが、二一世紀の前半に急成長した。それは、ひとつにはそれが自信を持っていたからであり、またひとつには、大家族がいいと信じたからである。それはいまや、ほとんど世界の五人に一人が信仰する宗教であって、その増加の速度は、信仰者数でははるかに勝っていたキリスト教の増加速度より、ずっと速かった。今日、世界で建造される本当に大きい礼拝堂は、キリスト教大聖堂よりイスラム教のモスクのほうであろう。最近カサブランカのモロッコシティでは、世界で最も高いミナレットが建てられ、また、カトリック国のベネズエラにおいてさえ、農村地方からの信心深い村民を驚かせるようなモスクが建設された。

西側諸国で教育を受けた多くのひとびとは、若いときに祈るように教えられた神々からは距離を置いている。かれらの自立は、部分的には科学技術の成果に立脚している。科学自体が新しい合理的な神なのであって、全知・全能で、唯物主義的な奇跡を起こせる神として歓迎されるようになった。また、マルクス主義はしばらくのあいだ、強力な代替宗教であった。カール・マルクスは、人間の歴史の科学的法則を初めて発見したのであり、それらの法則が、最終的には、たとえ地上においてであっても、楽園を創造するのだと説いた。科学と共産主義は神を不要とする一方で、人類とその潜在力に最高の価値を与え、それを神と崇めたのである。伝統的宗教以上に空想的と言ってよいこのような姿勢は、ロシアと東欧の共産主義の崩壊によって、二〇世紀の終わりに衰退した。しかし、それは新しい衣をまとって再浮上してもおかしくはないのである。

人類の恩人として前世紀に歓迎された科学は、今では多くの西側都市から破壊者のごとく非難されている。活発な環境改革運動が、空や地上や海を汚染する敵だとして科学技術を糾弾するようになった。汚染は、不承認を意味する万能語となった。今世紀は、汚染が地球規模の脅威だとみなされた最初の世紀となった。科学技術に対する広く行き渡った敵意は、その利便性がその脅威より大幅に広く普及している時点で生じたのである。

おわりに

人類の最近の歴史は、驚くべき再生のようだ。身体の大部分が、いまや代替品を獲得したのである。二〇〇〇年前までは、人間の足は必要不可欠なものであった。馬や帆船を除けば、その代替品はなかった。働くときでも、散歩するときでも、ひとびとは足で移動した。ひとびとは、わずかな座り仕事の場合を除き、目覚めているほとんどの時間を足で立っていた。おそらく貸金業者や学者は、仕事をしているときに座ることができたであろうが、その他の人は、作物の種子をまくときも収穫をするときも、伝道者としても戦士としても料理人としても足で立っていた。書くという作業でさえ、しばしば高い机を用いて立ちながらおこなっていた。しかし現代では、航空機や電車、車やオートバイ、バスなどが、足の役割を担っている。

同様に、二〇〇〇年前には、腕とその筋力は、ほとんどの作業をするうえで必須であった。海上では風が助けてくれるものの、重い帆を揚げるにも、静穏な天気のときに船を漕ぐにも、腕が必要だった。雄牛の力は耕作するうえで重要であったが、舵をとるためには人間の腕が必要であった。腕と指は、食事と住居と安全を確保するために、不可欠であった。

だが、その後、一連の劇的な変化が到来し、水車や蒸気エンジン、手押し車、火薬やダイナマイト、水圧クレーン、ジャッキ、ブルドーザー、リベット機（びょう締め機）、洗濯機、掃除機、ミシン、果実採集機、掘削機、コンピューターのキーボード、その他数え切れない代替品によって、人間の腕や手が補助され代替されるようになった。人間の腕や手は、足以上に変容した。指があれば、ある大陸から別の大陸へ核ミサイルを送ることとさえできるようになったのだ。

人間の頭にも、想像できないぐらいの変化が生じた。目は、望遠鏡や顕微鏡、テレビ、レーダー、眼鏡、印刷機などによって強化された。耳はさらに聞こえるようになり、口はより鮮明に話すことができ、声は、ラジオやマイク、電話や音楽カセットによって、遠くまで届くようになった。脳の創造力は、コンピューターによって補助され模倣された。性行動はピルによって変化した。歯の効能は、歯科医業や入れ歯だけではなく、規定食や食品処理の変化によっても伸びた。人体に関する知識は、遺伝子の研究によってさらに拡大している。

同様に、人類の記憶、特に集団的な記憶は、図書館や記録保管所によって拡大した。奇妙にも、この人類の記憶の拡大は、ローマ帝国の勃興よりずっと前から著しかった。それは、計算法の革新、暦の考案、書くという技術の向上、そして、記憶の保存を巧みに助けた押韻法のおかげであった。対照的に、足や腕、口や歯、目や耳や記憶、病気の診断能力、これらの効率が驚くほど高まったのは、大部分が一五世紀以降であった。

だが、これらの重大な変化のどれも、人間の意志や不安や、自由と快適さへの欲求を変えられなかった。科学やテクノロジーの面での成功の多くは、表面上のものである。今のような地方や都市における大量生産の時代には、精神より胃袋を満足させるほうが容易であった。人の行為を飼い馴らしたり戦争を終結させるより、病気を服従させるほうが容易であったのだ。

ほとんどひとつの世界

技術進歩は、ある特別なリーダーやグループの潜在的な力を拡大した。一万年前には、一種族のリーダーは、その拠点から一〇〇キロ以上も離れたところへ影響力を及ぼすことはほとんどできなかった。世界はまるで、数千ものさざ波で構成される池のようであり、それぞれのさざ波は、ひとつの種族の小さな勢力圏を反映していた。だが、さざ波の範囲は、中国、インド、ギリシア、ローマ、そしてアステカなどの巨大帝国の出現以降、しだいに大きくなっていった。

これら帝国の勢力圏でさえ、まだ小さいものであった。当時の戦争と輸送の技術は限られていたので、遠く広く拡がっている一般住民を中央から管理する方法は実質的には存在しなかった。二〇〇〇年前には、インドの帝国もたいして拡大することはできなかったのである。ローマ帝国であれば、その全盛期には、インドの一部とさらに中国を征服したかもしれないが、その支配は短命に終わったことであろう。仮にヒトラーが勝利を収めていたとしても、おそらく世界全体の征服はできなかっただろう。戦争や通信、そして検閲の技術がそれを許容しなかったのである。

今日では、過去とは異なり、ひとつの強力な国家が、世界を支配することは可能である。次の二世紀以内には、世界は縮小しその距離が縮小するので、合意もしくは権力によって世界政府を設立する試みがなされてもおかしくはない。もちろん、それが長く続くかどうかは未知数である。だが、人類の歴史においては、あらかじめ運命的に定められているものなどほとんどないのである。

文献案内

本書の元になっていて縮小されていない版『簡略世界史』（*A Short History of the World*, Penguin Books Australia Ltd., 2000）のなかには、わたしが利用した史料の長いリストを付けておいた。それは三〇頁にわたるものだから、わたしの記述と解釈の基礎になっている史料についてもっと知りたいと思う読者は、それを見ていただければすぐに分かるようになっている。だが、それ以外に、世界史の広い分野をカバーした著作に関心を持つ読者には、以下のものを入門書としてお勧めする（訳注：邦訳のあるものは並べて記載してある）。

Barzun, Jacques, *From Dawn to Decadence: 500 Years of Western Cultural Life*, Harper Collins, New York, 2000.

Braudel, Fernand, *A History of Civilization*, trans. Richard Mayne, Allen Lane, Penguin Press, 1994.

David, Norman, *Europe: A History*, Pimlico, London, 1997（『ヨーロッパ（一～四）』別宮貞徳訳、共同通信社、二〇〇〇年）.

Diamond, Jared, *Guns, Germs and Steel: A Short History of Everybody for the Last 13,000 Years*, Vintage, London, 1998（『銃・病原菌・鉄——一万三〇〇〇年にわたる人類史の謎（上・下）』倉骨彰

訳、草思社、二〇〇〇年).
Gombrich, E. H., *The Story of Art*, Phaidon, London, 1972 (『美術の歩み』美術出版社、全二巻、一九七二年).
Hsu, Immanuel, *The Rise of Modern China*, Oxford University Press, New York, 1995.
Hufton, Olwen, *The Prospect Before Her : A History of Woman in Western Europe*, 2 vols., Fontana, London, 1997.
Johnson, Paul, *A History of the Jews*, Weidenfeld & Nicolson, London, 1987 (『ユダヤ人の歴史(上・下)』阿川尚之・池田潤・山田恵子訳、徳間書店、一九九九年).
Jones, Barry, *Dictionary of World Biography*, 3rd edn., Information Australia, Melbourne, 1998.
Kennedy, Paul, *The Rise and Fall of the Great Powers : Economic Change and Military Conflict from 1500 to 2000*, Random House, New York, 1989 (『大国の興亡――一五〇〇年から二〇〇〇年までの経済の変遷と軍事闘争(上・下)』鈴木主税訳、草思社、一九八八年).
Sowell, Thomas, *Conquests and Cultures : An International History*, Basic Books, New York, 1998.

訳者補足

上に訳出されたもの以外で、世界史について日本で最近出版された主な文献を追加してあげておきたい。

W・H・マクニール『戦争の世界史――技術と軍隊と社会』高橋均訳、刀水書房、二〇〇二年。
南塚信吾『世界史なんていらない?』岩波書店、二〇〇七年。

水島司『グローバル・ヒストリー入門』山川出版社、二〇一〇年。

羽田正『新しい世界史へ』岩波書店、二〇一一年。

秋田茂編『アジアからみたグローバルヒストリー』ミネルヴァ書房、二〇一三年。

南塚信吾・秋田茂・高澤紀恵編『新しく学ぶ西洋の歴史——アジアから考える』ミネルヴァ書房、二〇一六年。

秋田茂他編『「世界史」の世界史』ミネルヴァ書房、二〇一六年。

羽田正編『地域史と世界史』ミネルヴァ書房、二〇一六年。

P・マニング『世界史をナビゲートする——地球大の歴史を求めて』南塚信吾・渡辺昭子監訳、彩流社、二〇一六年。

Y・N・ハラリ『サピエンス全史——文明の構造と人類の幸福（上・下）』柴田裕之訳、河出書房新社、二〇一六年。


なお、マクニールの世界史としては、本来 *The Rise of the West: A History of the Human Community* (University of Chicago Press, 1963) が紹介されるべきであろう。これはよきにつけ悪しきにつけ、「画期的」な著書であった。悪しきにつけ、というのは、それがあまりにも欧米中心であるからである。いずれにせよ、ブレイニーは上の推薦書にはマクニールの著書を挙げていないので、かれの世界史をあまり評価していないように思われる。

訳者あとがき

本書は *Geoffrey Blainey, A Very Short History of the World*, Penguin, 2007 の全訳である。南塚が本書と初めて出会ったのは、二〇〇八年にアメリカのピッツバーグ大学にある世界史研究センターの客員研究員としてピッツバーグへ行ったときであった。同センター長のパトリック・マニング教授に聞くと、バランスのいい手ごろな本だが、よく調べて書かれていると思うという感想であった。

著者のジェフリー・ブレイニーは、オーストラリアのメルボルン大学の教授であった（一九六八〜一九八八年）。かれは歴史学界のみならず、政治的にも発言をして、話題を呼んでいた。とくに、オーストラリアへのアジア系移民の急速な流入に批判的な発言をして、「多文化主義」を掲げるひとびとから反発を買っていた。このようなブレイニーの発言が、かれの世界史論とどのようにつながるのか、興味深いところである。

帰国後、折から勤務していた法政大学の大学院国際文化研究科の大学院生諸君と少しずつ翻訳してみようかということになった。そして二〇一〇年にミネルヴァ書房に聞いてみたところ、翻訳書の出版を引き受けてよいということになり、本格的に翻訳に取り掛かった。大学院生の博士論文作成の都合などがあって、計画通りには翻訳は進まなかったが、二〇一三年春には原稿を取りまとめることができた。その後、南塚が全体の訳語を検討する仕事などを引き受けたが、これもそう速やかには進まなかった。結局、二〇一四年夏前に原稿は完成した。その後、種々の問題が発生して、ようやくこのたびの出版にたどり着いた次第である。

＊　＊　＊

本書の特徴を簡単に述べておきたい。

本書は、まず、歴史の変動幅と地域的まとまりを大きくとって世界史を見ている。ナショナル・ヒストリーの並列の世界史ではない。この種の世界史はこれまでいくつか出ている。ブレイニー自身も本書のもとになる *A Short History of the World*, Penguin を二〇〇〇年に出版している。これは六五〇頁を超える大部な本であったので、その後にこれをコンパクトにした本書を著したのである。本書も、隅々まで実証された議論というわけではなく、多分にノンフィクション的な要素も加味した大きな歴史になっている。コンパクトな書物のなかに大きな世界史を込めているという意味で、本書は「小さな大世界史」と題することができるであろう。読者は通例の世界史で学ぶ事象がこうした大きな展望で眺められることによって、新たな見方ができることを知るはずである。たとえば、約一〇万年前から進んだ人類のアフリカからの拡散を、「黒いコロンブス」になぞらえてみせている（一二頁）。あるいは、日本の一九四五年八月一五日の天皇のラジオ放送について、「天皇は、かれの国が降伏したことを、自らラジオで放送した。かれの声がこのとき実際初めてラジオで聞かれたということは、天皇の超然さや威厳を示していた。ここに、マルコーニやヘンリー・フォードによって形作られた時代において、神聖な力の遺産を行使している天皇がいたのである。」（三三三〜三三四頁）という指摘も面白い。

つぎに、本書は、欧米の歴史家の書く世界史ほどヨーロッパ中心主義的ではない。ヨーロッパというものを突き放して相対化してみている。言ってみれば、オーストラリア的な視角であろう。近年では、オーストラリアでは、欧米からやや距離を置いた世界史を発展させつつあり、アジア世界史学会に積極的に参加しているほどである。もちろん、アジアから見ればなおものたりないことはあるが、ヨーロッパ中心の世界史を幾分とも相対化する視座を示してくれている。たとえば、「皮肉なことに、何億というひとびとが、平等を説くうえで抜きんでていたヨーロッパ諸国の植民地支配のもとで暮らしていた」（三〇一頁）のだと指摘する。しかし、ヨーロッパ中心的でないとしても、オーストラリア中心に傾いているかもしれない。また、ヨーロッパ中心を批判してはいても「文明」中心であることは否定できない。世界史上、各地に出てくる「ネイティヴ」のひとびとへの眼は、やはり「上から」であるのだ。

本書は、著者自身が言うように、科学や技術の効果や気候の影響にかなりの重点をおいている。たとえば、第三章「最初の緑の革命」、第一五章「気候と病気の危機」、第一六章「新たな伝達者たち」、第二一章「新世界の贈り物」、第二二章「科学の義眼」、第二六章の「蒸気機関と都市化」、第三〇章「原子爆弾と月」、第三二章「ぼやけていく境界」などにおいて、科学と技術と気候が人類の歴史にもたらした意義を論じているが、新たに気づかされることが多い。

最後に、本書は長所も短所もある本であるが、世界史を考える上で、まちがいなく多くを学べる本であると言うことができる。著者は各所に皮肉めいた発言と軽妙な比喩をちりばめているので、それを楽しみながら読んでいただきたい。

＊　＊　＊

本書の翻訳のおおよその分担は下記のようである。

はじめに……………………………………南塚信吾

第Ⅰ部

第一～四章……………………………………小林昭菜

第五～八章……………………………………塩崎公靖

第九～一三章……………………………………南塚信吾

第Ⅱ部

第一四～二三章……………………………………斉藤徳博

第Ⅲ部

第二四～二九章……………………………………南塚信吾

第三〇～三一章……………………………………斉藤徳博

おわりに……………………………………斉藤徳博

なお、日本語表記など全体的な校閲を斉藤健次さんにお願いした。このような比較的若い人たちの共同作業としてこの翻訳は進められたが、全体としての翻訳の責任は南塚にある。

末尾になったが、ミネルヴァ書房の岡崎麻優子さんと梶谷修さん、また、病のために途中で担当からはずれざるを得なかった安宅美穂さんに、心から感謝申し上げたい。

二〇一七年七月

南塚信吾

人名索引

ア 行

カ 行

サ　行

タ・ナ行

ハ　行

マ・ヤ行

ラ・ワ行

事項索引

ア　行

カ　行

サ　行

タ　行

ナ　行

ハ　行

マ　行

ヤ　行

ラ　行

訳者紹介（執筆順，＊は監訳者）

＊南塚　信吾（みなみづか・しんご）　はじめに，第９章～第13章，第24章～第29章，訳者あとがき

監訳者紹介欄参照。

小林　昭菜（こばやし・あきな）　第１章～第４章

2015年　法政大学大学院政治学研究科政治学専攻博士後期課程修了。
現　在　法政大学法学部非常勤講師。
主　著　「ドイツ人軍事捕虜の『反ファシスト運動』1941年～1948年」『国際文化研究への道』（共著）彩流社，2013年。
「ハバロフスク事件考――石田三郎の回想とソ連公文書史料を基に」ユーラシア研究所編『ユーラシア研究』No. 48，東洋書店，2013年。

塩崎　公靖（しおざき・きみやす）　第５章～第８章

2012年　法政大学大学院国際文化研究科博士後期課程単位取得満期退学。
現　在　法政大学講師（スペイン語）。
主　著　「共鳴するナショナリズム――バスク・ナショナリズムによるアイルランド・ナショナリズムの『参照』」『法政大学大学院紀要』６号，2009年。

斉藤　德博（さいとう・のりひろ）　第14章～第23章，第30章，第31章，おわりに

2011年　法政大学大学院国際文化研究科修士課程修了。
現　在　カナダ・アルバータ州政府職員。
主　著　「カナダにおける日系移民の地域共生――宮崎政次郎を事例とした一考察」『国際文化研究への道』（共著）彩流社，2013年。

《監訳者紹介》

南塚　信吾（みなみづか・しんご）

1970年　東京大学大学院社会学研究科博士課程単位取得退学。
現　在　NPO 歴史文化交流フォーラム付属世界史研究所所長。千葉大学・法政大学名誉教授。
主　著　『帝国主義の時代』（ビジュアル版世界史）西川正雄と共著，講談社，1986年。
『アウトローの世界史』日本放送出版協会，1999年。
『世界史なんていらない？』岩波書店，2007年。

小さな大世界史
——アフリカから出発した人類の長い旅——

2017年９月25日　初版第１刷発行　〈検印省略〉
2017年12月10日　初版第３刷発行

定価はカバーに
表示しています

監訳者　南　塚　信　吾
発行者　杉　田　啓　三
印刷者　坂　本　喜　杏

発行所　株式会社　ミネルヴァ書房
607-8494　京都市山科区日ノ岡堤谷町１
電話代表　(075)581-5191
振替口座　01020-0-8076

冨山房インターナショナル・清水製本

ISBN 978-4-623-07140-1
Printed in Japan